Kleinsteuber · **Kleintiere im Terrarium**

 Insekten

 Spinnen

 Skorpione
Skolopender
Tausendfüßer

 Schnecken

 Krebstiere

Dr. Erich Kleinsteuber

Kleintiere im Terrarium

Wirbellose halten, züchten, kennenlernen

Urania-Verlag Leipzig · Jena · Berlin

Bildquellen

G. Fiedler 1–7, 9–12, 14–21, 23, 24, 26, 28, 29, 32, 36–39, 41–48, 51–56, 59–69, 73–75, 77–83, 86–93, 98, 100
W. Fiedler 49, 85
M. Förster 8, 13, 27, 33, 40, 96
Okapia 50, 95
K. Rudloff 99
H. Schröder 22, 25, 30, 31, 34, 35, 57, 58, 70–72, 76, 101
ZEFA (Dr. Sauer) 84, 97
ZEFA (E. & P. Bauer) 94

Zeichnungen nach Vorlagen von:
H. Freude, K. W. Harde und G. A. Lohse; E. Friedrich; K. Gößwald; K. Harz; W. Jacobs und M. Renner; M. Koch; P. Kuhnt; D. Otto; E. Stresemann; R. Wyniger

Kleinsteuber, Erich:
Kleintiere im Terrarium/Erich Kleinsteuber.
[Zeichn.: Gerhard Raschpichler]. – 1. Aufl. –
Leipzig ; Jena ; Berlin : Urania-Verlag, 1989.
– 192 S. : 100 Ill. (farb.)
ISBN 3-332-00273-2

ISBN 3-332-00273-2

1. Auflage 1989
Alle Rechte vorbehalten
© Urania-Verlag Leipzig · Jena · Berlin,
Verlag für populärwissenschaftliche Literatur, Leipzig
VLN 212-475/53/89 · LSV 136 9
Lektor: Annette Bromma
Zeichnungen: Gerhard Raschpichler
Gesamtgestaltung: Matthias Dittmann
Printed in the German Democratic Republic
Gesamtherstellung: Karl-Marx-Werk Pößneck V 15/30
Best.-Nr.: 654 290 5
01800

Inhalt

Abkürzungen und Symbole zu den Tabellen:

Beh.-Typ	Behälter-Typ
Bodengr	Bodengrund
Eiabl	Eiablage
F	Falter
h	heimisch
Im	Imago, vollentwickeltes Insekt
Fortpfl	Fortpflanzung
K	Käfer
L	Larve
LF	höhere Luftfeuchtigkeit (über 75 %) erforderlich
N	Fangnetze der Spinnen
P	Puppe
Pfl	Pflanze
R	Raupe
T	Temperaturansprüche in °C, soweit sie die normale Zimmertemperatur über- bzw. unterschreiten
Überw	Überwinterung
1–12	Monat des Auftretens der Raupen im Freien
9–W–4	Überwinterung als Raupe
♂	Männchen
♀	Weibchen
○	hohe Lichtfülle (z.B. Einsatz von Strahlern) erforderlich
↓↓	nächtliche Temperaturabsenkung günstig
☼	Bodenwärme günstig

Vorwort

Sicher haben auch Sie schon einmal an einem Feldrain gesessen und dem melodischen Zirpen der Feldgrillen gelauscht. Geht man diesem Gesang nach, so wird man die Tiere am Boden vor ihrer Wohnröhre entdecken, in die sie sich schnell zurückziehen. Mit einem langen Grashalm können wir die Grillen aber leicht herauskitzeln und mit der Hand ergreifen und, wenn es uns reizt, ihr Verhalten daheim in aller Ruhe beobachten. Ein kleines Vollglasbecken oder Einweckglas dient als Grillenhaus. Bald werden unsere »Gäste« so vertraut sein, daß sie aus nächster Nähe zu beobachten sind: Unablässig tragen die Männchen ihren Gesang vor, und wir erhalten einen faszinierenden Einblick in das Leben der kleinen Musikanten. Wenn man dann eines Tages im Becken gar die ersten jungen Grillen entdeckt, wird man über diesen Haltungserfolg erfreut sein.

Mit ein paar Grillen fängt es an, und manchmal dauert es gar nicht lange, bis aus dem kleinen Vollglasbecken ein ansehnlicher Insektenzoo geworden ist. Wer erst einmal begonnen hat, sich näher mit wirbellosen Landtieren zu befassen, wird bald feststellen, daß ihre Haltung gar nicht so langweilig ist, sondern eine Fülle interessanter Beobachtungen ermöglicht. Gerade das Reich der niederen Tiere hat in Anpassung an den Lebensraum eine große Vielfalt von Erscheinungsformen hervorgebracht. Es ist erstaunlich, welche Wirbellosen man unter Heimbedingungen alle halten, pflegen oder gar züchten kann: bunte Schmetterlingsraupen und trichterbauende Ameisenlöwen, schillernde Rosenkäfer und Wandelnde Blätter, die vielen Heuschrecken, Skorpione und Tausendfüßer, Krebse, die ein Schneckenhaus mit sich herumtragen, Spinnen mit großen Fangnetzen, einen ganzen Ameisenstaat. Dazu bietet die Haltung dieser Tiere noch einen nicht zu übersehenden Vorteil: Der dafür notwendige Platzbedarf ist gegenüber dem vieler anderer Heimtiere im allgemeinen wesentlich geringer, und oft ist gar kein großer technischer Aufwand nötig, um den Pfleglingen optimale Haltungsbedingungen zu gewährleisten. Nicht ohne Grund steigt das Interesse an wirbellosen Tieren im Heim ständig. Die Palette der gehaltenen Arten hat sich erfreulicherweise stark erweitert, und es wächst das Bedürfnis schlechthin, sich mit lebenden Insekten, Spinnen oder Skolopendern ebenso tiefgründig zu befassen, wie es Aquarianer und Terrarianer mit »ihren« Tieren schon seit langem tun. Damit hat sich die Haltung und Zucht wirbelloser Tiere als ernsthaftes Hobby einen festen Platz innerhalb der Vivaristik erobert, ist Teil einer sinnvollen und interessanten Freizeitgestaltung geworden.

Eine erfolgreiche Haltung und Zucht wird aber nur dann möglich sein, wenn es uns gelingt, die Tiere artgerecht unterzubringen und zu pflegen. Daß dies in der Praxis nicht immer ganz einfach zu realisieren ist, liegt wohl in erster Linie an der noch vielfach fehlenden oder sehr verstreut vorliegenden Literatur über unsere Pfleglinge. Oft genug stellt gerade ein solcher Mangel an Information und Erfahrung einen Haltungserfolg von vornherein in Frage. Das Buch möchte daher allen Interessenten ein Ratgeber sein bei der Auswahl der Tiere sowie für die Einrichtung der Behälter und Pflege seiner Insassen. Dabei wird besonderer Wert darauf gelegt, so viel wie möglich nachvollziehbare Angaben über Haltung, Pflege und Fütterung zu geben. Doch sei eines gleich vorweg gesagt: Allgemeingültige Rezepte, wie wirbellose Tiere zu halten sind, gibt es nicht. Es wird stets dem Einfühlungsvermögen und der Beobachtungsgabe des einzelnen obliegen, die hier angeführten Beispiele seinen Zwecken und Möglichkeiten entsprechend zu modifizieren. Voraussetzung dafür ist die Liebe zur Sache, die uns schließlich das Eindringen in biologische Zusammenhänge erleichtert.

Das Buch erhebt keinen Anspruch darauf, umfassend zu sein. Allein schon die riesige systematische Vielfalt der Wirbellosen erfordert eine mehr oder minder starke Beschränkung innerhalb der einzelnen Tiergruppen, oft gibt sie nur einer repräsentativen Auswahl Raum. So haben in erster Linie solche Arten Aufnahme gefunden, die auf Grund ihrer Größe und Färbung oder Verhaltensweise besonders gut geeignet, also »attraktiv« genug zur Haltung im Heim erscheinen. Auf sicher nicht minder interessante, aber sehr kleine Arten und solche, deren Haltungsansprüche nur schwer erfüllbar sind, wurde absichtlich verzichtet. Der passionierte Liebhaber wird daher vielleicht das eine oder andere Tier vermissen, doch lassen sich aus den vorangestellten Gruppenbeschreibungen die spezifischen Pflegebedingungen meist unschwer ableiten, selbst wenn die betreffende Art allein aus Gründen des Umfanges dieses

Buches gar nicht aufgeführt ist. Eine große Anzahl von Arten freilich ist bislang überhaupt noch nicht in Gefangenschaft gehalten worden, oft fehlen wichtige Angaben zur Biologie. Ihre Lebensweisen und Haltungsansprüche näher zu erforschen, ist eine überaus lohnende und sehr reizvolle Aufgabe; sie macht die Beschäftigung mit wirbellosen Landtieren so interessant.

Dieses Buch wäre ohne die großzügige Unterstützung einer Reihe von Freunden und Kollegen kaum zustande gekommen. Es sei deshalb an dieser Stelle für die mannigfachen Ratschläge und Hinweise bzw. für die freundlicherweise übernommene Durchsicht einzelner Kapitel folgenden Herren sehr herzlich gedankt: S. Benda, Prag, Dr. L. Dieckmann, Eberswalde, M. Forst, Köln, M. Füge, Leipzig, Dr. S. Heimer, Dresden, H.-E. Hullmann, Karl-Marx-Stadt, Prof. Dr. B. Klausnitzer, Leipzig, P. Kühnert, Dresden, Dr. D. Lau, Berlin, Dr. J. Lange, Berlin-West, I. Loksa, Köln, Dr. S. Löser, Düsseldorf, Dr. Th. Müller, Gransee, R. Reinhardt, Karl-Marx-Stadt, G. Schadewald, Jena, G. Schmidt, Dietenheim, J. Szalkay †, Budapest, A. Tarnawski, Wroclaw, und H. Zimmermann, Stuttgart.

Besonderen Dank schulde ich meinem Mitarbeiter, Herrn G. Fiedler, der durch stete Diskussionen über geeignete Zuchtmethoden wesentlich zum Gelingen des Buches beitrug und aus langjähriger Erfahrung die fototechnischen Hinweise niederschrieb. Dank und Anerkennung gebühren auch den Bildautoren, insbesondere Herrn G. Fiedler, Karl-Marx-Stadt, M. Förster, Leipzig, K. Rudloff, Berlin, und H. Schröder, Stralsund, sowie Herrn G. Raschpichler für die Anfertigung der zahlreichen Textillustrationen.

Sehr zu danken habe ich nicht zuletzt meiner Frau Ina für Verständnis, sachliche und kritische Beratung.

Aus der Natur ins Terrarium

Wer glaubt, wirbellose Tiere einfach wie Zierfische in der Zoohandlung kaufen zu können, wird fast immer enttäuscht sein. Das Angebot beschränkt sich im allgemeinen auf einige »gängige« tropische Vertreter; die vielleicht schon lang ersehnten Pfleglinge für unser Terrarium wird man hier vergeblich suchen. Weit aussichtsreicher ist die Kontaktaufnahme mit gleichgesinnten Liebhabern, die oft eine ganze Reihe von Arten zu Hause halten oder gar züchten und gern bereit sind, überzählige Tiere abzugeben. Auch wissenschaftliche Institute und zoologische Gärten können mitunter willkommene Bezugsquellen sein.

Die wohl beste Möglichkeit der Tierbeschaffung bleibt jedoch eine Exkursion in die Natur, denn wir erhalten dabei gleichzeitig einen Einblick in Lebensraum und Verhaltensweisen der Tiere, Erkenntnisse also, die uns die spätere erfolgreiche Haltung erleichtern. Es versteht sich von selbst, daß alle unsere Bemühungen nur auf der Grundlage der bestehenden Artenschutzbestimmungen erfolgen dürfen.

Auf Fangexkursion

Oft benötigt man zum Fangen der Tiere nicht einmal besondere Geräte. Viele Arten werden wir auf Pflanzen oder am Boden sofort mit bloßem Auge entdecken, das Einsammeln ist dann meist ohne weiteres möglich. Allenfalls benutzen wir eine kleine elastische Pinzette, um besonders zarthäutige Tiere nicht zu verletzen.

Recht erfolgreich kann das Umwenden von Steinen, Holz oder Rindenstücken sein, auch alte Baumstubben und liegende Stämme sind beliebte Aufenthaltsorte zahlreicher Insekten und anderer Gliederfüßer. Wichtige Anhaltspunkte für das Vorkommen laubfressender Arten sind häufig die von ihnen verursachten Fraßspuren: stehengebliebene Blattrippen, Randfraß an Blättern oder kahlgefressene Astpartien.

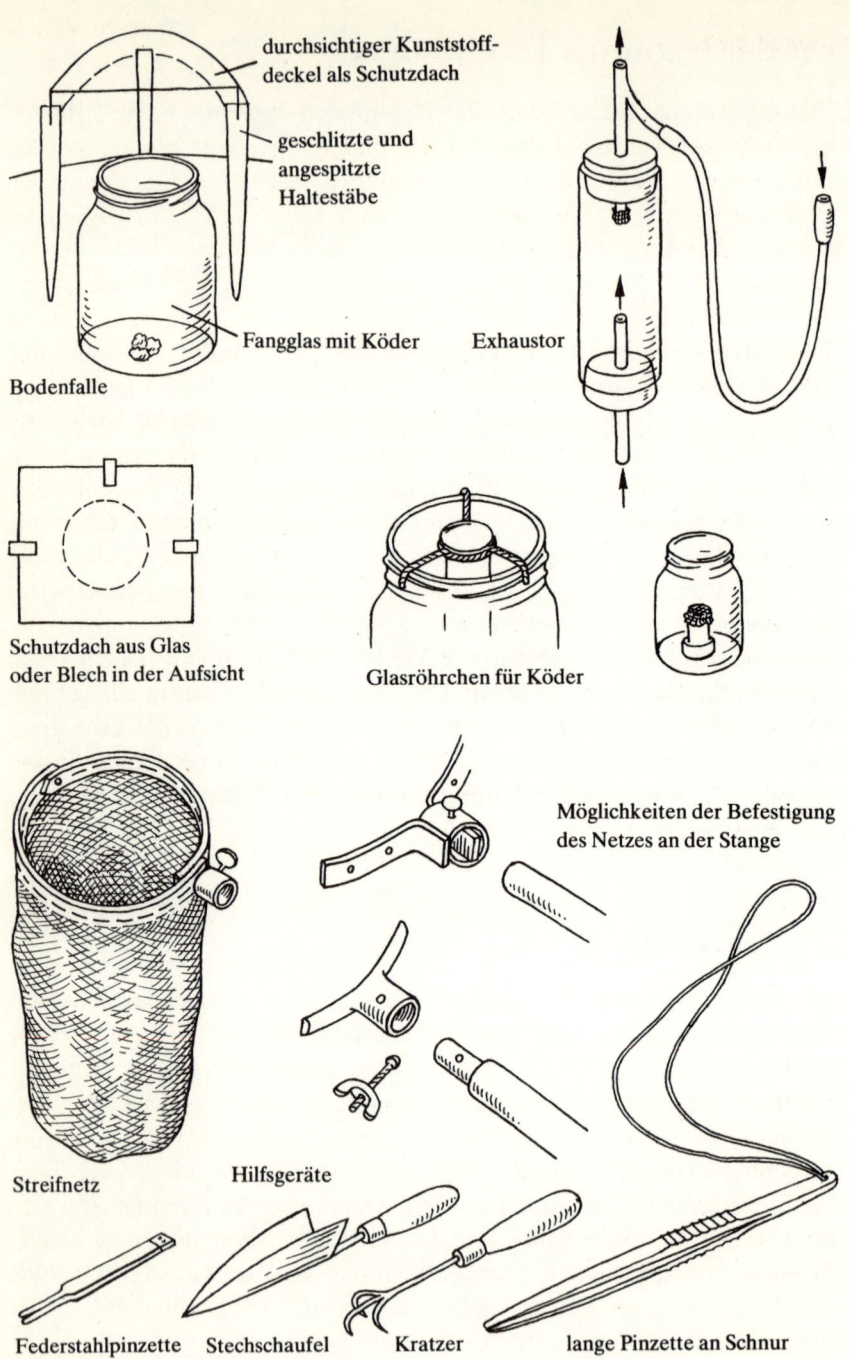

durchsichtiger Kunststoff-
deckel als Schutzdach

geschlitzte und
angespitzte
Haltestäbe

Fangglas mit Köder

Exhaustor

Bodenfalle

Schutzdach aus Glas
oder Blech in der Aufsicht

Glasröhrchen für Köder

Möglichkeiten der Befestigung
des Netzes an der Stange

Streifnetz

Hilfsgeräte

Federstahlpinzette   Stechschaufel   Kratzer   lange Pinzette an Schnur

14

Obwohl wir eine ganze Reihe von Tieren auch ohne besondere Hilfsmittel entdecken und einfangen können, bleiben uns trotz gründlicher Suche doch viele Arten infolge ihrer versteckten Lebensweise oder hervorragender Anpassung an ihren Lebensraum verborgen. Hier helfen uns einfache Fanggeräte, die man mit wenig Aufwand meist selbst herstellen kann.

Bodenfallen: Sie haben sich zum Fang am Boden lebender Tiere, wie Laufkäfer, Grillen oder Tausendfüßer, bestens bewährt. Dazu werden Gläser (Senf-, Marmeladen- oder Einweckgläser) so in die Erde eingegraben, daß ihr Rand genau mit der Bodenoberfläche abschließt (Abb. 1); ein Dach aus Blech oder Plastik schützt gegen Regen und Verschmutzung (Fallaub!). Zum Anlocken von Laufkäfern sind zerquetschte Schnecken, Birnen oder Fleischstückchen, zum Fang von Aaskäfern eine tote Maus als Köder gut zu verwenden. Die Fallen sollten möglichst jeden Tag kontrolliert werden, damit sich räuberische Arten nicht gegenseitig fressen.

Streifnetz: Mit einem solchen Netz werden wir vor allem Insekten und Spinnen der Bodenvegetation und der Sträucher, von denen wir im Vorbeigehen kaum etwas bemerken, leicht einfangen können. Es besteht aus einem zusammenklappbaren Bügel von etwa 30 cm Durchmesser, an dem ein Beutel aus möglichst derbem Stoff (Grobleinen) befestigt ist. Zum Streifnetz gehört weiter ein Stock, den man am Bügel fest anschraubt (Abb. 1). Beim Fang wird das Netz kräftig schlagend oder streifend über die niedrige Vegetation geführt, wobei fast alle dort sitzenden Tiere in den Beutel fallen.

Natürlich kann man das Streifnetz auch zum Fang von fliegenden Insekten, wie Schmetterlingen, Hautflüglern, Bock- und Mistkäfern, gut verwenden. Benötigen wir Lebendfutter zur Aufzucht von Spinnen oder Gottesanbeterinnen, wird es uns geradezu unentbehrlich.

Sammeltuch: Hiermit kann man zahlreiche, im Geäst verborgen lebende Kleintiere einfangen. Ein weißes Tuch, mindestens 1×1 m groß, wird unter Sträuchern oder Bäumen ausgebreitet. Beim Klopfen oder Schütteln an den Zweigen lassen sich viele Käfer, Wanzen, Raupen und Spinnen herunterfallen und sind auf der hellen Fläche gut zu sehen. Meist genügt dann das Vorhalten eines Glases, in das die Tiere von

Abb. 1 Fanggeräte

15

selbst hineinlaufen. Statt des Tuches ist auch ein alter, umgekehrt gehaltener Regenschirm, ein sogenannter Klopfschirm, verwendbar.

Geeignete Fanggeräte allein können uns allerdings nicht an jedem Ort und zu jeder Zeit zum Erfolg verhelfen. Entscheidend ist, daß wir auch einige Kenntnisse haben über Lebensweise und Verhalten der Tiere sowie ihr jahreszeitliches Erscheinen und die bevorzugten Aufenthaltsorte. Deshalb sollen noch einige allgemeine, praktische Hinweise zu den verschiedenen Tiergruppen gegeben werden.

Ameisen: Das Eintragen eines kleinen Ameisenvolkes erfolgt am besten im zeitigen Frühjahr, wenn die ersten wärmenden Sonnenstrahlen die Tiere in ihren Nestern nach oben locken. Dann ist auch die günstigste Gelegenheit, eine Königin mit einzufangen; später sitzen diese in der Tiefe der Nester und sind nur schwer oder durch Zufall zu erlangen. Die aufgesammelten Ameisen bringen wir mit etwas Nestmaterial in ein Säckchen, das durch ein paar hineingesteckte, geknickte Zweige auseinandergehalten wird. Dadurch bleiben die Tiere während des Transportes unverletzt. Ebenso gut geeignet ist ein weithalsiges, oben mit Stoff abgebundenes Glasgefäß.

Befruchtete Jungköniginnen zum Aufbau kleiner Nestkolonien fängt man zur Schwarmzeit; sie liegt z. B. bei der Roßameise und der Schwarzgrauen Wegameise in den Monaten Mai bis Juli, bei der Rotgelben Knotenameise von August bis September.

Hummeln und Wespen: Wahllos eingefangene Tiere sind für eine Haltung völlig ungeeignet; auch eine überwinternde Königin in Gefangenschaft zur Nestgründung veranlassen zu wollen, ist außerordentlich schwierig und gelingt nur in den seltensten Fällen. Es muß schon eine kleine Nestkolonie sein, die wir uns am besten im Frühjahr beschaffen. Soll unsere Suche nicht ganz dem Zufall überlassen bleiben, muß man im Juni möglichst gezielt auf vom Boden abfliegende Tiere achten. Doch sei hier verraten: Heimkehrende Hummeln sind scheu und versuchen, den Beobachter zu täuschen!

Das Ausheben der Nestanlage erfolgt zweckmäßigerweise an einem trüben, regnerischen Tag oder ganz früh am Morgen, wenn die Tiere noch klamm und träge sind. Man hat dann auch die Gewähr, das gesamte Volk einschließlich der Königin zu erlangen. Das Nest samt seinen Insassen kommt in ein inzwischen vorbereitetes Holzkästchen von etwa $20 \times 15 \times 10$ cm Größe, das vorn ein Flugloch von 1,5 cm Durchmesser besitzt und dessen Rückwand zwecks späterer Beobachtung durch eine Glasscheibe ersetzt wurde. Auf den Boden gibt man eine fla-

16

che Erdschicht, bei Hummeln fügen wir außerdem noch trockenes Moos hinzu, das später zur Erweiterung der Kolonie verwendet wird. Man achte jedoch darauf, daß zwischen Kastenwand und Nest noch genügend Platz verbleibt, denn bei umsichtiger Pflege wird sich der Staat bald vergrößern.

Will man frei an Ästen, Dachsparren usw. hängende Wespennester eintragen, so stülpt man ein passendes Glasgefäß darüber und schneidet mit einem scharfen Blechdeckel, der zugleich das Glas bedeckt, das Nest ab. Die Tiere werden daheim mit Äther kurz betäubt, damit man das Nest an entsprechender Stelle sicher befestigen kann.

Spinnen: Auch zum Fang von Spinnen lassen sich Streifnetz, Klopftuch und Bodenfalle verwenden. Einzelne Tiere kann man einfach in ein Sammelgläschen hineindirigieren oder durch Überstülpen eines Plastikbechers einsammeln. Der Versuch, Spinnen an ihren Extremitäten zu ergreifen, endet meist damit, daß sie unter Zurücklassen eines oder mehrerer Beine entkommen. Die netzbauenden Arten verraten sich durch ihre Fanggewebe, doch sitzen manche Spinnen tagsüber etwas abseits in einem Versteck, der sogenannten Retraite. Oft lassen sie sich durch ein ins Netz geworfenes Beutetier hervorlocken. In der Erde in Fangröhren lauernde Wolfspinnen werden mit einer Stechschaufel vorsichtig ausgegraben.

Bei recht kleinen Spinnen, wie überhaupt allen zarteren Arten, hat sich der Exhaustor (Abb. 1) gut bewährt. Wir können uns dieses praktische Fanggerät leicht selbst herstellen: Ein 12 bis 15 cm langer Zylinder aus Plastik oder Glas von 2 bis 3 cm Durchmesser wird an beiden Seiten durch Stopfen, die von kurzen Glasröhrchen durchbohrt sind, verschlossen. Auf die Innenseite des einen Stopfens leimen wir feinmaschigen Tüll und befestigen außen am Glasrohr einen etwa 50 cm langen Plastikschlauch. Wenn man nun das Ende dieses Schlauches in den Mund nimmt und ruckartig ansaugt bzw. hineinbläst, so werden die Tiere mit dem Luftstrom in den Zylinder gerissen; das Tüllsieb verhindert, daß sie in den Schlauch gelangen.

Mit den langbeinigen Weberknechten oder Kankern muß man ebenfalls sehr behutsam umgehen. Wir lassen sie am besten vorsichtig von selbst in das Transportglas laufen, denn sie werfen leicht ihre Beine ab.

Skorpione und Skolopender: Wer seinen Urlaub in südlichen Ländern verbringt, kann die Gelegenheit nutzen, ein paar Skorpione oder Skolopender mit nach Hause zu nehmen. Diese Tiere stellen besonders attraktive Pfleglinge für unser Terrarium dar. Der Fang ist recht einfach, sollte jedoch stets unter entsprechenden Vorsichtsmaßnahmen erfolgen, denn der Stich bzw. Biß dieser Tiere kann sehr unangenehme Folgen haben. Außer starken Schmerzen und Schwellungen treten nicht selten Lähmungen ein, die in vereinzelten Fällen sogar zum Tode führen können.

Skorpione und Skolopender sind deshalb niemals mit der Hand anzufassen! Man benutze immer eine lange Pinzette, mit der die Tiere ergriffen werden. Auf solche Weise können auch Walzenspinnen (Solifugae) eingefangen werden. Sie besitzen zwar keine Giftdrüsen, doch verursachen die mächtigen Mundwerkzeuge (Cheliceren) mitunter stark blutende Wunden, die nur langsam wieder heilen.

Das Einfangen heimischer Steinkriecher und Schnurfüßer mit der Hand ist dagegen völlig harmlos. Man kann sie unmittelbar vom Boden aufnehmen, wobei sich auch hier eine kleine Pinzette als nützlich erweist.

Schnecken: Da es sich bei den zu haltenden Schnecken in der Regel um größere Arten handelt, bedarf es keiner besonderen Fangtechnik. Allenfalls ist eine kleine Handharke von Nutzen, um Laub und Bodenmulm besser wegkratzen zu können. Für den Fangerfolg weit ausschlaggebender ist der richtige Zeitpunkt des Aufsammelns. Die meisten Schnecken bevorzugen feuchte Witterung und sind daher in den Morgen- und Abendstunden oder nach Gewittern am aktivsten.

Besonders ergiebig ist der Fang nach dem ersten warmen Regen im Frühling, wenn die Schnecken ihre Winterquartiere verlassen; die Vegetation ist in dieser Zeit noch nicht voll entfaltet, so daß sich Boden und Pflanzenwuchs viel leichter absuchen lassen.

Transport und Versand

Der Heimtransport unserer künftigen Pfleglinge läßt sich bei Beachtung einiger Vorsichtsmaßregeln im allgemeinen leicht und ohne Verluste durchführen. Man sollte stets dafür sorgen, daß die Belastungen für die Tiere möglichst klein bleiben und Schädigungen oder Tierquälerei vermieden werden. Es kommen immer nur wenige Tiere, die sich untereinander auch vertragen, gemeinsam in einen Behälter. Die größte Gefahr ist Überhitzung. In einem in der Sonne abgelegten Beutel steigt die Temperatur innerhalb kürzester Zeit auf für viele Arten tödliche Werte an.

Völlig unproblematisch ist der Transport von Schnecken. Es genügt ein mit feuchtem Gras oder Moos ausgelegter, gut belüfteter Behälter aus Holz oder Plastik.

Für Heuschrecken, Käfer, Wanzen und andere Insekten verwendet man am besten mit perforiertem Deckel oder eingesetztem Gazefenster versehene Haushaltplastikdosen (Abb. 2), die mit zerknülltem Zeitungspapier gefüllt sind. Das Papier bietet den Tieren genügend Versteckmöglichkeiten und schützt somit vor gegenseitigen Angriffen. Vorwiegend räuberisch lebende Arten, wie manche Laubheuschrecken oder die Laufkäfer, sind möglichst einzeln unterzubringen. Gut bewährt haben sich auch Plastikbeutel verschiedener Größe, in denen die eingeschlossene Luft ein Polster bildet. Die Tiere können so, auch wenn mehrere Beutel übereinander liegen, nicht gedrückt oder gar zerquetscht werden.

Der Transport von Spinnen, Skorpionen und Skolopendern erfordert noch einige weitere Vorkehrungen. Wegen ihrer kannibalischen Veranlagung bringt man diese Tiere stets einzeln in kleinen Plastikdosen oder Sammelgläsern (Tablettenröhrchen) unter. Um ein Entweichen zu verhindern, sind Deckel bzw. Stopfen mit Klebestreifen stets gut zu sichern. Wenn viele Arten auch relativ lange hungern können, so sind vor allem Spinnen sehr feuchtigkeitsbedürftig und verdursten in gut durchlüfteten Transportgefäßen binnen kurzer Zeit; auch Skorpione und Skolopender müssen in gewissen Abständen trinken. Durch die Lüftungslöcher des Behälters reicht man ihnen mit einer Injektionsspritze bei Bedarf einen oder mehrere Tropfen Wasser.

Es wird·nicht ausbleiben, daß wir hin und wieder auch Tiere verschikken wollen. Der Versand kann als Eilpäckchen per Post oder Expressgut erfolgen. Es sollte stets mit der deutlichen Aufschrift »Lebende Tiere« versehen sein. Außerdem ist es ratsam, dem Empfänger die zu erwartende Sendung schon voranzukündigen und ihm dabei zugleich die notwendigen Angaben über Fütterung und Behandlung der Tiere zu übermitteln.

Für den Versand sind bestimmte Entwicklungsstadien der Tiere, wie Eier und Puppen, besonders gut geeignet. Sie benötigen keine Wartung, und bei Beachtung ihrer Entwicklungsdauer ist man in der Lage, zeitlich entsprechend zu disponieren. Eier von Stabschrecken und zahlreichen Schmetterlingen verschicken wir in dickwandigen elastischen Plastikröhren oder in Federkielen, deren Enden mit Watte verstopft sind. Sie werden dann mit einem Klebestreifen auf dem Briefbogen so befestigt, daß der Raum für den Poststempel frei bleibt (Abb. 2). Puppen ver-

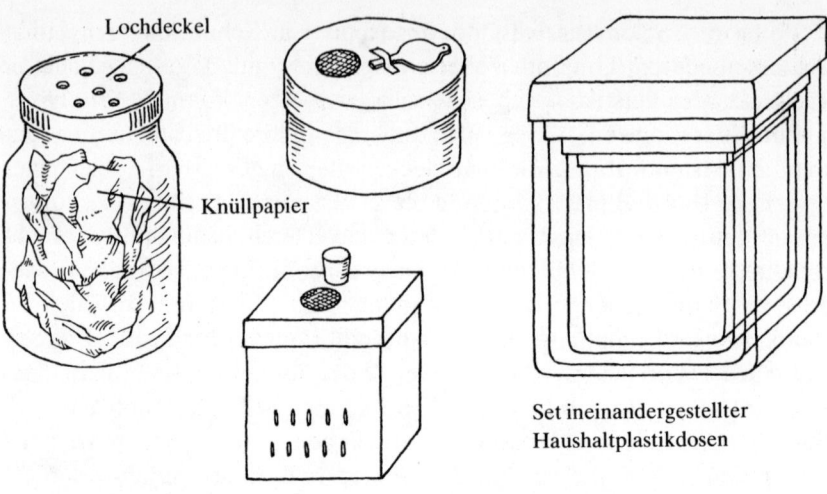

Lochdeckel

Knüllpapier

verschiedene Transportbehälter

Set ineinandergestellter
Haushaltplastikdosen

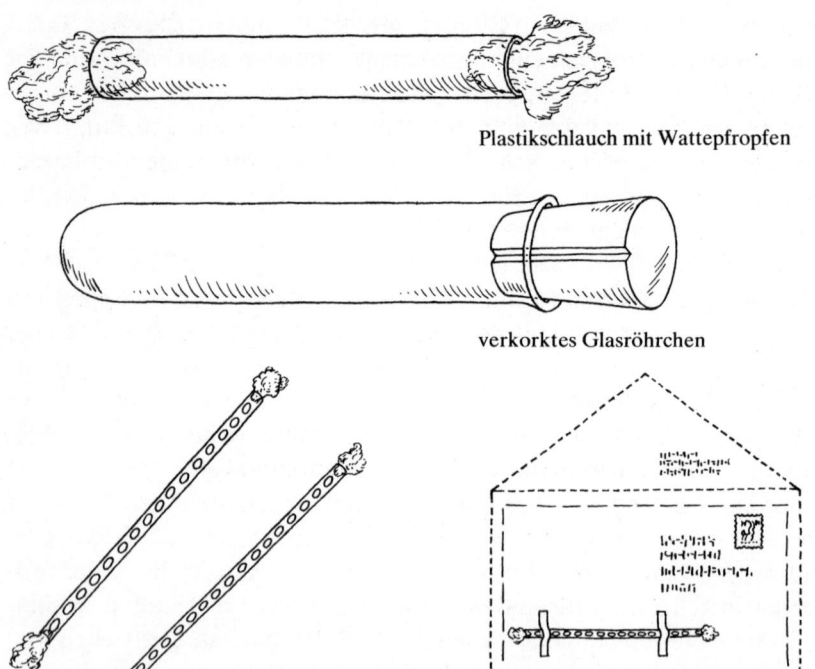

Plastikschlauch mit Wattepfropfen

verkorktes Glasröhrchen

Versand von Insekteneiern in Plastikröhrchen, z. B. Trinkhalmen

packt man in entsprechend großen Behältern zwischen lockeren Moos-
schichten oder zerknülltem Toilettenpapier (niemals Watte!), so daß sie
nicht herausrollen oder sich gegenseitig verletzen können. Frisch ver-
puppte Tiere dürfen nicht versandt werden, da ihre Chitinhülle erst
nach Tagen vollkommen erhärtet ist.

Sollen Larven oder erwachsene Tiere verschickt werden, so sind die
beigefügten Futtermengen auch über größere Entfernungen möglichst
knapp zu bemessen, da es sonst nicht selten zu Kondenswasserbildun-
gen und damit zu Schimmel und Fäulnis kommt. Selbstverständlich hat
der Versand von Spinnen, Skorpionen und Skolopendern mit der schon
erwähnten Sorgfalt zu erfolgen.

Gesetzliche Bestimmungen

Von der zunehmenden Veränderung unserer Landschaft werden in be-
denklichem Maße auch wirbellose Tiere betroffen. Viele Schmetterlinge, Käfer oder Hautflügler, die früher noch überall anzutreffen waren,
sind in den vergangenen Jahren in ihrem Bestand stark zurückgegangen
oder lokal schon völlig verschwunden. Im Interesse der Erhaltung von
Vielfalt und Schönheit der Natur wurden daher bei uns und in anderen
Staaten auch zahlreiche wirbellose Arten, deren Fortbestand in irgendeiner Weise bedroht ist, unter Schutz gestellt und dürfen nur mit besonderer Genehmigung gefangen und gehalten werden. Auf die strenge Ein-
haltung der gesetzlichen Festlegungen zu achten, sollte Pflicht eines jeden Terrarienfreundes sein – und nicht nur im eigenen Land. Wer
beabsichtigt, Tiere von Exkursionsreisen im Ausland mit nach Hause zu
nehmen, tut gut daran, vorher auch Erkundigungen über Schutzbestim-
mungen der jeweiligen Länder einzuholen.

Wenn dennoch in den weiteren Kapiteln dieses Buches verschiedene
Arten abgehandelt werden, die in den Artenschutzlisten genannt sind,
so wollen wir damit keinesfalls zur Übertretung von Gesetzen anregen,
sondern empfehlen die Haltung dieser Tiere – sie sind im Register am
Schluß des Buches mit ▲ gekennzeichnet – nur unter der Voraussetzung, daß die gesetzlichen Bestimmungen hierfür eingehalten werden.

Neben diesen Einschränkungen sind im grenzüberschreitenden Ver-
kehr mitunter noch besondere Zoll- oder veterinärhygienische Bestim-

Abb. 2 Transport und Versand

mungen zu beachten. Um unnötigen Enttäuschungen vorzubeugen, sollte man sich über die geltenden Rechtsvorschriften des betreffenden Landes, aus dem die Tiere ausgeführt bzw. in das sie eingeführt werden, eingehend informieren und erhobenen Auflagen nachkommen.

Tiere, die in den Listen des international gültigen Washingtoner Artenschutzübereinkommens von 1973 aufgeführt sind, unterliegen außerdem noch besonderen gesetzlichen Bestimmungen.

Wer mit giftigen Spinnen oder Skorpionen umgeht, kann die Möglichkeit, von seinen Tieren einmal gebissen bzw. gestochen zu werden, niemals ganz ausschließen. Neben starken Schmerzen und Schwellungen treten nicht selten Lähmungen auf, und in einzelnen Fällen muß man sogar mit lebensbedrohlichen Folgeerscheinungen rechnen. Unfälle Dritter – hierzu zählen letztendlich auch die eigenen Familienmitglieder – können sogar als fahrlässige Körperverletzungen strafrechtlich geahndet werden. Für einen Schaden, den ein Tier verursacht, macht der Gesetzgeber stets den Tierhalter verantwortlich, und das trifft nicht nur für beißende Hunde oder streunende Katzen, sondern in gleichem Maße auch für wehrhafte Gliederfüßer zu! Es gelten mithin bei der Haltung dieser Tiere die gleichen strengen Vorsichtsmaßregeln wie etwa beim Umgang mit Giftschlangen. Die Genehmigung zur Haltung von Skorpionen, Spinnen oder Skolopendern darf nur an entsprechend verantwortungsbewußte und erfahrene Liebhaber erteilt werden.

Behälter für jeden Zweck

Spätestens mit dem Erwerb oder erfolgreichen Fang unserer Tiere stellt sich die Frage nach ihrer geeigneten Unterbringung. Ausschlaggebend für die richtige Wahl sind stets die spezifischen Haltungsansprüche der zu pflegenden Arten, denn letztlich kommt es darauf an, ihnen auch in unseren eigenen vier Wänden möglichst optimale Lebensbedingungen zu bieten. Ein mit einem Stück Stoff abgebundenes Gurkenglas kann für die kurzfristige Haltung zahlreicher wirbelloser Tiere – etwa im Ferienlager oder zur Beschäftigung an Regentagen am Urlaubsort – schon völlig ausreichend sein. Will man dagegen tiefer in ihre Lebens- und Verhaltensweisen eindringen oder gar Zuchtversuche unternehmen, erweist sich ein solches Gefäß häufig als unzweckmäßig, und es bedarf eines eigens dafür eingerichteten Behälters. Auch die Eingliederung in den Wohnraum spielt eine Rolle, denn unser Terrarium soll ja nicht nur praktisch sein, sondern auch ästhetischen Bedürfnissen entsprechen.

Wenngleich so manches Tier unvorhergesehen in unsere Hände gelangt, etwa weil es plötzlich irgendwo angeboten wurde oder uns draußen in der Natur ganz einfach über den Weg lief, so sollte doch bei jeder Neuerwerbung vorher geprüft werden, ob eine sachgerechte Unterbringung gewährleistet ist. Das erspart manchen Ärger und auch Mißerfolge, die sich bei mangelnder Vorbereitung schnell einstellen können. Bei Nahrungsspezialisten oder Arten, deren Haltung einen größeren technischen Aufwand erfordert, ist das geradezu unerläßlich.

Verschiedene Behältertypen

So vielfältig uns die Lebensformen der Gliederfüßer begegnen, so zahlreich sind auch die Möglichkeiten ihrer Haltung in entsprechenden Behältern, die häufig auch als »Insektarien« bezeichnet werden. Je nach Art, Größe und Anzahl unserer Pfleglinge reicht die Palette vom einfa-

23

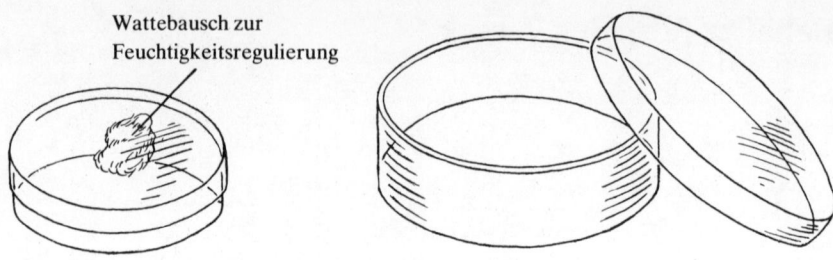

Wattebausch zur
Feuchtigkeitsregulierung

Petrischalen verschiedener Größen

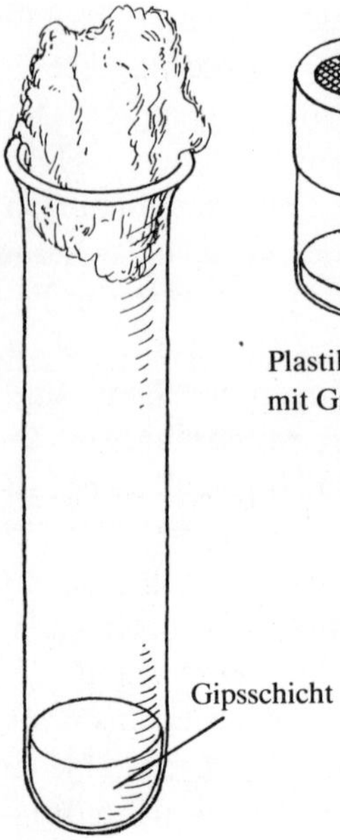

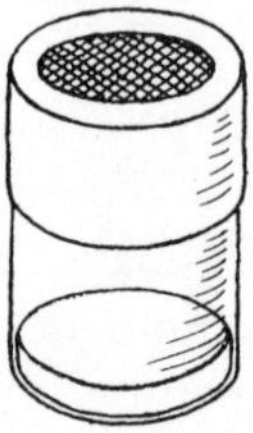

Plastikdöschen
mit Gipsboden

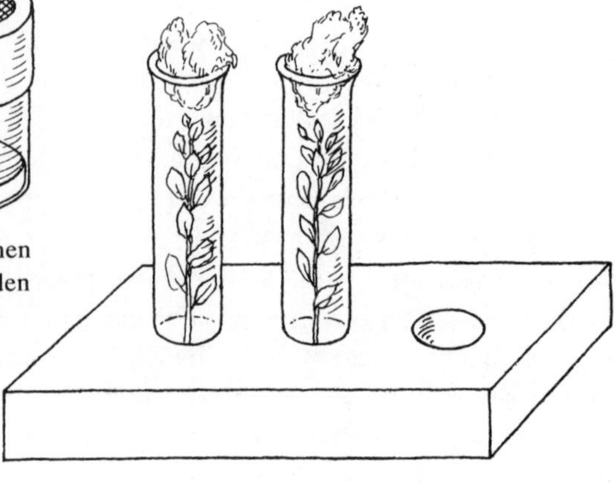

Standvorrichtung

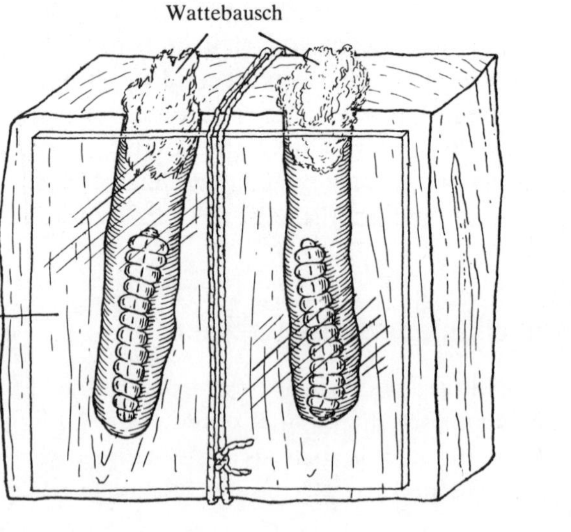

Gipsschicht

Wattebausch

Reagenzglas

Glasplatte

ausgehöhltes Holzstück zur
Haltung verpuppungsreifer
Bockkäferlarven

24

Klemmring

einfaches Glasgefäß
mit Gazebespannung,
Glasscheibe zur Regulierung
der Luftfeuchtigkeit

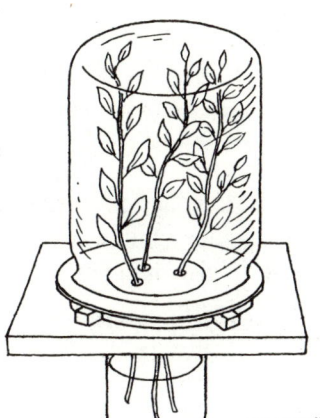

Stülpglas
Wasserglas

Halteklötze

Durchstecklöcher
für Pflanzenteile

Belüftungsöffnungen

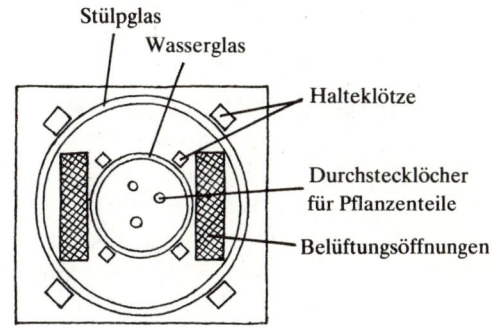

umgestülptes Glas zur Haltung
feuchtigkeitsliebender Arten
(nach Friedrich)

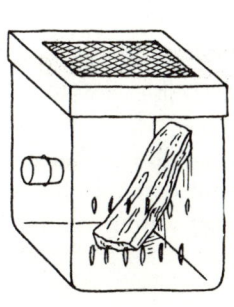

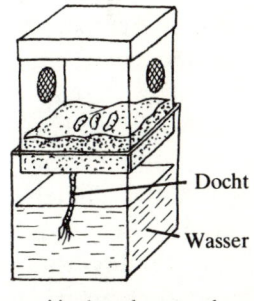

Docht

Wasser

zwei ineinandergesteckte
Plastikbehälter
zur Regulierung
der Bodenfeuchtigkeit

25

chen Haushaltsglas bis zum größeren Schaubecken. Die folgenden Angaben über geeignete Behälter sollen dem Liebhaber wirbelloser Tiere bei der Auswahl Hilfe und Unterstützung geben.

Kleinstbehälter (Beh.-Typ I): Schon Petrischalen und Glastuben (z. B. Reagenzgläser) können bei der Haltung und Zucht von Gliederfüßern gute Dienste leisten (Abb. 3). Sie sind in verschiedenen Größen im Handel erhältlich und erlauben jederzeit eine einwandfreie Beobachtung. Für kleine bodenbewohnende Insekten, Spinnen oder Tausendfüßer sind Petrischalen geradezu ideal, auch die Larven zahlreicher größerer Arten kann man hier unter Kontrolle aufziehen. Durch Einlegen eines mit Wasser getränkten Wattebausches ist es möglich, die Luftfeuchtigkeit ständig hoch, d. h. über 75%, zu halten.

Gläser und Haushaltplastikdosen (Beh.-Typ II): Marmeladengläser, Gurkengläser und ähnliche Gefäße sind für die Haltung zahlreicher Arten durchaus geeignet. Wichtig ist in vielen Fällen ein sicherer, luftiger Verschluß durch einen Klemmring oder eine Holzauflage mit Stoff- bzw. Gazebezug. Auf Pflanzen lebende Arten, die hohe Luftfeuchtigkeit benötigen, können in umgestülpten, größeren Gläsern gehalten werden. Belüftungsöffnungen im Grundbrett verhindern weitgehend, daß sich an der Wandung Kondenswasser absetzt. Auf diese Weise bleiben auch Pflanzen, die sonst schnell welken, lange frisch (Abb. 4).

Besonders vielseitig einsetzbar sind transparente Haushaltsdosen aus Plastik. Sie lassen sich gut kleben und durch Wärmeeinwirkung leicht in ihrer Form verändern. Mit einem erhitzten Messer kann man beliebig große Öffnungen in die Wände oder den Deckel schneiden, die, mit Gaze verschlossen, eine optimale Luftzirkulation gewährleisten (Abb. 4). Für extrem feuchtigkeitsliebende Tiere sollte dem Behälterboden eine 1 bis 2 cm hohe Gipsschicht aufgegossen werden, die nach Bedarf mit Wasser zu tränken ist.

Selbst in mit Gazefenstern versehenen Filmdosen oder anderen kleinen Plastikschachteln können wir mitunter jüngste Entwicklungsstadien einwandfrei aufziehen.

Zylinder (Beh.-Typ III): Zahlreiche Arten lassen sich am besten unmittelbar an ihrer Futterpflanze halten. Nicht selten werden auf diese Weise Zuchten ermöglicht, die sonst kaum durchführbar wären. Wir be-

Seiten 24/25: Abb. 3   Kleinstbehälter

Abb. 4   Gläser und Haushaltplastikdosen   *Abb. 5   Zylinder*

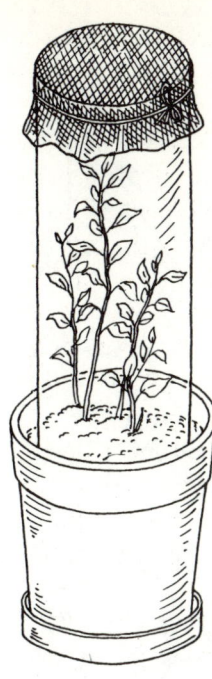

Zylinder aus Glas
oder transparenter Folie

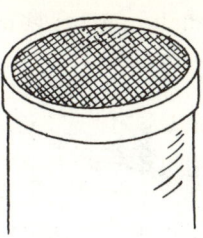

Drahtgazeverschluß

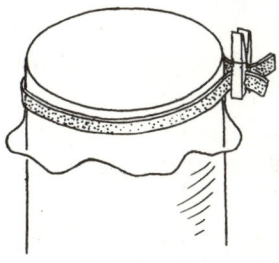

Gummiband,
mit Wäscheklammer
angeklemmt

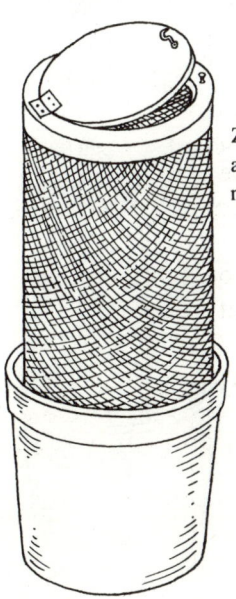

Zylinder
aus Drahtgaze
mit Holzdeckel

Einsatz von Zylindern zur Haltung und Zucht von Blattkäfern

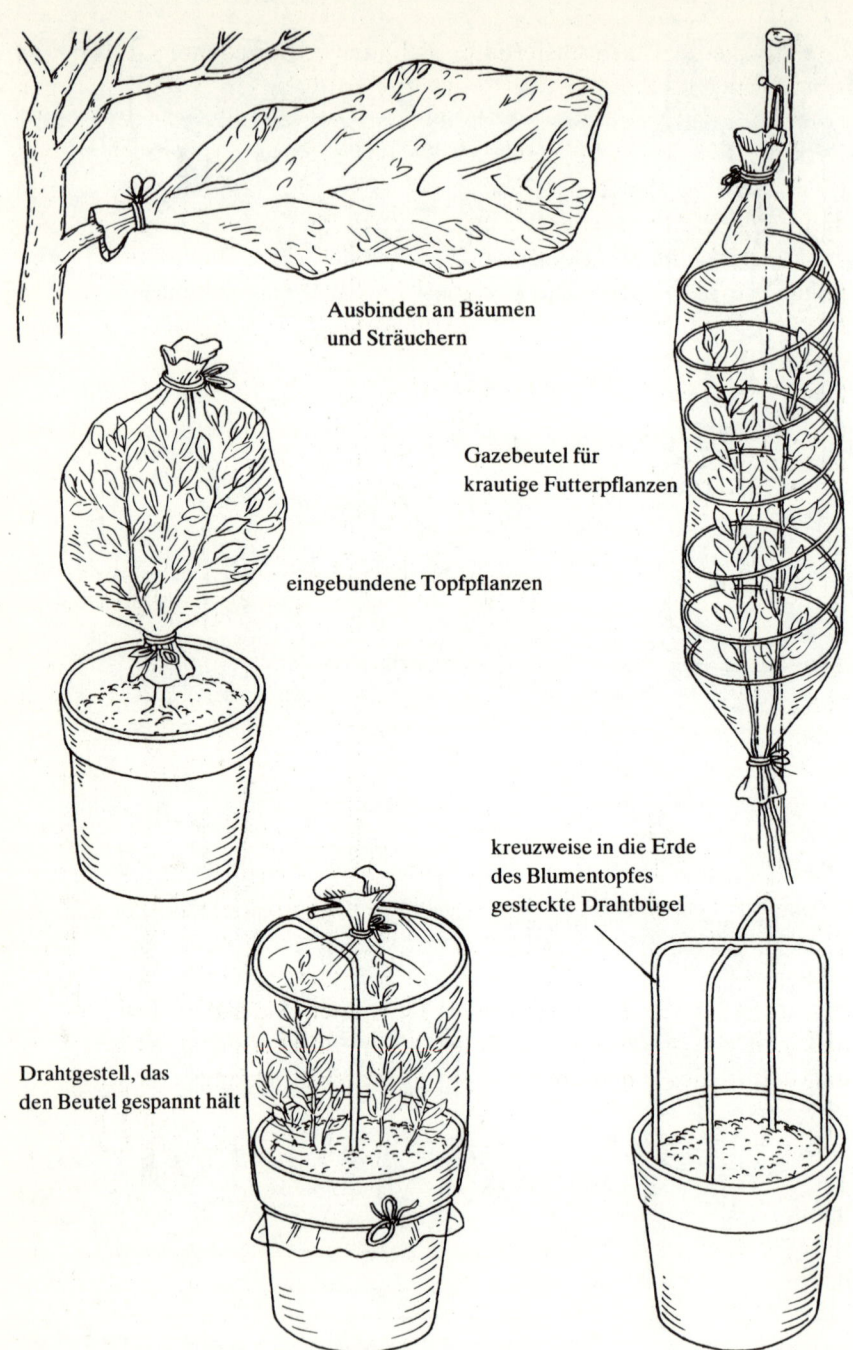

Ausbinden an Bäumen
und Sträuchern

Gazebeutel für
krautige Futterpflanzen

eingebundene Topfpflanzen

kreuzweise in die Erde
des Blumentopfes
gesteckte Drahtbügel

Drahtgestell, das
den Beutel gespannt hält

28

dienen uns dazu selbstgefertigter Zylinder verschiedener Größen und Ausführungen, die über die eingetopften Pflanzen gestülpt werden (Abb. 5). Entsprechend den Ansprüchen der einzelnen Arten werden die Zylinder aus Drahtgaze (Beh.-Typ III a) oder aus Glas bzw. transparenter Folie (Beh.-Typ III b) hergestellt. Die beiden letzteren sind vor allem dann einzusetzen, wenn eine hohe Luftfeuchtigkeit notwendig ist.

Die Höhe der Zylinder richtet sich nach dem Wuchs der Futterpflanze, in der Regel sind 20 bis 40 cm völlig ausreichend. Gaze bzw. Folie sind unten in einen Blechring gefaßt, oben trägt der Zylinder einen Deckel, der bei Bedarf noch eine aufklappbare Öffnung haben kann. Sie ermöglicht, jederzeit mühelos den Behälter zu kontrollieren und darin entsprechend zu hantieren. Um einen festen Sitz des Zylinders zu erreichen, wird auf die Innenseite des Ringes eine dicke Schaumgummiauflage geklebt. Man kann den Zylinder aber auch direkt in die Erde des Blumentopfes drücken.

Gazebeutel (Beh.-Typ IV): Dem Prinzip der Haltung in Zylindern ähnlich ist das »Ausbinden« von Insekten oder ihren Entwicklungsstadien an Bäumen und Sträuchern im Freien (Abb. 6). Bei manchen Schmetterlingsraupen ist eine Aufzucht auf diese Weise geradezu Voraussetzung, um zum Erfolg zu gelangen. Dazu benötigt man einen möglichst festen und genügend großen Beutel (je nach Bedarf 30 × 40 bis 70 × 150 cm) aus feiner Gaze oder dichtem, weißem Stoff, der über einen geeigneten Zweig der Futterpflanze gestreift wird. Nachdem die Raupen eingesetzt sind, wird er fest zugebunden. Man braucht dann lediglich von Zeit zu Zeit nachzusehen, ob der Zweig noch nicht kahlgefressen ist. Bei anhaltend schlechter Witterung sollte die Aufzucht im Zimmer fortgesetzt werden, um größere Verluste zu vermeiden.

Glasbecken (Beh.-Typ V): Nicht selten verlangen Größe und Anzahl der zu haltenden Tiere geräumigere Behälter. Sie haben den Vorteil, daß man hier das entsprechende Biotop natürlicher nachgestalten kann und damit auch einen optisch ansprechenden Blickfang im Zimmer erhält.

Für unsere Zwecke sind die handelsüblichen Vollglasaquarien wie auch geklebte Becken gleichermaßen gut zu verwenden, doch sollte man letzteren nach Möglichkeit den Vorzug geben. Sie haben stets einwandfreie, ebene Glasflächen, und man kann sie bei einigem Geschick in jeder gewünschten Form und Größe auch selbst anfertigen. Im allgemei-

Abb. 6   Gazebeutel

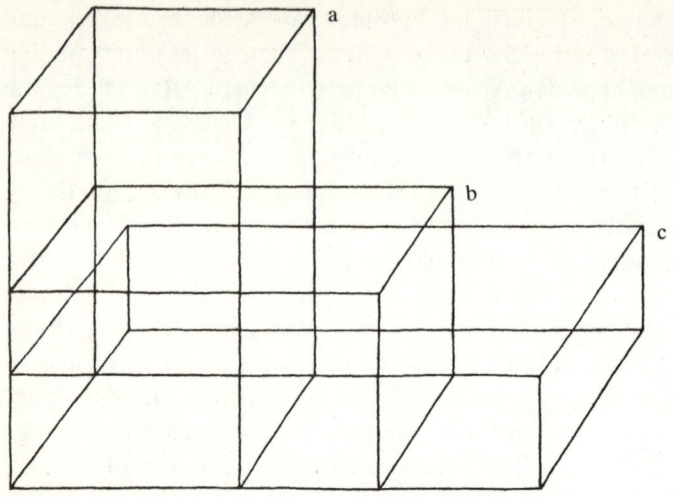

Abb. 7 *Glasbecken für verschiedene Raumbedürfnisse*
a für Baumbewohner (z. B. Stabschrecken, Rosenkäfer, Bockkäfer, Baumschnecken), b für alle
Zwecke, c für Bodenbewohner (z. B. Laufkäfer, Pillendreher, Skorpione, Tausendfüßer)

nen ist eine Abdeckung des gesamten Behälters mit Gaze für eine gute Belüftung völlig ausreichend. Nur extrem hohe Behälter und solche mit einem größeren Sumpfteil erfordern außerdem unten eine zweite Gazefläche, die dann eine entsprechende Frischluftzufuhr gewährleistet.

Beim Einrichten der Becken achte man stets darauf, daß diese sowohl den biologischen Ansprüchen der Tiere genügen als auch überall leicht zugänglich und kontrollierbar bleiben. Schon mit relativ einfachen Mitteln lassen sich vielfältige ästhetisch ansprechende Varianten erzielen (Abb. 10). Eine alte Wurzel, eine Pflanze oder ein paar Steine, richtig eingeordnet, sind dekorative Gestaltungselemente. Ein Bodengrund ist in vielen Fällen unerläßlich. Höhe und Beschaffenheit können eine Bedeutung als Feuchtigkeitsspender bzw. Eiablagesubstrat besitzen.

Entsprechend den Haltungsansprüchen der einzelnen Arten lassen sich verschiedene Grundtypen von Glasbecken unterscheiden:
sumpfig (Beh.-Typ V a): Zahlreiche Schnecken, Spinnen und Insekten leben in unmittelbarer Nähe des Wassers. Für sie ist die Einrichtung eines sumpfigen Glasbeckens zweckmäßig. Der Landteil, der mit verschiedenen Sumpfpflanzen besetzt wird, kann extrem feucht gehalten

Abb. 8 Praktische Details

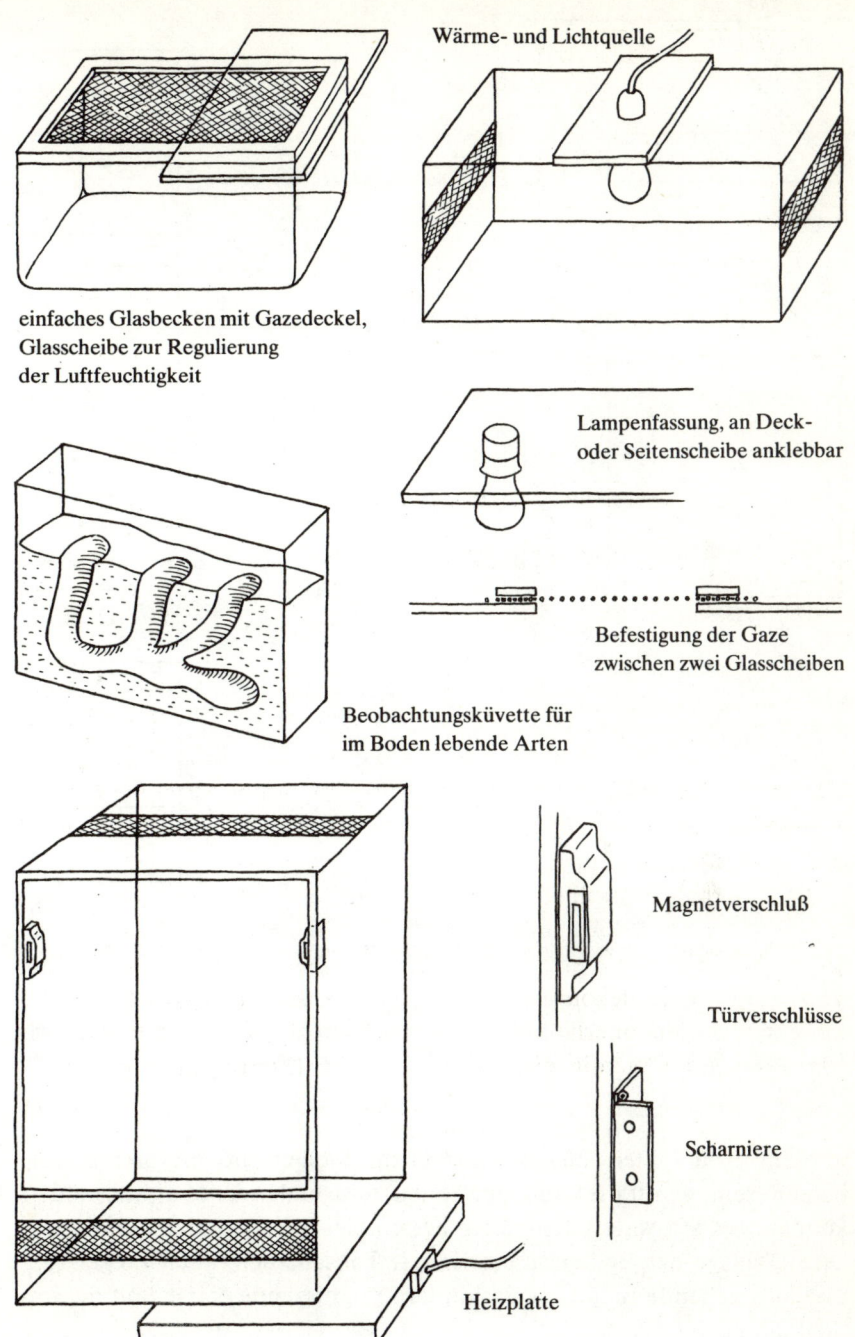

Wärme- und Lichtquelle

einfaches Glasbecken mit Gazedeckel,
Glasscheibe zur Regulierung
der Luftfeuchtigkeit

Lampenfassung, an Deck-
oder Seitenscheibe anklebbar

Befestigung der Gaze
zwischen zwei Glasscheiben

Beobachtungsküvette für
im Boden lebende Arten

Magnetverschluß

Türverschlüsse

Scharniere

Heizplatte

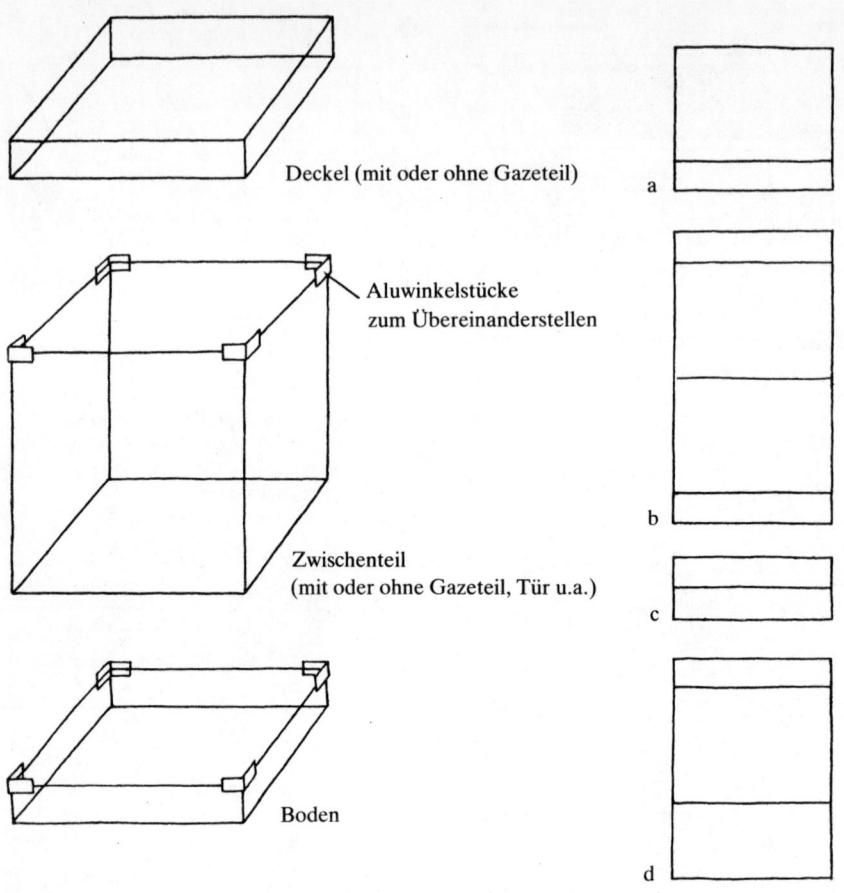

Deckel (mit oder ohne Gazeteil)

a

Aluwinkelstücke
zum Übereinanderstellen

b

Zwischenteil
(mit oder ohne Gazeteil, Tür u.a.)

c

Boden

d

Abb. 9 In verschiedenen Varianten zusammensetzbare Glasbecken. Möglichkeiten entsprechend des Bedarfs:
a Grundvariante für Schaben, Heuschrecken usw., b hohe Variante für Stabschrecken, Gottes-anbeterinnen usw., c flache Variante für Laufkäfer, Schwarzkäfer usw., d Variante mit hohem Bodenteil für Erdbewohner (z. B. Engerlinge) oder amphibisch lebende Arten (z. B. Süßwasser-krabben)

werden; doch sollten auch noch trockene Stellen (größere Steine) vor-handen sein, damit die Tiere den ihnen zusagenden Untergrund wählen können. Als Wasserteil dienen am besten kleine Tonschalen; eine geeig-nete Dränage des Bodengrundes (Kies, Tonscherben, auch Ziegelgrus) und ausreichende Belüftung verhindern stagnierende Nässe und Schim-melbildung.

sumpfig

Listspinnen, Piratenspinnen

amphibisch lebende Krabben

feucht

tropische Rosenkäfer

Riesenwaldschaben

trocken

Sandlaufkäfer

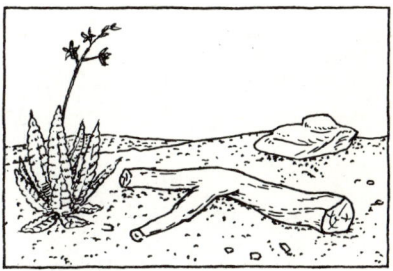

Skorpione, Skolopender

Abb. 10   Anregungen zur Gestaltung

feucht (Beh.-Typ V b): Bewohner dichter Wälder, Hecken oder Feldränder lassen sich in diesen Behältern ausgezeichnet halten. Von besonderer Bedeutung ist ein entsprechender Bodengrund aus einem Gemisch von

33

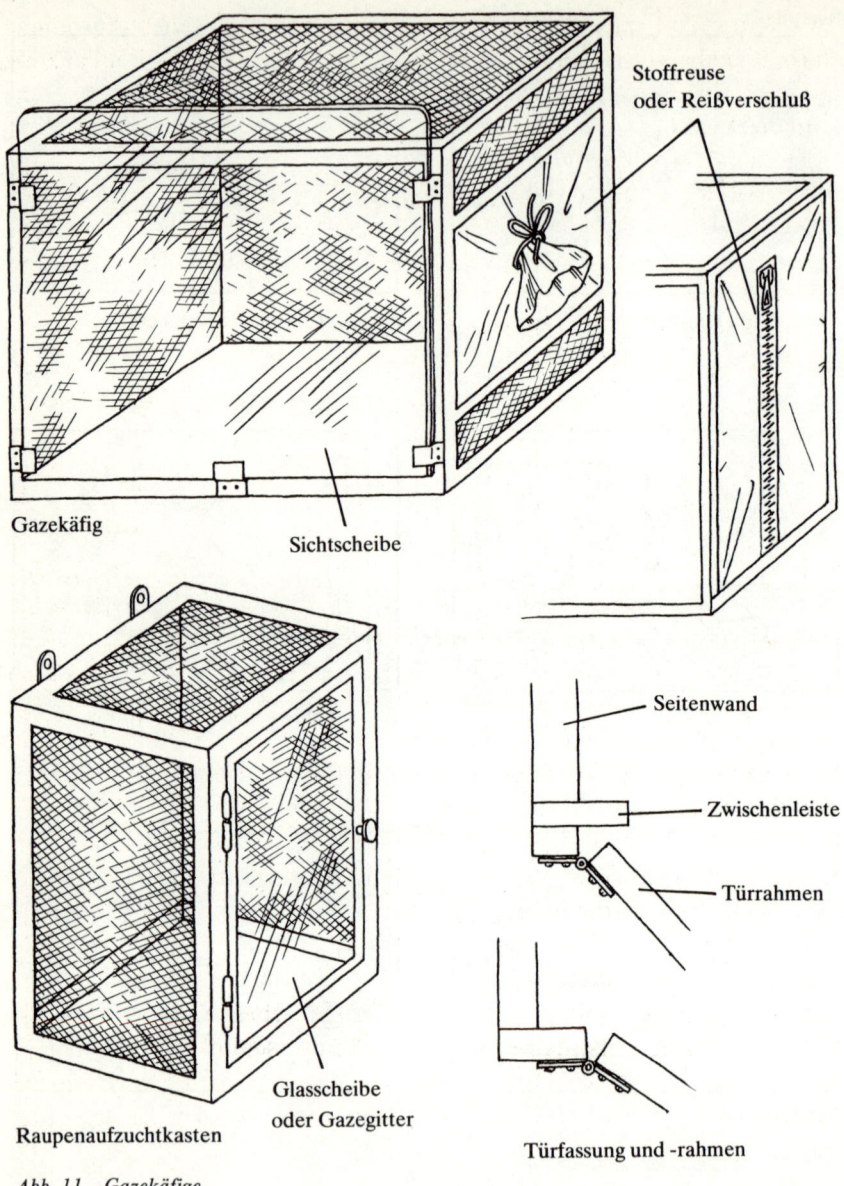

Stoffreuse
oder Reißverschluß

Gazekäfig

Sichtscheibe

Seitenwand

Zwischenleiste

Türrahmen

Raupenaufzuchtkasten

Glasscheibe
oder Gazegitter

Türfassung und -rahmen

Abb. 11   Gazekäfige

Walderde, Torf oder Sand, das einen auf die ökologischen Ansprüche der Tiere abgestimmten Feuchtigkeitsgrad haben muß. Als Bepflanzung bieten sich entsprechend den natürlichen Gegebenheiten zahlreiche Möglichkeiten, von denen nur Efeu, kleine Farne, Steinbrech sowie verschiedene Moose genannt seien.

Durch Erhöhung der Temperatur und zeitweises Versprühen von Wasser kann die für Arten des tropischen Regenwaldes notwendige hohe Luftfeuchtigkeit erzielt werden. Bei der Auswahl der Pflanzen sind diese klimatischen Gegebenheiten entsprechend zu berücksichtigen (Kletter-Ficus, Tradeskantie, Moosfarn u. a.).

trocken (Beh.-Typ V c): Dieser Behältertyp ist vor allem für Tiere lichter, trockener Wälder, Heideflächen oder sonniger, steiniger Hänge geeignet. In der Regel ist neben höheren Temperaturen auch eine entsprechende Lichtintensität erforderlich. Bei Bewohnern tropischer Steppen- und Wüstengebiete ist mitunter noch lokale Bodenwärme angebracht; dabei kann die Temperatur nachts spürbar absinken, da viele Arten aus ihrer Heimat an solche Temperaturschwankungen gewöhnt sind. Als Bodengrund wählen wir lockere trockene Erde oder Sand, einige passende Steine und Holzstücke. Zur Bepflanzung eignen sich verschiedene steife Gräser, trockene Flechten oder kleine Sukkulenten recht gut. Auch Felsaufbauten können sehr wirkungsvoll sein und den Behältern eine dekorative Note verleihen. Für manche Arten, wie Heideschnecken, sind sie geradezu unerläßlich. Wichtig ist, daß auch in einem trockenen Behälter ein Teil des Bodengrundes ständig etwas feucht gehalten werden muß, damit sich abgelegte Eier auch entwickeln können.

Flugkäfige (Beh.-Typ VI): Ausgesprochen flugaktive Insekten, wie Schmetterlinge, Wespen oder Hummeln, benötigen einen möglichst großen Behälter, der dem starken Bewegungsdrang dieser Tiere Rechnung trägt. Als Mindestmaß können $80 \times 80 \times 100$ cm gelten. Die obere Abdeckung ist mit feiner Gaze zu bespannen, ebenso mindestens eine Seitenwand, die außerdem noch einen Reißverschluß oder eine Stoffreuse besitzen sollte (Abb. 11). Dadurch wird ein bequemes Hantieren im Inneren des Behälters ermöglicht, ohne daß die Tiere gleich entweichen können.

Solche Flugkäfige können auch als *Raupenaufzuchtkästen* verwendet werden, sofern das Gazegewebe robust genug ist. Besonders praktisch sind allseitig mit Draht- oder Dederongeflecht bespannte Rahmenkästen mit einer Mindestgröße von $20 \times 20 \times 40$ cm (Beh.-Typ VI b). Die Tür sollte so eingefaßt sein, daß in den Ecken noch genügend Platz für sich verpuppende Raupen ist, die mit Vorliebe solche Winkel aufsuchen und durch das Öffnen und Schließen des Behälters nicht gestört werden dürfen (Abb. 11).

Behälter zur Haltung von Ameisen (Beh.-Typ VII): Um Ameisen zu Hause beobachten zu können, bedarf es schon spezieller, auf die Lebensansprüche dieser Tiere abgestimmter Behälter, sogenannter Formikarien (lat. formica = die Ameise), von denen es je nach Art und Verwendungszweck vielerlei Varianten gibt. Drei davon sollen als Anregung für die Ameisenhaltung dienen:

Am einfachsten gestaltet sich die Einrichtung eines kleinen Ameisenterrariums (Beh.-Typ VII a, Abb. 22). Als solches ist ein Glasbecken in den Mindestabmessungen $50 \times 50 \times 40$ cm geeignet, in dessen Mitte ein größerer Gipsblock aufgestellt wird. Ein darin eingelassenes Glas- bzw. Plastikrohr ermöglicht das Feuchthalten des Blockes. Nachdem wir auf dem Boden eine etwa 10 cm hohe Schicht feuchter Walderde aufgebracht haben, breiten wir das eingetragene Nestmaterial mit den Ameisen aus. Innerhalb kurzer Zeit errichten sie in unmittelbarer Nähe des Gipsblockes ein neues Nest. Damit die Tiere nicht entweichen können, wird der obere Beckenrand etwa 3 cm breit mit Vaseline eingestrichen. In einem solchen Ameisenterrarium lassen sich die meisten unserer heimischen Arten längere Zeit halten und auch vermehren.

So interessant und spannend Beobachtungen in einem Ameisenterrarium auch sein mögen, sie erfassen lediglich jene Tiere, die ihren Bau verlassen und »Außenarbeiten« verrichten. Brutstadien und Königinnen, wie überhaupt das emsige Treiben im Nestinneren selbst, werden dabei unseren Blicken stets verborgen bleiben.

Eine geradezu ideale Möglichkeit der Beobachtung bietet eine Kunstnestanlage mit Auslauf (Beh.-Typ VII b, Abb. 22). Dazu fertigt man sich einen schmalen und mit Luftlöchern (Gazeabdeckung!) versehenen Holzrahmen an, der in engem Abstand zwei in Falze eingeschobene Glasscheiben hält. In dem mit Torfmull gefüllten Zwischenraum legen die Ameisen binnen kurzer Zeit ein Gangsystem an. Wichtig ist nur, den Abstand der beiden Scheiben nicht zu groß zu wählen, da es sonst passieren kann, daß die Ameisen ihre Gänge nicht unmittelbar am Glas bauen und man die Tiere nicht sieht; für kleinere Arten *(Lasius, Myrmica)* sind 5 bis 7 mm, für größere *(Formica, Camponotus)* 7 bis 12 mm vollkommen ausreichend. Eine in die Seitenwand eingelassene Glasröhre ermöglicht das Anfeuchten der Erde von unten her. Zwei abklappbare Deckel aus Pappe oder Hartfaser sorgen für eine Verdunkelung außerhalb der Beobachtungszeit. Die erforderliche Nesttemperatur wird durch eine im entsprechenden Abstand aufgestellte Infrarotlampe gewährleistet.

Als »Außenwelt« dient ein mit dem Nest verbundener Auslauf, in dem die Ameisen Gelegenheit haben, auf Insektenfang zu gehen, Baumaterial zu sammeln oder Abfälle abzulegen. Hierzu eignet sich eine große Entwicklerschale mit hohem Rand oder ein flaches Glasbecken entsprechender Abmessung, das wir mit Sand, Steinen und geeigneten Pflanzen naturgemäß einrichten und mit Futter- und Trinkstellen versehen. Der Rand des Auslaufes wird wieder mit Vaseline glatt gehalten.

Für eine kurzzeitige Haltung kleinerer Ameisenkolonien reicht schon ein einfaches Beobachtungsnest (Beh.-Typ VII c, Abb. 22). Es besteht aus einem flachen Gipsblock (etwa $12 \times 6 \times 3$ cm), in dem mehrere Kammern ausgespart und durch Gänge miteinander verbunden sind. An dem einen Ende befindet sich eine Kammer, die mit den anderen nicht in Verbindung steht und zum Befeuchten des Nestes von Zeit zu Zeit mit Wasser gefüllt wird. Zum Abdecken verwendet man dicht aufliegende, dunkelrote Glasplatten (Dunkelkammerscheiben); die rotblinden Ameisen verhalten sich dann wie in der Dunkelheit. Eine Glühlampe sorgt für die notwendige Wärme. Man kann ein solches Beobachtungsnest unschwer selbst herstellen und natürlich auch mehrere Gipselemente durch Glasröhrchen oder Trinkhalme miteinander zu einer größeren Nestanlage verbinden.

Heizung, Beleuchtung und andere technische Details

Mit der Wahl eines geeigneten Behälters und dessen Einrichtung eng im Zusammenhang steht die Nachahmung des Mikroklimas, das unseren Tieren möglichst optimale Lebensbedingungen bieten soll. Allerdings lassen sich die spezifischen natürlichen Umweltverhältnisse für unsere Pfleglinge in einem Behälter immer nur unvollkommen nachgestalten. Glücklicherweise sind aber die meisten Arten doch mehr oder weniger anpassungsfähig, so daß wir mit einem durchaus vertretbaren Maß an technischem Aufwand die für sie lebensnotwendigen Bedingungen annähernd erfüllen können.

Die größte Bedeutung kommt der *Temperatur* zu. Sie muß den Ansprüchen der zu haltenden Arten angepaßt sein. Vor allem Tiere aus tropischen Ländern sind im allgemeinen recht wärmebedürftig. Aber auch manche einheimische Arten kommen nicht ganz ohne zusätzliche Wärmequellen aus. Als einfachste Beheizung und gleichzeitige Lichtquelle hat sich bis heute die gebräuchliche Glühlampe gut bewährt. Je nach Größe des Behälters und dem Wärmebedürfnis der zu haltenden Arten wählen wir die Wattstärke aus; 15 bis 25 Watt sind im allgemeinen schon völlig ausreichend. Bei manchen Arten kann sich darüber hinaus noch eine lokale Erwärmung des Bodengrundes erforderlich machen, die wir durch unter den Behälter geschobene Wärmeplatten oder Heizkissen ermöglichen. Auch Aquarienheizstäbe geringer Leistung (10 bis 25 Watt), die evtl. zu mehreren hintereinander geschaltet und in Lehm eingebettet sind, können verwendet werden. Wichtig ist immer, daß nicht die gesamte Bodenfläche gleichmäßig beheizt wird und die Tiere die Möglichkeit haben, auch weniger warme Stellen aufzusuchen, wie überhaupt ein gewisses Temperaturgefälle und das zeitweilige Absenken der Temperaturen, vor allem nachts, den Verhältnissen in der Natur näherkommt.

Zur Gewährleistung günstiger Lebensbedingungen gehört auch der Faktor *Licht*. Seine Bedeutung darf selbst bei dämmerungsaktiven Arten nicht unterschätzt werden, denn zahlreiche Lebensäußerungen werden von der Photoperiode bestimmt, nicht zuletzt auch die Vermehrungsrate (siehe S. 50). Für Arten, die eine hohe Lichtintensität verlangen, wie Sandlaufkäfer, Pillendreher oder Wespen, reicht die bloße Beleuchtung des Behälters nicht aus. Um einer Überhitzung durch Glühlampen hoher Wattzahl vorzubeugen, verwendet man in diesem Fall besser Leuchtstoffröhren, die mit einem Reflektor, z. B. aus Aluminiumfolie, versehen werden. Über Bestrahlungen mit kurzwelligem Licht, wie sie in der Terraristik vielfach zur Bildung lebensnotwendiger Vitamine üblich sind, liegen bei der Haltung wirbelloser Tiere noch wenig praktische Erfahrungen vor.

Im allgemeinen wird man die Licht- und Wärmequellen manuell bedienen, sie lassen sich jedoch auch mit Hilfe von Schaltuhren und Temperaturreglern automatisch steuern. Das ist vor allem bei zeitweiliger Abwesenheit oder der Betreuung größerer Schaubecken von Vorteil.

Weit schwieriger ist das Einhalten einer bestimmten *Luftfeuchtigkeit*. Hierfür gibt es für unsere Belange kaum eine Möglichkeit der automatischen Regulierung, soll die Nutzung moderner Technik nicht dem Selbstzweck dienen. Die ständige manuelle Überwachung erfordert ein gewisses Fingerspitzengefühl. Durch regelmäßiges Sprühen, schwaches

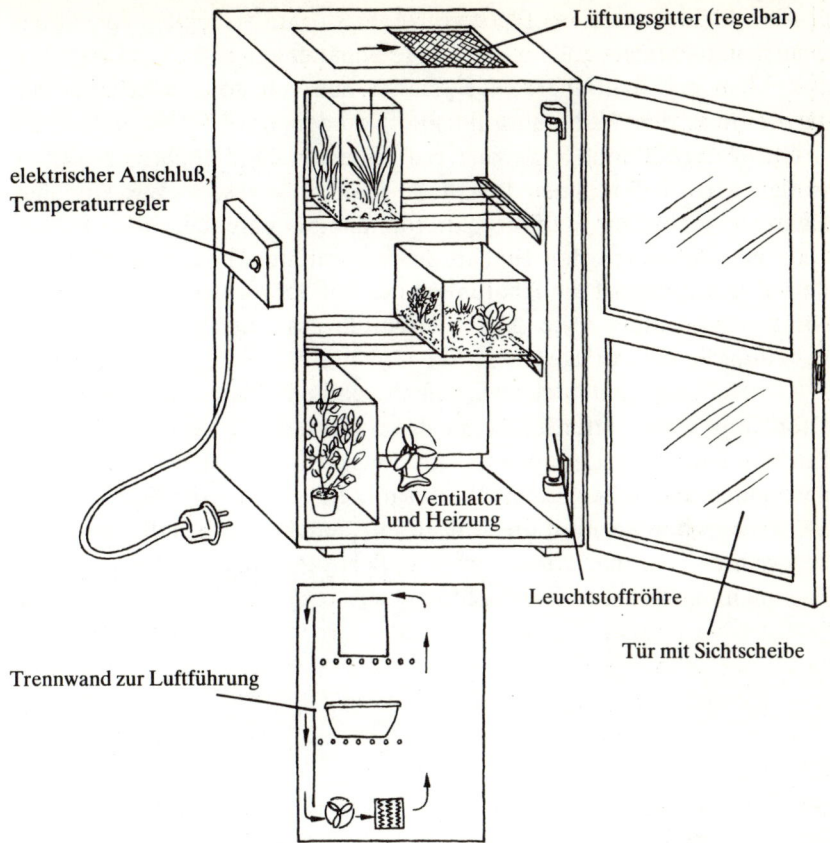

Lüftungsgitter (regelbar)

elektrischer Anschluß, Temperaturregler

Ventilator und Heizung

Leuchtstoffröhre

Tür mit Sichtscheibe

Trennwand zur Luftführung

Abb. 12   Zucht- oder Klimaschrank

Befeuchten des Bodengrundes oder ein eingestelltes Wasserbecken kann vielfach schon eine spürbare Erhöhung der Luftfeuchtigkeit erreicht werden. Auftretende Abweichungen sind durch entsprechendes Lüften zu beheben. Leider zeigt die Erfahrung jedoch immer wieder, daß die meisten Arten viel zu feucht gehalten werden und es dadurch zu Verlusten kommt.

Hat man eine größere Zahl wärmebedürftiger Arten zu betreuen, ist es günstig, gleich mehrere Behälter in einem sogenannten *Zucht- oder Klimaschrank* (Abb. 12) gut überschaubar unterzubringen. Schaltuhren für Heizung und Beleuchtung im Tag-Nacht-Wechsel und Thermostaten zur Temperaturregelung ermöglichen einen wartungsarmen halbautomatischen Betrieb einer solchen Anlage.

Als Zuchtschrank sind ältere Möbelstücke verschiedener Größe ebenso geeignet wie andere geräumige Behälter aus Holz, Glas oder Plastik. Mit einer Sichtscheibe ausgestattet, kann ein solcher Schrank hervorragend in den Wohnraum integriert werden.

Grundsätzlich muß eine gute Luftzirkulation im Zuchtschrank und in den darin befindlichen Behältern gewährleistet sein. Wir erreichen sie durch verstellbare Lüftungsgitter an den Seitenteilen, evtl. kann der Gasaustausch durch den Einbau eines Ventilators noch gefördert werden. Zweckmäßig ist die Anordnung des Lüfters vor der Heizung, er bewirkt gleichzeitig mit der Frischluftzufuhr eine gleichmäßige Wärmeverteilung in der Anlage.

Als Heizung und gleichzeitig Beleuchtung dienen uns wiederum Glühlampen, falls erforderlich, auch kombiniert mit Leuchtstoffröhren. Zur Erhöhung der Luftfeuchtigkeit stellen wir ein flaches Becken auf den Boden und beheizen das Wasser mit einem Aquarienheizstab. Aus Sicherheitsgründen muß die Anlage mit Feuchtrauminstallation versehen werden, wie man überhaupt alle elektrotechnischen Arbeiten vom Fachmann ausführen lassen sollte.

Die richtige Kost

Eine sachgemäße Pflege unserer Tiere ist nur dann wirklich gewährleistet, wenn wir es verstehen, ihre spezifischen Nahrungsansprüche zu berücksichtigen. So sind zahlreiche Arten auf eine bestimmte Nahrung spezialisiert, andere wiederum zeigen sich weniger wählerisch oder fressen nahezu alles, was man ihnen bietet. Vielfach verlangen die Jugendstadien eine Kost, die von der der Erwachsenen völlig verschieden ist.

Kennen wir die Nahrungsansprüche eines Tieres nicht, hilft oft nur Probieren. Man biete zunächst solches Futter an, das auch von den nahe verwandten Arten gefressen wird. Bei Schmetterlingsraupen hat sich als Ausweichfutter vielfach Schneebeere, Salweide, Ginster, Heidelbeerkraut, Löwenzahn oder Flieder als zweckmäßig erwiesen, auch Eiche, Gras oder Laub von Obstbäumen helfen manchmal aus.

Wenn Tiere plötzlich kein Futter mehr annehmen, braucht das nicht gleich Grund zur Besorgnis zu sein. Oft kündigt sich damit eine beginnende Häutung an, bei Raupen oder Käferlarven kann dies auch die Verpuppungsreife bedeuten.

Es versteht sich von selbst, daß stets auf eine einwandfreie Beschaffenheit des Futters zu achten ist. Vor allem Feuchtfutter sollte immer frisch sein und darf keine Faulstellen haben. Man reicht es auf Brettchen oder in gesonderten Schalen, so daß ein häufiges Auswechseln leicht und schnell möglich ist. Trockene Futterstoffe können über längere Zeit in den Behältern verbleiben und somit auf Vorrat gereicht werden. Dazu eignen sich ebenfalls Schalen oder beim Verabreichen größerer Mengen Futterautomaten, die stets nur eine begrenzte Menge des Vorrats freigeben.

Außer der ausreichenden Ernährung ist frisches Wasser unerläßlich. Selbst Bewohner tropischer Trockengebiete sind oft recht feuchtigkeitsbedürftig und trinken in regelmäßigen Abständen. Als Tränken eignen sich verschiedene Konstruktionen (Abb. 13), die man entsprechend dem Wasserbedarf und der Lebensweise der einzelnen Arten einsetzt.

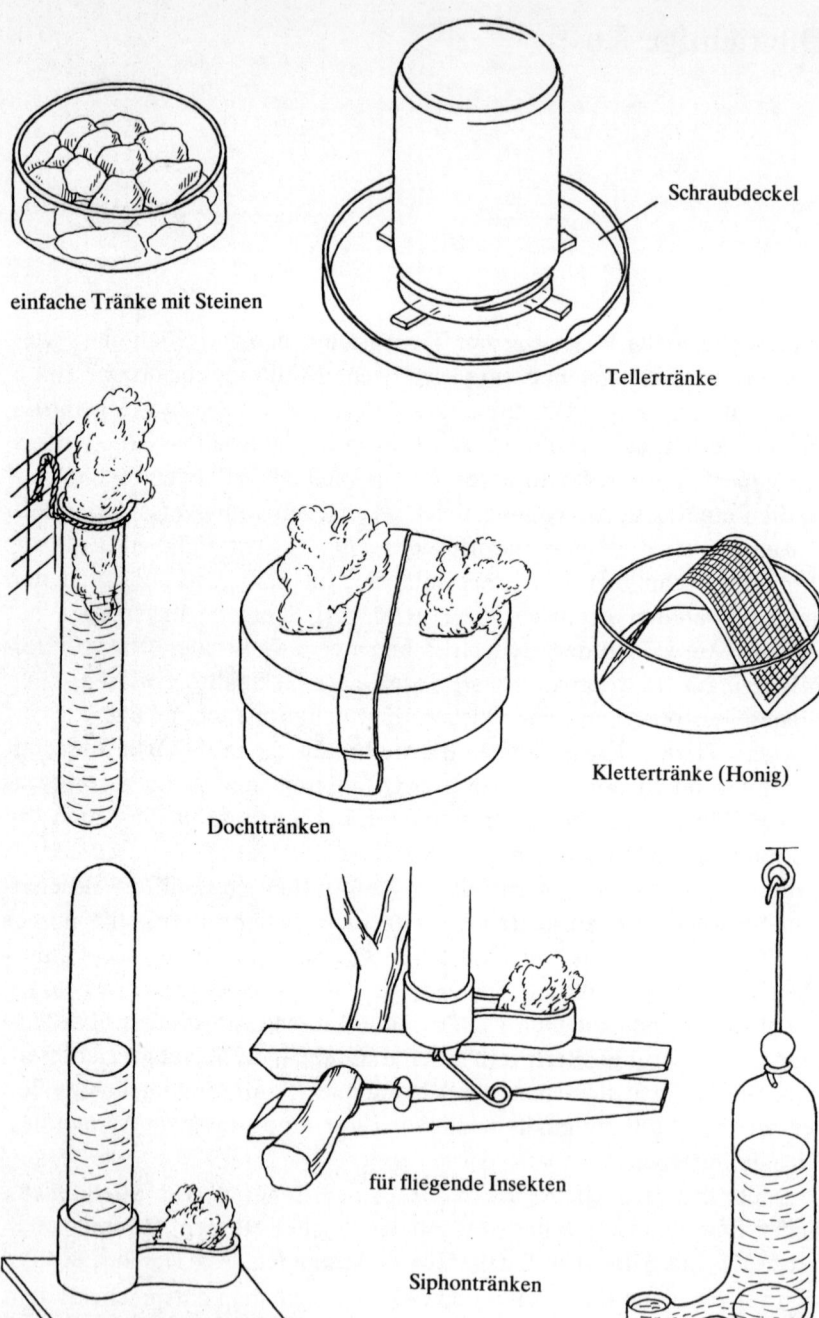

einfache Tränke mit Steinen

Schraubdeckel

Tellertränke

Dochttränken

Klettertränke (Honig)

für fliegende Insekten

Siphontränken

42

Futter für Vegetarier

Was einleitend über die Qualität des Futters gesagt wurde, gilt in besonderem Maße für die pflanzlichen Stoffe. So sollten Wildpflanzen, die von straßennahen oder kulturpflanzennahen Standorten entnommen wurden, vor ihrer Verfütterung grundsätzlich gewaschen werden. Außerdem sind sie sorgfältig auf anhaftende Ameisen, Wanzen oder Spinnen hin zu untersuchen, ein wiederholtes kräftiges Ausschütteln ist daher angebracht. Auch Obst und Gemüse sollten stets gewaschen werden, um eventuell anhaftende Spritzmittel zu entfernen. Gerade auf wirbellose Tiere wirken Spuren von Insektiziden tödlich.

Frisches Laub, Gras und anderes Schnittfutter werden im allgemeinen in Wassergläsern gereicht. Wir verwenden dazu möglichst enghalsige Fläschchen und verstopfen sorgfältig den Raum zwischen Futterstielen und Gefäßwand, damit keine Tiere ins Wasser fallen können. Auch niedrige Gläser mit Lochdeckel haben sich gut bewährt. Manche Arten allerdings sind gegenüber solchem »gewässerten« Futter recht empfindlich, andere wiederum halten wir besser auf der lebenden, eingetopften Pflanze (siehe Angaben bei der Behandlung der einzelnen Tierarten). Beim Entfernen alter Futterreste ist auf noch ansitzende Tiere zu achten. Schmetterlingsraupen oder Blattwespenlarven sitzen oft so fest, daß es ratsam ist, sie beim Futterwechsel mit einem Teil der Unterlage auszuschneiden; der Versuch, sie von dieser zu lösen, würde unweigerlich zur Verletzung der Tiere führen.

Obst und Gemüse schneidet man auf und legt es mit der Schnittfläche nach oben auf den Behälterboden, besser ist es jedoch, das Futter in flachen Schalen zu reichen. Salatblätter und andere Pflanzenteile, die rasch welken, werden auf eine feuchte Unterlage gelegt und etwas zugedeckt.

Wer eine Wanderheuschreckenzucht betreibt, kann in den Wintermonaten auf angekeimten Weizen nicht verzichten. Wir verwenden dazu ungebeiztes Saatgut der letzten Ernte. Eine dünne Schicht Weizen kommt in eine Schale, die mit einer Lage gut angefeuchteten Zellstoffes ausgelegt wird. Danach werden die Gefäße bis auf einen kleinen Luftspalt mit einer Glasscheibe abgedeckt. Bei einer Temperatur über 20 °C und guter Beleuchtung keimen die Körner schon in zwei Tagen; nach weiteren acht Tagen stehen die Pflanzen bereits 10 bis 15 cm hoch und

Abb. 13   Tränken

können so in Portionen geschnitten, mitsamt dem Zellstoff, als Futter gereicht werden. Damit wir auch täglich Keimweizen zur Verfügung haben, müssen wir fortlaufend frische Schalen ansetzen.

Verschiedene Heuschrecken, Wandelnde Blätter und andere Stabschrecken benötigen ständig frisches Eichenlaub. Um solches auch im Winter zur Verfügung zu haben, bringt man im Spätsommer Eicheln zum Keimen oder zieht größere Sämlinge unter starker künstlicher Beleuchtung und Temperaturen von 20 bis 25 °C heran. Auch die Bereitstellung von Brombeerlaub ist in der kalten Jahreszeit zuweilen nicht ganz einfach; die Kenntnis, wo bei hoher Schneedecke wintergrüne Brombeerranken zu finden sind, kann dann mitunter von Nutzen sein. Herrscht stärkerer Frost, läßt man zunächst das Futter an einem kühlen Ort, besser noch in kaltem Wasser, langsam auftauen, damit es durch die plötzliche Temperaturänderung nicht zur Zerstörung des Pflanzengewebes und zum vorzeitigen Absterben kommt.

Fleischfresser

Zahlreiche Arten benötigen vorwiegend oder ausschließlich animalische Kost. Handelt es sich dabei um Tiere, die nur lebende Nahrung annehmen, können mitunter Probleme bei der Futterbeschaffung auftreten. Mit Kescherfängen aus der Natur oder überzähligen Tieren aus unseren Zuchten läßt sich dieser Bedarf leicht decken. Was bedeutet schon diese zusätzliche Arbeit gegenüber den reizvollen Beobachtungen über das Beutefangverhalten eines Sandlaufkäfers, der die beigegebenen Fliegen nahezu im Lauf blitzschnell überwältigt!

Schwieriger ist es schon, wenn man frisch geschlüpfte Spinnen oder Gottesanbeterinnen füttern muß. Dann sind kleinste lebende Insekten, wie Essig- oder Taufliegen, erforderlich, die wir uns in entsprechenden Nährmedien in kleinen Gläsern oder Plastikdosen jederzeit selbst heranziehen können. Ist ein solcher Ansatz nicht gleich griffbereit, kann man es mit Blattläusen versuchen, die mitunter ein vorzügliches Erstfutter sind. Dazu bringt man am besten ganze blattlausbefallene Zweige in den Aufzuchtbehälter.

Glücklicherweise brauchen wir nicht allen Arten, die sich draußen in der Natur von tierischen Organismen ernähren, unbedingt lebende Beute zu reichen. So nehmen Laufkäfer oder Kurzflügler auch mit rohem Fleisch, das auf kleinen Glasplatten (Objektträger, Diagläser) angeboten wird, vorlieb; ebenso lassen sich die meisten Skorpione und Skolopender im Terrarium auf tote Beutetiere umstellen. Zahlreiche Arten, wie Grillen, Schaben oder manche Heuschrecken, sind nicht ausschließlich auf animalische Kost angewiesen, sie benötigen lediglich einen gewissen Anteil an tierischem Eiweiß in der Zusammensetzung des Futters. Wir können diesen Bedarf leicht durch entsprechendes Zusatzfutter (siehe unten) decken.

Blütenbesucher

Schmetterlinge, Rosenkäfer, Bockkäfer und zahlreiche Hautflügler sind eifrige Blütenbesucher. Wir reichen ihnen deshalb regelmäßig, Schmetterlingen möglichst täglich, frische Blüten. Daneben bilden Honig, Hefe und Zucker ein wertvolles Zusatz- bzw. Ersatzfutter, das in Mischungen kombiniert (siehe S. 46) oder in wäßrigen Lösungen (1 Teil Honig oder Zucker, 5 Teile Wasser) vorgesetzt wird. Letztere werden am besten in Klettertränken angeboten.
Bevorzugte Blütenpflanzen:
Schmetterlinge: Für Tagfalter Skabiosen, Nelken, Baldrian, Sommerflieder, Disteln; für Schwärmer Levkoje, Nelken, Geißblatt, Salbei, Disteln.
Rosenkäfer: Heckenrose, Weißdorn, Eberesche, Holunder, Schneeball, auch Flieder, Dolden- und Korbblütler (z. B. Disteln).
Bockkäfer: Doldenblütler (Kerbel, Bärenklau, Wilde Möhre), Korbblütler (Schafgarbe, Wucherblume, Disteln), auch Holunder, Schneeball, Heckenrose, Eberesche.
Hummeln: Taubnessel, Klee, Luzerne, Korbblütler (Glockenblume, Löwenzahn, Disteln), Heckenrose, alle Arten von Obstbäumen, Weide.

Zusatz- bzw. Ersatzfutter

Zusätzliche Nährstoffe können die natürlichen Futtersubstanzen qualitativ wesentlich verbessern. Man gibt sie entsprechend den jeweiligen Ansprüchen der einzelnen Tierarten dem Futter bei.
Milchpulver: Das aus Vollmilch oder Magermilch hergestellte Milchpulver ist wegen seines hohen Eiweiß- und Fettgehaltes sowie wichtiger Vitamine wertvoll. Bei Kombination mit anderen Futterstoffen sollte

sein Anteil ein Drittel der Gesamtmenge nicht überschreiten.

Hefe: Sie ist vor allem als Träger hochwertigen leichtverdaulichen Eiweißes (40 bis 50%) bedeutsam; wir verwenden in erster Linie Trockenhefe, die als feingemahlenes mehlförmiges Trockenpulver erhältlich ist.

Bienenhonig: Der Honig unserer Bienen enthält 80% Kohlenhydrate, insbesondere Invertzucker, Fermente und verschiedene Mineralstoffe. Er unterscheidet sich je nach den Blütenpflanzen in Farbe, Geruch und chemischer Zusammensetzung.

Mühlenprodukte: Haferflocken, Kleie und Weizenkeime stellen ein vielseitig einsetzbares Ersatzfutter dar. Meist werden diesen pflanzlichen Produkten noch animalische Futterstoffe in unterschiedlicher Menge beigefügt, um einen entsprechenden Anteil an tierischem Eiweiß zu erreichen.

Folgende Futtermischungen haben sich bei der Haltung vieler Tiere gut bewährt und werden deshalb bei der Besprechung der einzelnen Arten häufig empfohlen:

BT-Teig: Bienenhonig wird mit so viel Traubenzucker geknetet, bis ein trockener, etwas krümeliger Teig entsteht. Im Kühlschrank gut haltbar.

BH-Teig: Bienenhonig wird zu gleichen Teilen mit Trockenhefe zu einem homogenen Teig verknetet. Im Kühlschrank gut haltbar.

Pellets: Von den industriell hergestellten Futtermitteln eignen sich vor allem die im Handel erhältlichen Pellets für Hunde, Karpfen und Mäuse. Diese Preßlinge enthalten bereits ein ausgeglichenes Eiweißverhältnis und werden den Tieren zerkleinert gereicht.

Synthetische Futtermischungen

Für Zuchten größeren Umfanges (Massenzuchten) ist die Herstellung von Futtermischungen aus Kohlenhydraten (z. B. Traubenzucker), Eiweiß (z. B. Kasein), Vitaminen, Mineralsalzen (vor allem Spurenelementen) sowie strukturgebenden Stoffen (z. B. Agar-Agar) und Wasser oft unerläßlich. Nach sehr unterschiedlichen Rezepturen herstellbar, ergeben sich sogenannte »künstliche Diäten«, die den spezifischen Ansprüchen der einzelnen Arten gerecht werden.

Als Beispiel soll die nachstehend beschriebene Futtermischung (nach Klausnitzer) dienen, mit der man Raupen der Kohleule *(Mamestra brassicae)* erfolgreich aufziehen kann.

Bestandteile:

46

1 000 ml Aqua dest.

200 g weiße Bohnen

20 g Agar-Agar in Fäden

20 g Vitaminhefepulver

2 g Ascorbinsäure

2 Tabletten Vitamin-B-Komplex

Desinfektionslösung, bestehend aus 170 ml Äthanol, 1,5 g Nipagin, 2 g Sorbinsäure

Herstellung der Mischung:

Die Bohnen werden in 400 ml Aqua dest. einen Tag lang eingeweicht und dann gargekocht (ohne Flüssigkeit). Anschließend dreht man sie durch einen Fleischwolf und hält den entstandenen Brei so warm, daß ein frühzeitiges Erstarren verhindert wird. In 600 ml Aqua dest. wird der zuvor gequollene Agar-Agar aufgekocht und nach Abkühlen auf 60 °C in den Brei gerührt. Danach setzt man alle weiteren Bestandteile zu, zuletzt die Desinfektionslösung. Das Vitaminhefepulver ist zuvor in der Schlagmühle zu mahlen, die Vitamin-B-Komplex-Tabletten werden mit dem Mörser zerstoßen und in 2 ml Aqua dest. gelöst. Die so hergestellte Mischung wird nun in Schalen gegossen und kann nach dem Erkalten im Kühlschrank über mehrere Wochen aufbewahrt werden.

Bei spezialisierten Laubfressern (zum Beispiel Schmetterlingsraupen) ist es meist notwendig, pulverisierte Teile ihrer bevorzugten Futterpflanzen den Diäten beizumengen, um eine Nahrungsaufnahme zu erreichen. Im übrigen sei auf entsprechende Rezepturen der Spezialliteratur verwiesen.

Auch wirbellose Tiere
lassen sich züchten

Von der Haltung bis zur Vermehrung unserer Pfleglinge ist es oft nur ein kleiner Schritt. Eines Tages entdecken wir im Behälter unserer Blattkäfer ein kleines orangefarbenes Eigelege, und es erwacht in uns der Wunsch, die Entwicklung der ausschlüpfenden Larven näher kennenzulernen. Wir studieren einschlägige Literatur und merken fast gar nicht, daß wir uns auf eines der interessantesten Gebiete der Haltung wirbelloser Tiere begeben.

Es gehört wohl zu den reizvollsten Aufgaben, die sich ein Liebhaber stellen kann, sich mit der Lebensgeschichte einer einzelnen Tierart näher zu beschäftigen. Dabei können wir auf Schritt und Tritt neue Entdeckungen machen, denn über die Biologie sehr vieler Arten weiß man noch recht wenig. Ein guter Teil bislang ungeklärter Probleme und nicht erforschter Zusammenhänge liegt im Lebenslauf, der beim Ei beginnt und über Larve und Puppe seinen Höhepunkt in der Paarung und in der Geburt neuen Lebens findet.

Wann, wo und wie erfolgt die Eiablage, und wie sehen die Eier aus? Wann schlüpfen die Larven, und wie viele Häutungen machen sie durch? Wie sieht die Puppe aus, und wie lange dauert die Ruhezeit? Wann, wo und wie oft findet die Begattung statt? Solche und noch viele weitere Fragen können oftmals nur durch eine Vermehrung im Terrarium beantwortet werden. Manche unserer Pfleglinge lassen sich mühelos zur Fortpflanzung bringen, bei anderen ist der Erfolg nur mit besonderen Haltungstechniken und etwas biologischem Gespür erreichbar und vielleicht gerade deshalb so reizvoll.

Letztendlich kommt es immer darauf an, die lebensnotwendigen Umweltbedingungen im Terrarium annähernd zu gewährleisten. Dabei kommen uns auch hier wieder die in der Natur gesammelten Erfahrungen zugute. Sie ermöglichen es, die speziellen Ansprüche, die eine Art an ihre Umwelt stellt, besser zu erkennen und auf die Gefangenschaftsbedingungen zu übertragen.

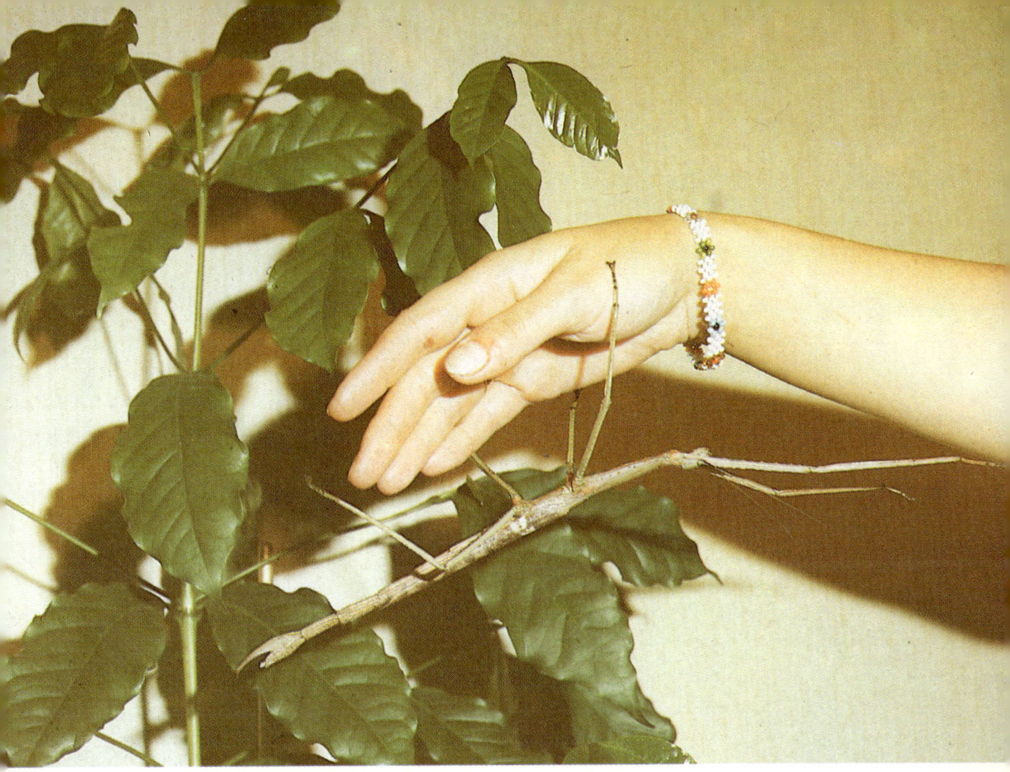
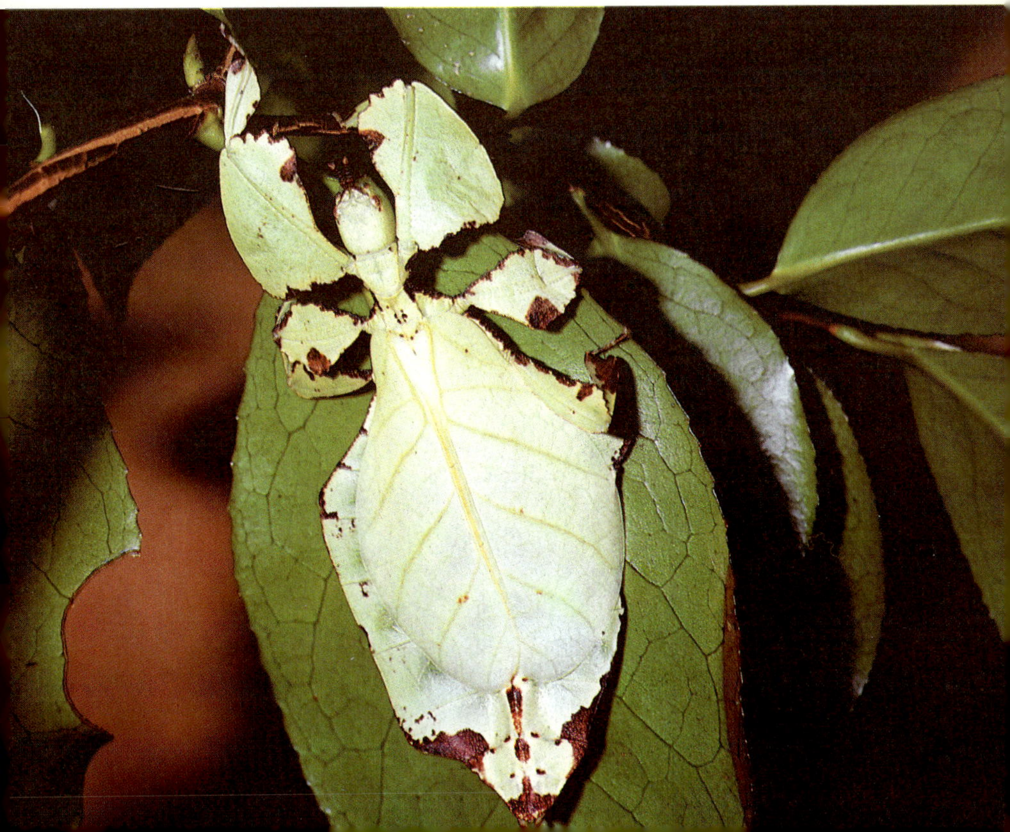

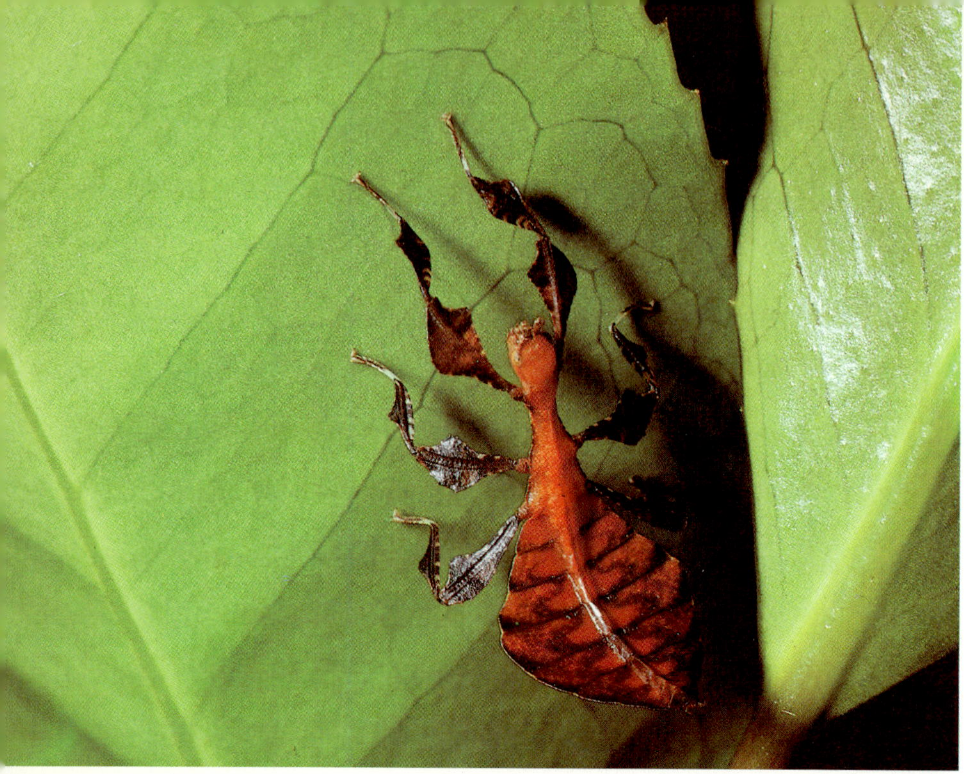

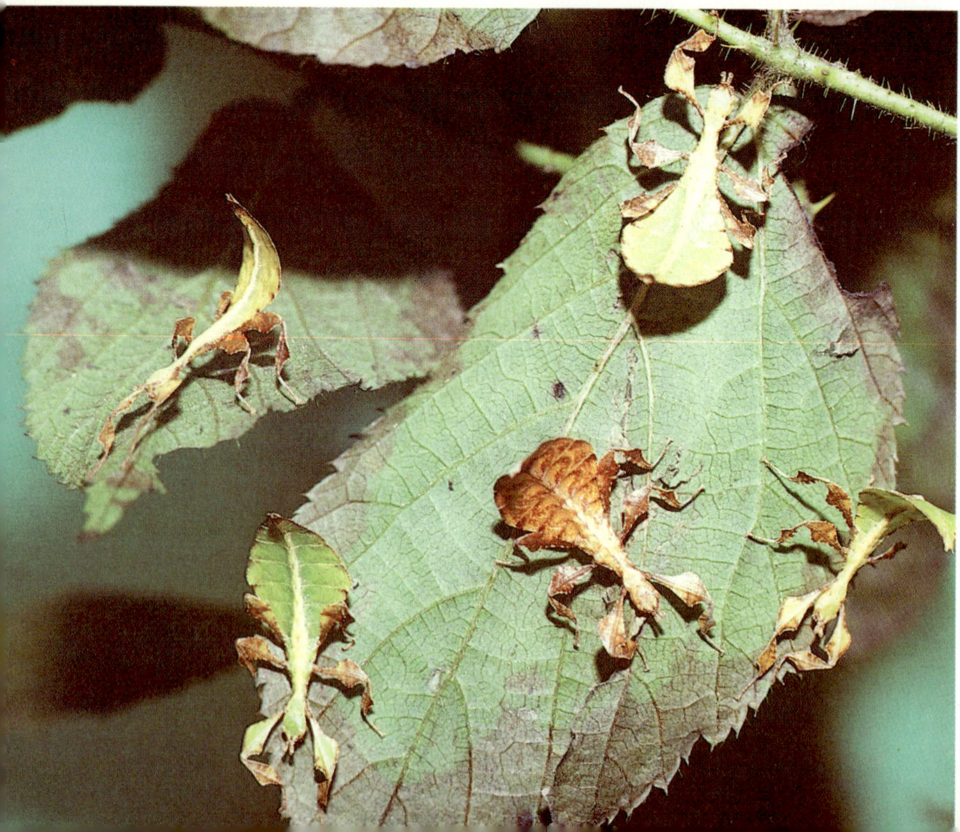

Vorhergehende Seite:
1 Mit 32 cm Körperlänge gehört die australische Stabschrecke *Acrophylla wuelfingi* zu den größten Insektenarten.

2 Selbst in kleinen Behältern sind Wandelnde Blätter nur schwer als Tiere erkennbar. Das Foto zeigt ein Weibchen von *Phyllium bioculatum*.

Linke Seite:
3 Soeben aus dem Ei geschlüpft, gibt die rote Färbung den jungen Wandelnden Blättern ein recht auffälliges Aussehen.

4 Mit Beginn der Nahrungsaufnahme ändert sich die Farbe und gleicht sich allmählich der der adulten Tiere an.

Rechte Seite:
5 *Bacillus rossius* lebt im Mittelmeergebiet und kann wie viele andere Stabschrecken mit Laub verschiedener Rosaceen gefüttert werden.

6 Samen oder Eier? Vielgestaltig sind die Eiformen der verschiedenen Stabschrecken.

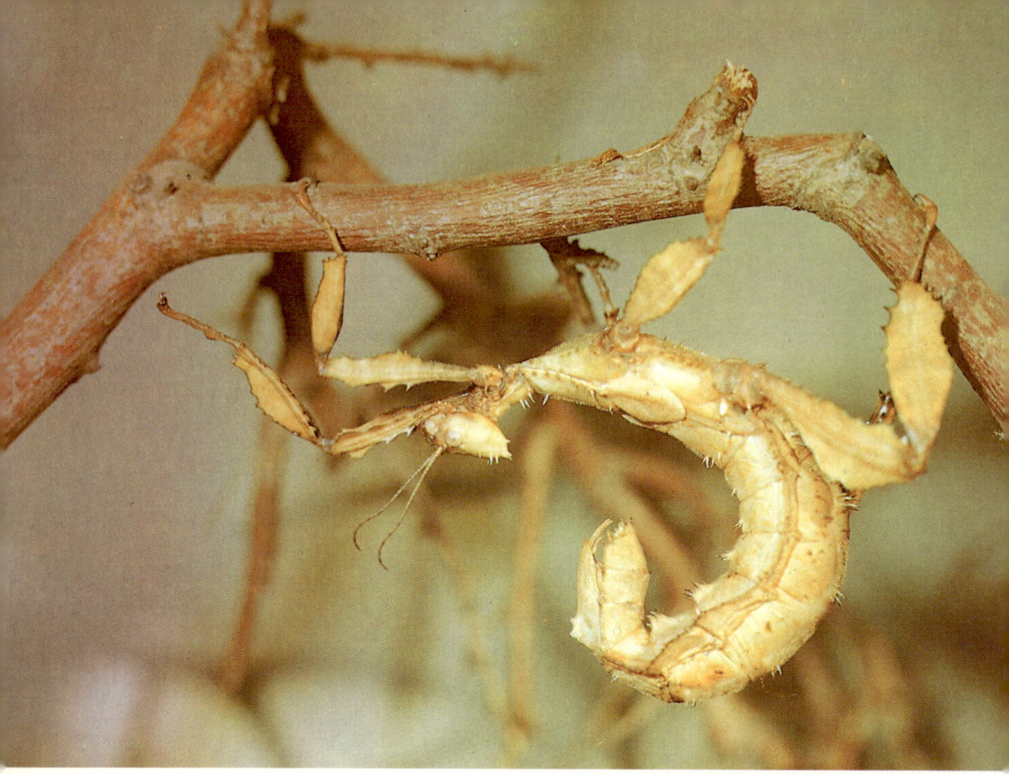

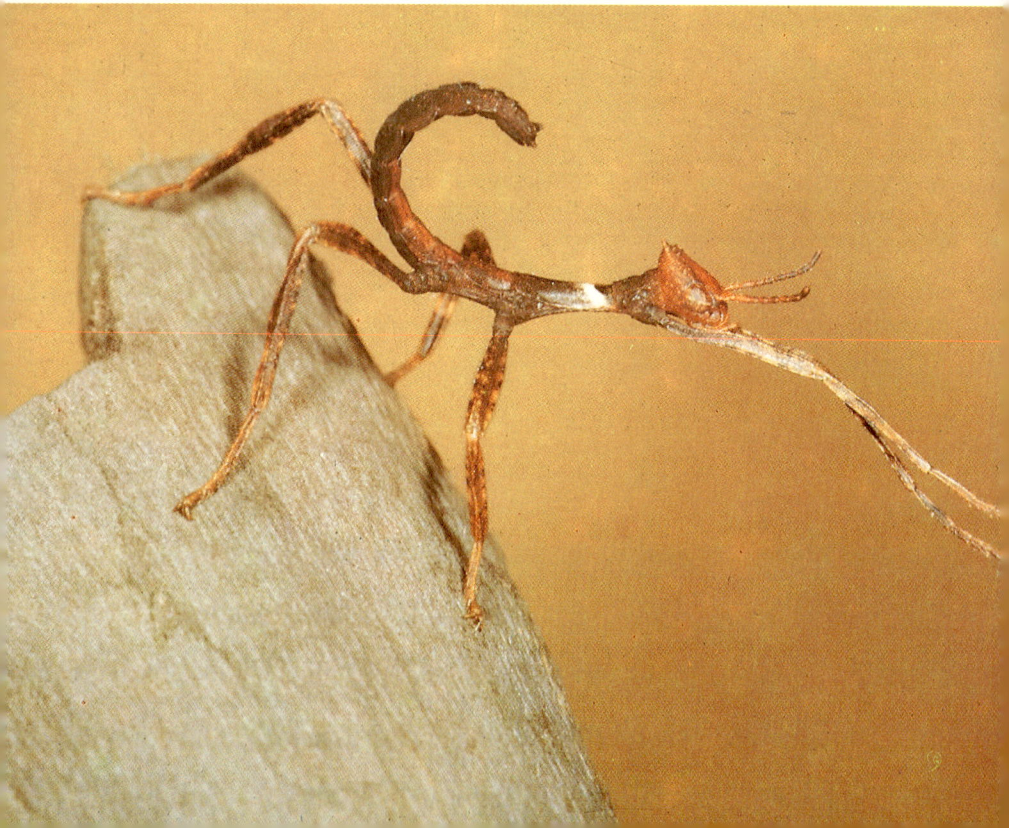

Linke Seite:
7 Bei Störungen verharrt die Australische Gespenstschrecke, *Extatosoma tiaratum*, völlig reglos.

8 Auch die Larven zeigen diese instinktive Tarnhaltung bereits vom Moment des Schlüpfens an.

Rechte Seite:
9 Wie *Extatosoma* steht auch die malayische *Heteropteryx dilatata* den Wandelnden Blättern näher als den stabförmigen Phasmiden.

10 Sogar auf neutralem Grund vermittelt die Geflügelte Stabschrecke, *Sipyloidea sipylus*, eher den Eindruck von Pflanzenteilen als von Tieren. Diese sich parthenogenetisch fortpflanzende Art gehört zu den produktivsten in unseren Zuchten.

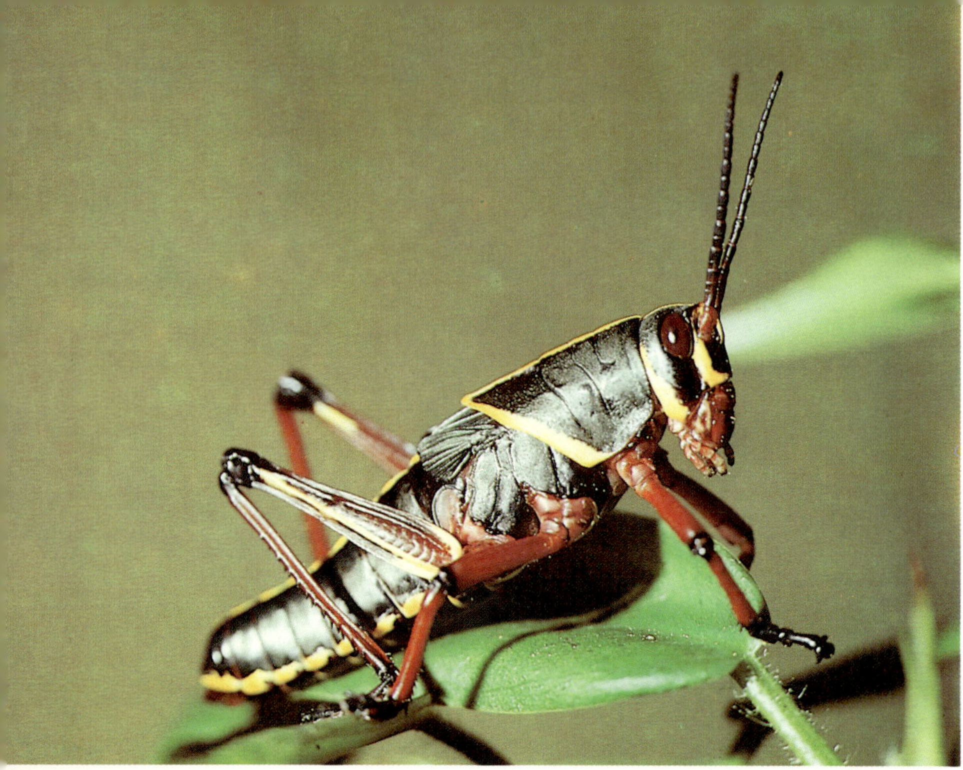

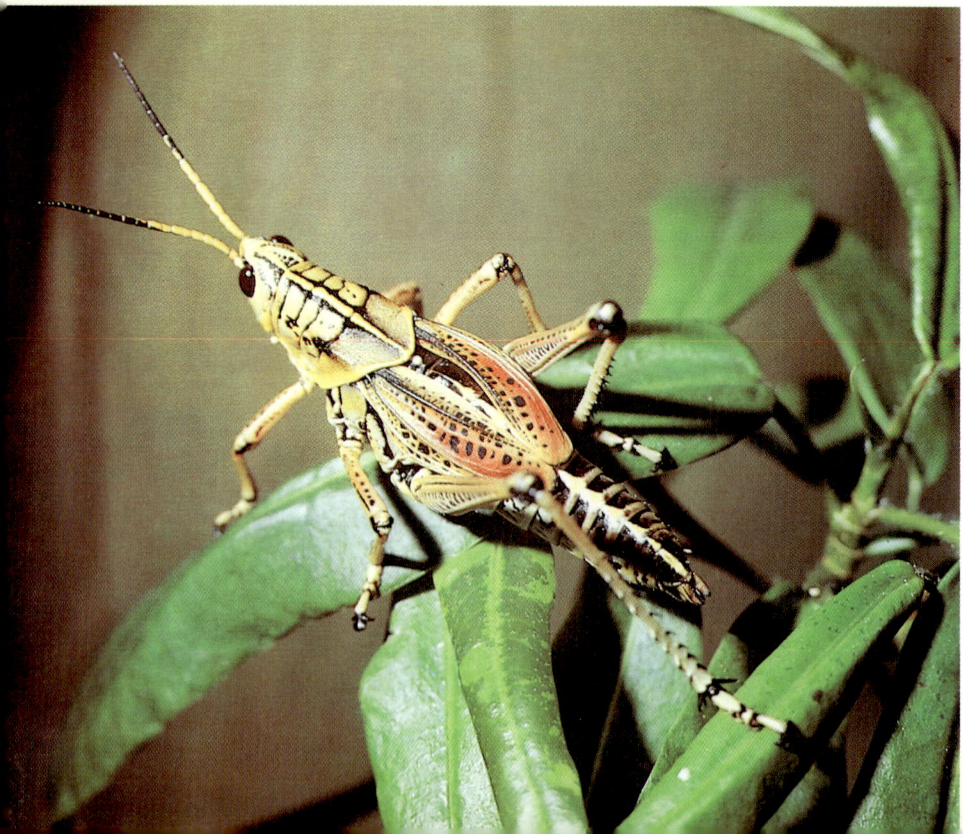

Linke Seite:
11/12 Die Gruppe der Buntschrecken (Romaleinae) ver-
eint eine große Zahl farben-
prächtiger Kurzfühler-
schrecken. Die Vollinsekten
der nordamerikanischen
Romalea microptera jedoch
sind weniger auffällig als
ihre lackschwarz und schwe-
felgelb kontrastierenden
Larven.

Rechte Seite:
13 Erstaunlich groß ist das
Nahrungsbedürfnis nahezu
aller Fangschrecken. Die im
Bild gezeigte *Sphodromantis*-
Art überwältigte eine Scha-
be, die ihr an Größe und
Gewicht kaum nachsteht.

14 Stattlich und attraktiv ist
die in ihrem Verbreitungsge-
biet weit nach Norden rei-
chende Gemeine Gottesan-
beterin, *Mantis religiosa*.

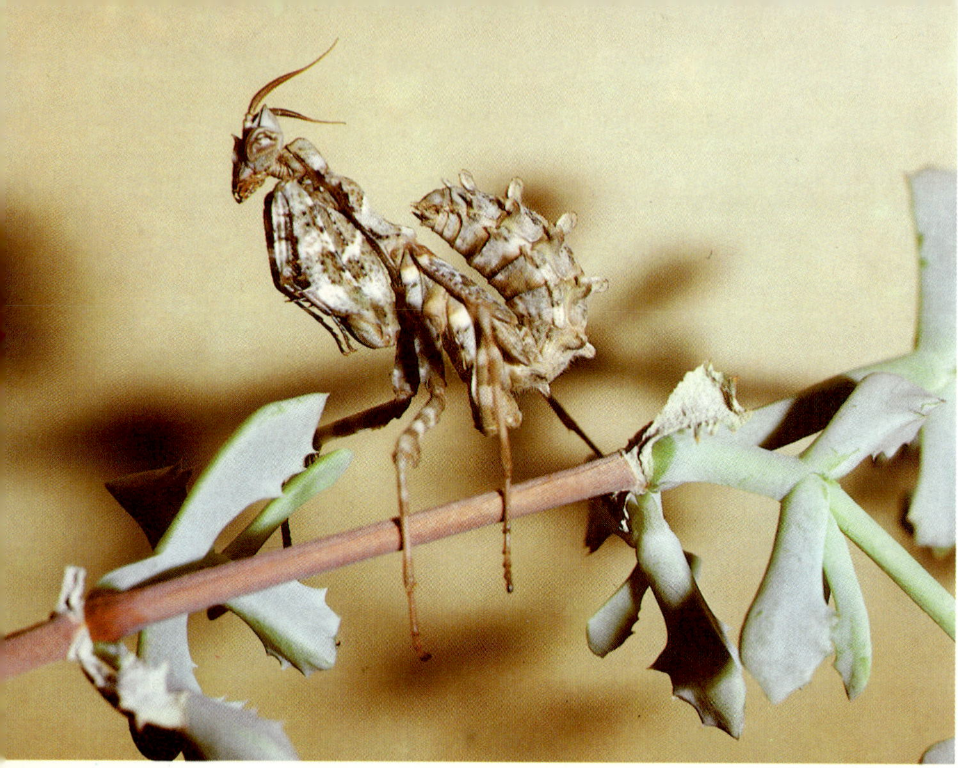

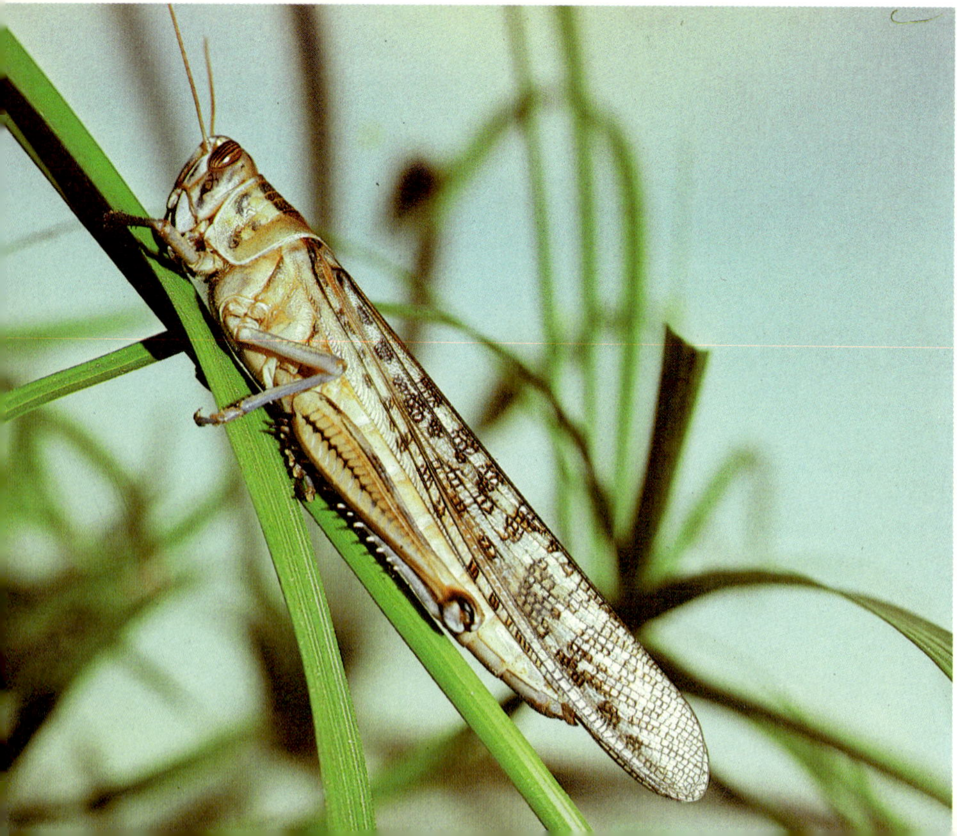

Linke Seite:

15 Unbeweglich und voll-
endet getarnt sitzt diese
Fangschreckenlarve aus dem
Irak, bis es ihr gelingt, mit
den großen Augen ein Beu-
tetier zu fixieren.

16 Kaum vorstellbar, daß
sich hinter dieser anmutigen
Feldheuschrecke die weithin
gefürchtete Wüstenwander-
heuschrecke, *Schistocerca
gregaria*, verbirgt.

Rechte Seite:

17 Die grell gezeichneten
Larven der Wüstenwander-
heuschrecke lieben die
Gemeinschaft.

18 Trotz ihrer Geselligkeit
benötigen die erwachsenen
Larven einen ruhigen Ort,
wo die komplizierte Reife-
häutung ungestört ablaufen
kann.

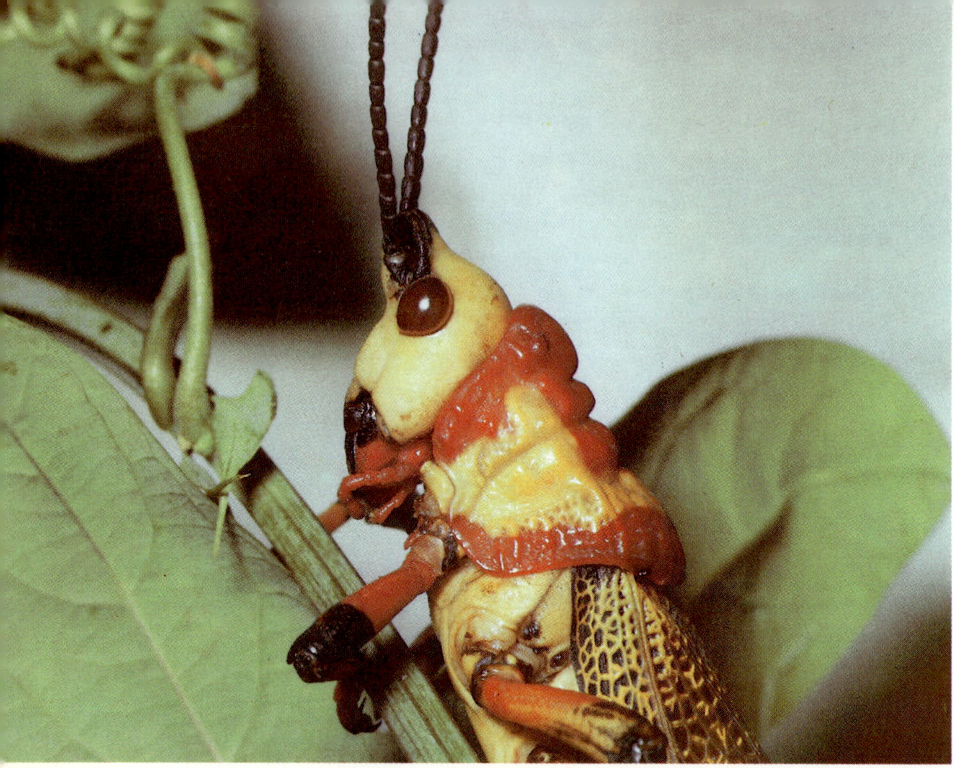
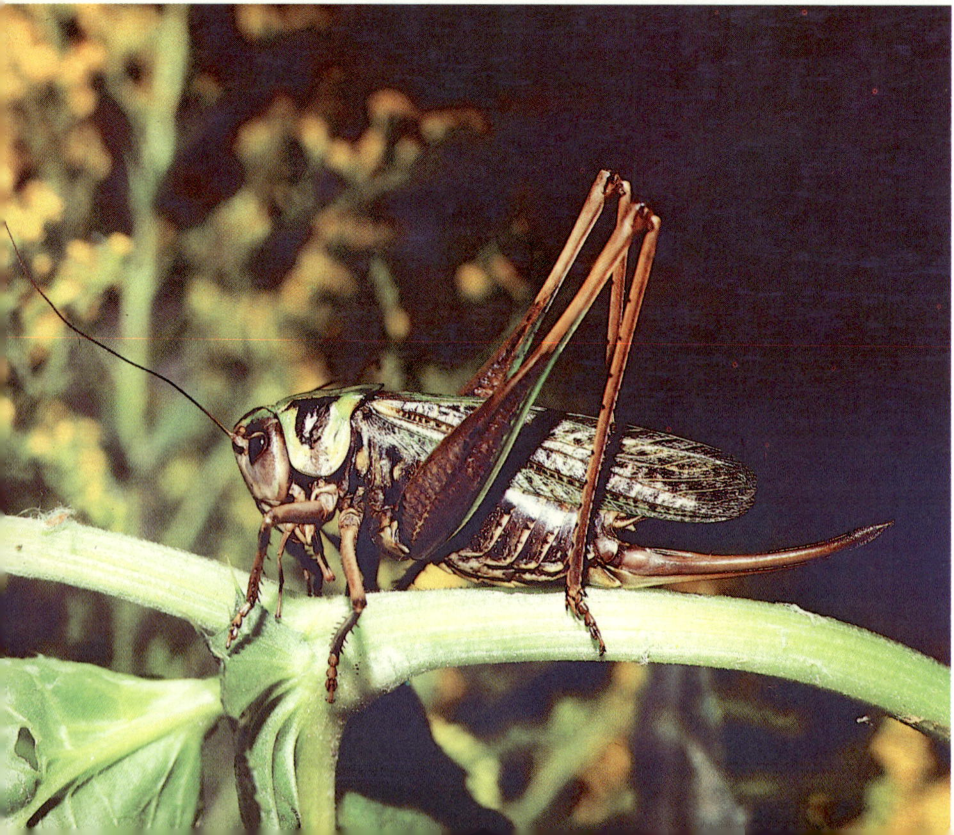

19 *Poecilocerus pictus*, eine
farbenprächtige Feldheu-
schrecke aus den südafrika-
nischen Steppengebieten

20 Die heimische Natur
bietet an Waldrändern und
auf Wiesen einige recht
attraktive Laubheu-
schrecken. Der Warzen-
beißer, *Decticus verrucivorus*,
ist eine der stattlichsten
Arten.

21 „Grashüpfer" zu halten
ist nicht nur interessant,
sondern gleichzeitig die
Übertragung des Flairs einer
sommerlichen Wiese ins
Heim.

22 Nur in wenigen Gebieten
ist die Alpenschrecke *(Mira-
mella alpina)* außerhalb der
Alpen verbreitet. Das Bild
zeigt eine weibliche Larve.

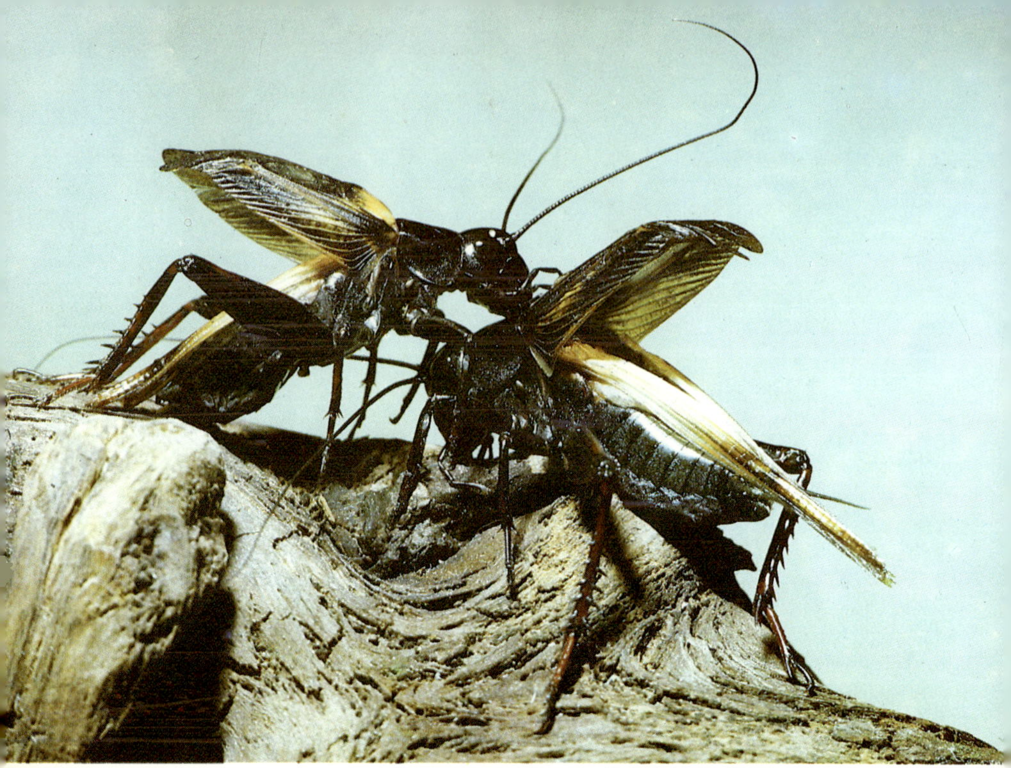

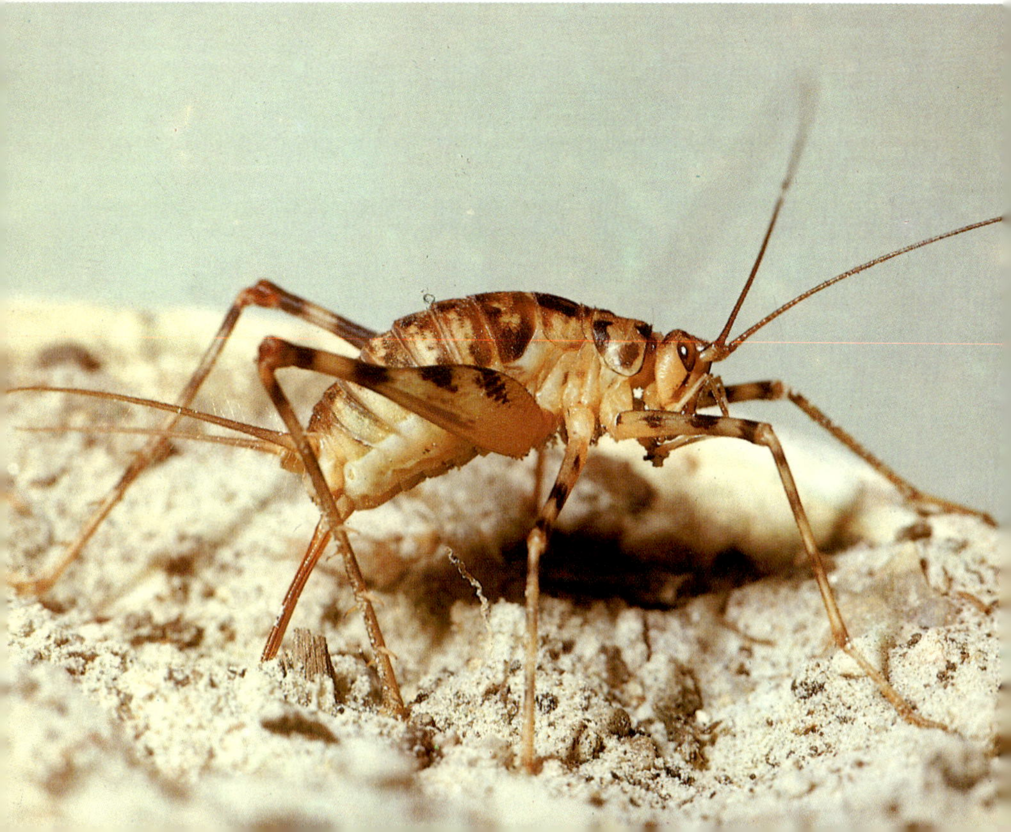

23 Revierstreitigkeiten führen bei den Grillen *(Gryllus bimaculatus)* meist zu heftigen, von lautstarkem Zirpen begleiteten Kämpfen.

24 Grillen benötigen einen Eiablagebehälter mit lockerem Erdreich. Im Bild schiebt eine Höhlengrille *(Pholeogryllus geertsi)* ihre Legescheide in den Boden.

25 Laubheuschrecken sind Räuber und Pflanzenfresser zugleich. In geräumigen Behältern lassen sich auch große Arten über Wochen gut pflegen.

26 Vor allem in Städten sind die oft stammbedeckenden Kolonien der Feuerwanze, *Pyrrhocoris apterus*, zu finden. Im gut eingerichteten Terrarium kann man diese Ansammlungen auch zu Hause beobachten.

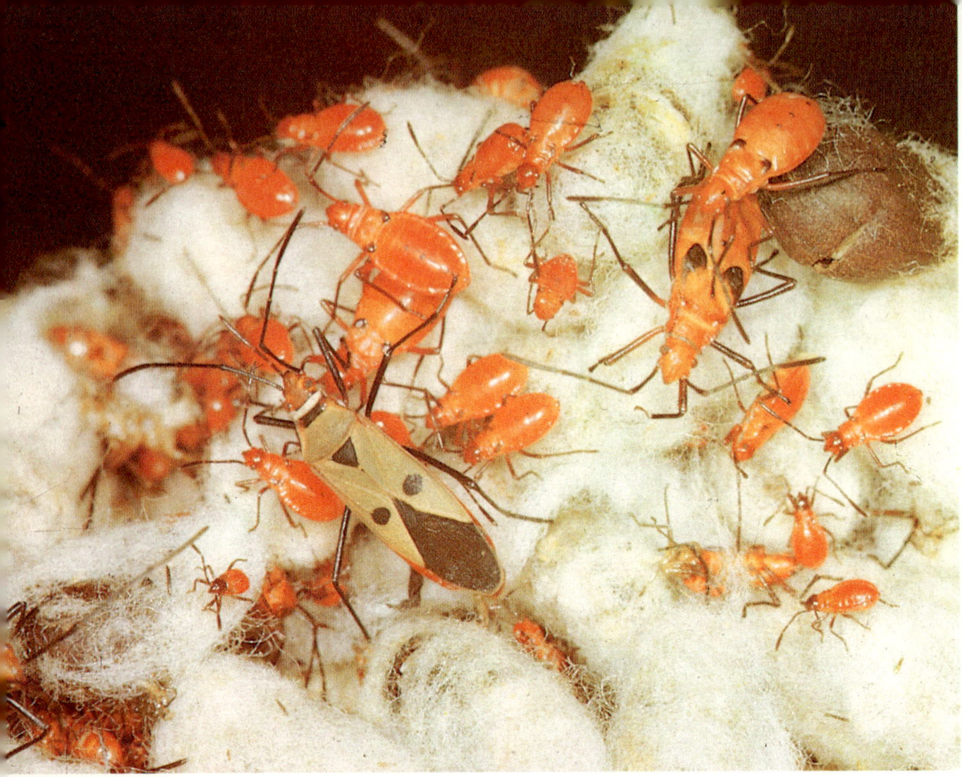

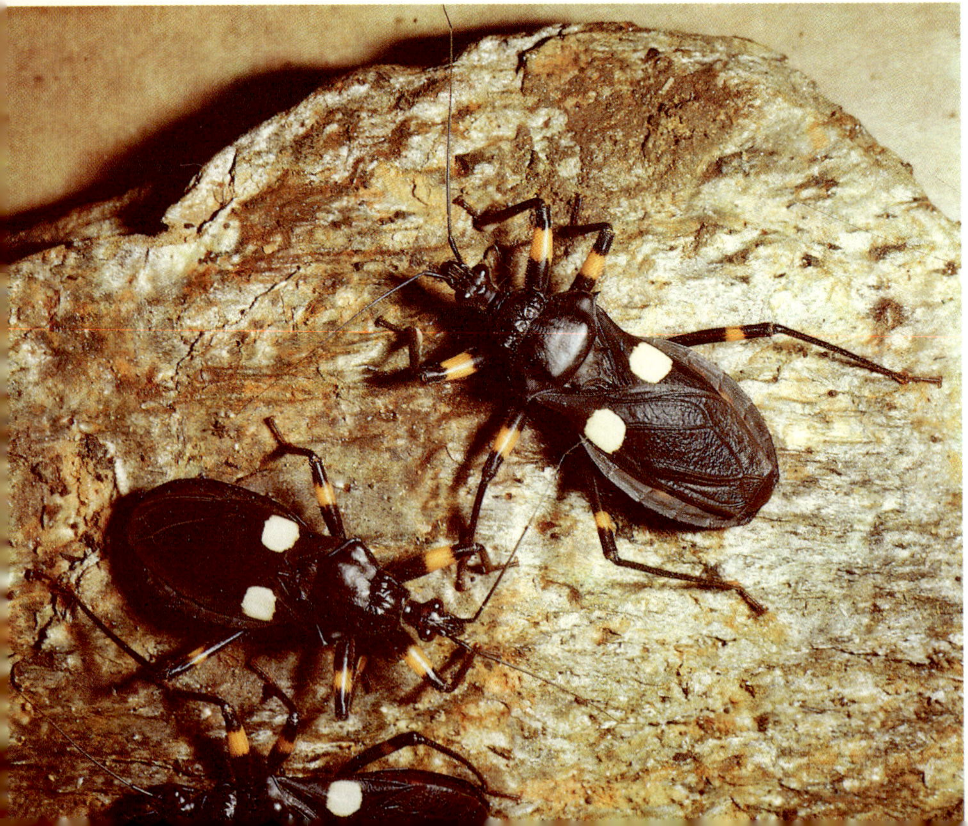

Linke Seite:
27 Baumwollwanzen *(Dysdercus)* bieten uns ein farbenfrohes Treiben, vorausgesetzt, wir können die richtige Nahrung – frische Baumwollsamen – ständig bereitstellen.

28 Die afrikanische Zweifleckraubwanze, *Platymeris biguttatus*, ist ein recht wehrhafter Räuber. Dennoch eignet sie sich für die Haltung in der Gemeinschaft.

Rechte Seite:
29 Im Gegensatz zu den Feuerwanzen sind die nordamerikanischen Milchkrautwanzen, *Oncopeltus fasciatus*, über viele Generationen hinweg im Terrarium züchtbar.

30 Auf Blütendolden finden wir mancherorts die Imagines der heimischen Streifenwanze *Graphosoma lineatum.*

Nachfolgende Seite:
31 Die Pflege heimischer Blattwanzen, hier die Beerenwanze *Dolycoris baccarum*, wird bald die Vorurteile gegenüber dieser Insektenordnung überzeugend abbauen.

Natürlich können keine allgemeingültigen Rezepte gegeben werden, wie wirbellose Tiere zu vermehren sind. Dazu sind die einzelnen Arten bzw. Gruppen zu verschieden. Dennoch soll hier auf einige grundlegende Voraussetzungen eingegangen werden. Nähere methodische Hinweise werden bei der Besprechung der jeweiligen Tiere gegeben.

Temperatur und Entwicklung

Bei der Vermehrung unserer Pfleglinge spielen deren Temperaturansprüche eine besondere Rolle. Wenn auch das Optimum bei den einzelnen Arten sehr unterschiedlich ist (siehe bei den einzelnen Tiergruppen), so führen Temperaturen über oder unter diesem Bereich stets zur Veränderung der Entwicklungsdauer.

Im allgemeinen werden wir zwar bemüht sein, unseren Tieren die günstigsten Temperaturen zu gewährleisten, doch können Abweichungen vom Optimum mitunter einen gewissen Effekt besitzen. So kann durch Unterbringen der Eier oder Jugendstadien im kühlen Keller oder Kühlschrank die Entwicklung sehr verlangsamt werden. Das ist vor allem dann willkommen, wenn noch kein geeignetes Futter zur Verfügung steht.

Durch erhöhte Temperatur kann bei manchen Arten, wie z. B. Bärenfaltern, selbst die im Freiland übliche Winterruhe bei einem mehr oder weniger großen Teil der Individuen umgangen werden. Voraussetzung ist, daß dieses »Treiben« der Tiere möglichst schon vom Eistadium an bei Temperaturen um 30°C erfolgt. Man verwendet einen Holzkasten entsprechender Größe, in dem die Raupenbehälter in Etagen untergebracht werden. Hierzu eignen sich handelsübliche Haushaltplastikdosen verschiedenen Formats, die zur besseren Luftzirkulation im Deckel Gazeflächen besitzen. Auf diese Weise bildet sich kaum Kondenswasser oder Schimmel. Lagen von Löschpapier oder Toilettenpapier nehmen ohnehin ziemlich viel Feuchtigkeit auf. Geheizt wird mit einfachen Glühlampen zu 15 oder 25 Watt. Sind die Raupen nahezu erwachsen, kann ihre Aufzucht auch bei Zimmertemperatur weitergeführt werden. Wichtig ist, daß in der Winterzeit immer entsprechendes Futter zur Verfügung steht. Deshalb kommen für die Treibzucht vor allem solche Arten in Betracht, die in ihren Nahrungsansprüchen wenig spezialisiert sind.

Einfluß des Lichtes

Als besonders wirksamer Faktor bei der Entwicklung hat sich die Dauer der täglichen Beleuchtung, die sogenannte Photoperiode, erwiesen. Ihre praktische Anwendung läßt unsere Zuchten in bestimmten Grenzen steuern. So gelingt es z. B., manche Schmetterlinge in einer beliebigen Anzahl von aufeinanderfolgenden Generationen zu vermehren, wenn die Raupen täglich bei mehr als 14 Stunden ununterbrochener Beleuchtung (sogenannter Langtag) gehalten werden. Bei zwölf und weniger Stunden Licht (Kurztag) während der Raupenaufzucht treten die Puppen in die Phase einer Entwicklungshemmung (Diapause), und die Falter schlüpfen erst dann, nachdem die Puppen ihre Ruhezeit bei niedrigen Temperaturen durchlaufen haben, wozu viele Wochen, oft Monate, erforderlich sind. Bei im Herbst sich fortpflanzenden Arten ist Kurztag vielfach Auslöser des Paarungsverhaltens. Die unter diesen Bedingungen abgelegten Eier gehen meist bald in die winterliche Ruhepause über und werden dann leicht für taub gehalten. Man kann diese Phase durch mehrtägiges Einstellen der Gelege in den Kühlschrank abkürzen. Nach erneutem Erwärmen auf Zimmertemperatur schlüpfen die Larven innerhalb kurzer Zeit.

Stets entscheidet unter normalen Temperaturverhältnissen allein die Beleuchtungsdauer darüber, ob der Entwicklungszyklus durch eine Diapause unterbrochen wird oder nicht. Dabei können die Zeitpunkte für Auslösung und Eintritt der Ruheperiode unterschiedlich weit auseinanderliegen. Mitunter ist schon die Einwirkung des Lichtes auf das Muttertier für die Diapause der Eier maßgebend; beim Echten Seidenspinner wird von der auf die Eier einwirkenden Lichtmenge sogar die Diapause der Eier der folgenden Generation beeinflußt. Doch sind erst bei wenigen Arten die Verhältnisse genauer erforscht, so daß sich uns hier noch ein breites Feld zum Experimentieren eröffnet. Im speziellen Teil erfolgen Hinweise, bei welchen Arten die Photoperiode bereits von praktischer Bedeutung ist.

Überwinterung

Unsere heimischen Insekten überdauern in der Regel die kalte Jahreszeit in einem bestimmten Entwicklungsstadium (als Ei, Larve, Puppe oder Imago), das allein in der Lage ist, die niedrigen Temperaturen und die lange nahrungslose Periode zu überstehen. Wollen wir eine begonnene Zucht im nächsten Jahr zum Abschluß bringen, sehen wir uns dazu veranlaßt, den überwinternden Stadien annähernd solche Bedingungen zu geben, die sie in der freien Natur vorfinden.

Eier werden in Tablettenröhrchen, die mit Zellstoff verschlossen sind, oder zusammen mit den Zweigen in kleinen, zugebundenen Leinwandsäckchen an einem Ort, an dem während des ganzen Winters annähernd Freilandtemperatur herrscht, aufbewahrt (Laube, Dachboden).

Larven, insbesondere Schmetterlingsraupen, die sich in den Boden zurückziehen, werden mit Beginn der kalten Witterung in einen Überwinterungskasten (Abb. 25) gebracht. Er besitzt im Boden mehrere Löcher, die mit Gaze verschlossen sind, und im Deckel ein Gazefenster. Der Kasten wird bis zu Zweidrittel mit Blumentopfscherben, Moos und trockenem Buchenlaub gefüllt und im Freien an einer regen- und sonnengeschützten Stelle aufgestellt oder bis zur Hälfte im Boden versenkt. Gute Erfolge sind auch mit Blumentöpfen zu erzielen, die eine ebensolche Mischung enthalten; oben sind sie mit Gaze oder einem alten Damenstrumpf abgebunden, besser noch, es wird ein anderer, größerer Blumentopf (Loch verstopfen!) darübergestülpt (Abb. 25).

Arten, die an Pflanzenteilen überwintern, werden an diesen unter Hauben im Freien (auch auf dem Balkon) gehalten oder in Beuteln samt den Zweigen oder Ästen aufgehangen.

Verluste bei der Überwinterung treten meist im zeitigen Frühjahr ein. Vor allem in warmen Perioden besteht die Gefahr, daß aus den Eiern die Larven vorzeitig schlüpfen oder die Tiere aus ihrer Winterruhe erwachen, noch bevor die notwendigen Futterpflanzen entwickelt sind. Es ist daher manchmal zweckmäßig, die Behälter im Spätwinter bei Temperaturen knapp über dem Gefrierpunkt in den Kühlschrank zu stellen und sie hier so lange aufzubewahren, bis das entsprechende Futter in genügender Menge vorhanden ist. Dabei kommt es darauf an, stets für eine entsprechende Luftfeuchtigkeit zu sorgen. Das im Behälter vorhandene Wasser setzt sich mit der Zeit als Eis ab und führt zur Austrocknung.

Geschlechtsunterschiede

Wer Insekten und andere Gliederfüßer vermehren will, wird im allgemeinen auf eine größere Anzahl von Tieren, einen Zuchtansatz, zurückgreifen können. Doch gelegentlich kommt es vor, daß nur wenige Individuen zur Verfügung stehen – etwa weil aus Gründen des Artenschutzes lediglich einzelne Exemplare der Natur entnommen werden durften oder nicht mehr Tiere vorhanden waren. Für den geplanten Zuchtversuch ist dann die sichere Unterscheidung der Geschlechter von großer praktischer Bedeutung. Gewisse Anhaltspunkte ergeben sich manchmal schon aus der unterschiedlichen Körpergröße. So sind die Männchen von Gottesanbeterinnen oder Spinnen in der Regel auffallend kleiner als ihre Weibchen. Deutliche Unterschiede weisen auch manche Blatthornkäfer auf, bei denen die männlichen Tiere auf Kopf und Schild sehr auffallende Fortsätze tragen (z. B. Hirschkäfer, Nashornkäfer), oder verschiedene Schmetterlingsarten, deren Weibchen nur noch eine geringe Ähnlichkeit mit den Männchen haben (z. B. Schlehenspinner, Frostspanner). In vielen Fällen ist aber eine eindeutige Aussage weit schwieriger zu treffen, und oft genug erkennt auch der erfahrene Züchter erst am Paarungsverhalten seiner Tiere, welchen Geschlechtes sie sind. In den Abb. 17, 19, 20, 21, 24, 26, 28, 29 und 30 werden einige Tiergruppen aufgeführt, bei denen eine Unterscheidung aufgrund größerer morphologischer Merkmale relativ einfach ist.

Umsetzen

Zuchtversuche und Reinigungsarbeiten machen es bisweilen erforderlich, unsere Tiere in einen anderen Behälter umzusetzen. Größere, robuste Arten kann man einfach mit der Hand oder mit einer langen Pinzette ergreifen. Bei kleineren, zarten Tieren oder Jugendstadien müssen wir schon behutsamer sein. Um sie nicht zu verletzen, verwenden wir besser weiche Federstahlpinzetten oder den Exhaustor. Oft lassen sich Tiere gleich zusammen mit Einrichtungsgegenständen (Ästen, Blättern usw.) aus dem Behälter herausnehmen. Sehr flinke Arten, wie Schaben, schüttelt man in größere Gefäße, deren Wände vorher mit Talkum bepudert wurden. Mit einer Pinzette werden sie dann einzeln umgesetzt. Zweckmäßig ist auch ein kurzzeitiges Abkühlen der Behälter auf Temperaturen von 4 bis 6 °C.

Zur Art- oder Geschlechtsbestimmung vorgesehene Tiere werden in ein kleines Sammelgläschen oder Tablettenröhrchen gebracht und durch einen eingeschobenen Wattebausch an einer Stelle in gewünschter Lage leicht und ohne Schädigung festgeklemmt. Sie können dann bequem mit der Lupe untersucht werden.

Beobachten und Protokollieren

Unser Gedächtnis hat Grenzen. Es fällt oft schwer, sich später noch an alle Einzelheiten eines Zuchtversuches genau zu erinnern. Wir sollten deshalb unsere Handlungen und Beobachtungen unbedingt schriftlich festhalten – nicht nur des Interesses wegen, sondern um in Wiederholungsfällen auch Nutzen daraus zu ziehen. Die gewonnenen Daten können Basis dafür sein, entweder die Zucht wieder auf dieselbe Weise durchzuführen oder zu überlegen, welche Faktoren verändert werden müßten. Dabei sollte man sich über möglichst viele Vorgänge Notizen machen, denn nicht selten stellen sich Befunde als wichtig heraus, denen man zunächst keine Bedeutung beigemessen hatte.

Für das Protokollieren hat sich eine Tierkartei gut bewährt. Man legt für jede Art ein mehr oder weniger großformatiges Blatt an, das nach eigenem Ermessen in verschiedene Rubriken unterteilt und alphabetisch oder nach dem zoologischen System eingeordnet wird. Hier lassen sich schnell und in übersichtlicher Form die wichtigsten Grunddaten einer Zucht eintragen. Dazu gehören neben der Karteinummer, den deutschen und wissenschaftlichen (internationalen) Namen der Tiere solche wesentlichen Angaben wie:

Unterbringung (Behältertyp und -größe, Bodensubstrat, Einrichtung)
Temperatur und Luftfeuchtigkeit (max. und min. Werte, größere
 Schwankungen im Tagesverlauf)
Lichtverhältnisse (Beleuchtungsintensität und -dauer, Tageslicht)
technische Hilfsmittel (Heizung, Beleuchtung, automatische Regler)
Elterntiere (Anzahl, Geschlechterverhältnis, Herkunft)
Fütterung (Abstände, Futterart und -aufnahme, Fraßpflanzen, Nahrungsbedarf, Tränken)
Paarung (Dauer, Anzahl, Tageszeit)
Eiablage (einzeln oder gruppenweise, Anzahl der Eier, Unterlage bzw.
 Substrat, Tageszeit)
Eientwicklung (Dauer, Einfluß von Temperatur und Luftfeuchtigkeit,
 spezielle Behandlung der Eier)
Ausschlüpfen der Jungtiere (Einfluß von Temperatur und Luftfeuchtigkeit, Schlupfrate, bei lebendgebärenden Arten Anzahl der Jungen
 und Abstände der Geburten; Tageszeit, erste Nahrungsaufnahme)
Aufzucht der Jugendstadien (Unterbringung, Fütterung und spezielle
Behandlung, sofern von Elterntieren abweichend)
Häutung (Anzahl, Abstände, Größenzunahme)

Art	Zool. Syst.	Kartei-Nr. *Salt. 17/3*
Gryllus bimaculatus	*Ins., Saltatoria* *Ensifera*	Dias *116-121* Fotos

Ausgangsmaterial	Herkunft bzw. Fundort
6 ♂♂, 8 ♀♀	*aus Zucht Salt. 17/2*

Unterbringung	Temperatur *25-28 °C am Tag*
Vollglasbecken 35 × 22 × 25 cm, *Bodensubstrat Sand-Erde-Ge-* *misch, trocken* *Eiablagebehälter* *Steine, Rinde als Verstecke*	*22-23 °C nachts* RLF *60-70 %* Licht *25 W-Glühbirne, 40 cm* *Abstand, Beleuchtungs-* *dauer 16 Std. täglich*

Fütterung *Haferflocken u. Trockenmilchpulver (1:4)*
Gemüse, Salat, Obst 3× wöchentl.
gelegentl. zerdrück. Mehlwürmer, Tellertränke

Zuchtverlauf

Paarung, Eiablage, Schlupf	Aufzucht der Jugendstadien
3.5. wiederholte Paarungen *4.5. dto.* *7.5. während Paarung* *beim ♂ Austreten der* *Spermatophore beob.* *8.5. ♀♀ legen erstmals* *Eier ab* *14.5. Eiablagebehälter* *ausgewechselt* *17.5. die ersten Junggrillen* *schlüpfen im Aufzucht-* *behälter I* *Dauer der Embryonalentw.* *= 10-11 Tage*	*20.5. 1. Häutung* *24.5. 2. Häutung* *1.6. 3.(?) Häutung* *7.6. Kannibalismus* *stark entwickelt (Zahl* *der Verstecke wurde er-* *höht)* *11.6. ein Teil der Junggrillen* *in Aufzuchtbehälter II u. III* *umgesetzt* *23.6. erste Imagines* *(5 ♀♀, 1 ♂)* *Dauer der Larvalentw.* *= 37-42 Tage*

Geschlechtsreife, Lebensdauer
1.7. erste Paarung, 6.7. erste Eiablage
Lebensdauer Imagines
= 53-71 Tage

Bes. Bemerkungen und Beobachtungen
10 ♂♂, 10 ♀♀ nach Imag.-Häutung durch Farbtupfen markiert u.
in Behälter VI umgesetzt (siehe Salt. 17/4)

Abb. 14   Tierkartei

Verpuppung (Art und Ort, Dauer der Puppenruhe, spezielle Behandlung)

Geschlechtsreife (Zeit von letzter Häutung bis zur ersten Paarung und bis zur Eiablage bzw. Geburt, Unterschiede Männchen, Weibchen)

Lebensdauer (Männchen, Weibchen)

Die Liste könnte unschwer verlängert werden. Persönliche Neigungen und die jeweiligen Gegebenheiten spielen dabei eine große Rolle. Wer hauptsächlich am Verhalten seiner Tiere interessiert ist, muß eine etwas andere Gliederung wählen und sich die Mühe machen, bestimmte Handlungsabläufe genau zu beobachten, sie zu beschreiben und versuchen zu analysieren – eine sicher nicht ganz einfache, doch äußerst reizvolle Aufgabe, die schon ein gewisses Maß an Erfahrung und Kenntnissen auf dem Gebiet der Verhaltensbiologie voraussetzt. Stets sollte das Erfassen der Daten so organisiert sein, daß es mit möglichst geringem Aufwand geschieht. Wenn jedesmal erst Papier und Bleistift aus der Schublade hervorgekramt werden müssen, ist kaum damit zu rechnen, daß auch alle Beobachtungen in die Kartei einfließen und uns später abrufbereit zur Verfügung stehen.

Um das Verhalten dämmerungs- oder nachtaktiver Tiere eingehender studieren zu können, empfiehlt es sich, den Behälter mit einem schwachen Rotlicht zu erhellen, was viele Arten nicht im geringsten stört. Die rotblinden Tiere verhalten sich dann wie in der Dunkelheit – vorausgesetzt natürlich, daß im Zimmer keine andere Lichtquelle vorhanden ist.

In der Regel wird man nur bei großen Arten biologische Vorgänge mit bloßem Auge verfolgen können. Eine mehr oder minder kurzbrennweitige Lupe (3- bis 8fach) sollte daher stets zur Hand sein. Allerdings kann das notwendige nahe Herangehen an das Beobachtungsobjekt leicht zu Fluchtreaktionen der Tiere führen bzw. infolge der hindernden Behälterscheibe gänzlich undurchführbar sein. Nur wenig bekannt ist, daß sich manche Feldstecher durch Aufstecken von Vorsatzlinsen mühelos in leistungsfähige Fernrohrlupen umwandeln lassen, die auch bei stärkerer Vergrößerung einen relativ weiten Abstand vom Objekt gestatten (Abb. 15). Je nach Eigenvergrößerung der gewählten Vorsatzlinse sind dann Beobachtungen aus Entfernungen von 200 bis 10 cm möglich. So wird z. B. das Prismenglas 8×30 mit einer Vorsatzlinse von 5 Dioptrien zu einer zehnfachen Lupe mit einem Arbeitsabstand von 18 bis 20 cm und beachtlich großem Gesichtsfeld. Auf diese Weise können wir selbst Vorgänge, die mitten im Behälter ablaufen, in aller Ruhe und ohne Störungen unserer Tiere genau betrachten.

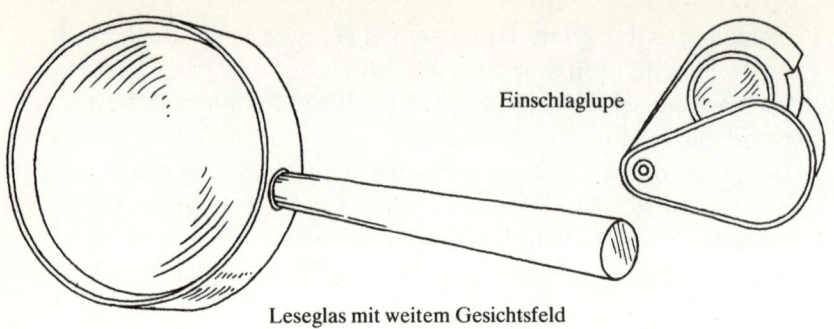

Einschlaglupe

Leseglas mit weitem Gesichtsfeld

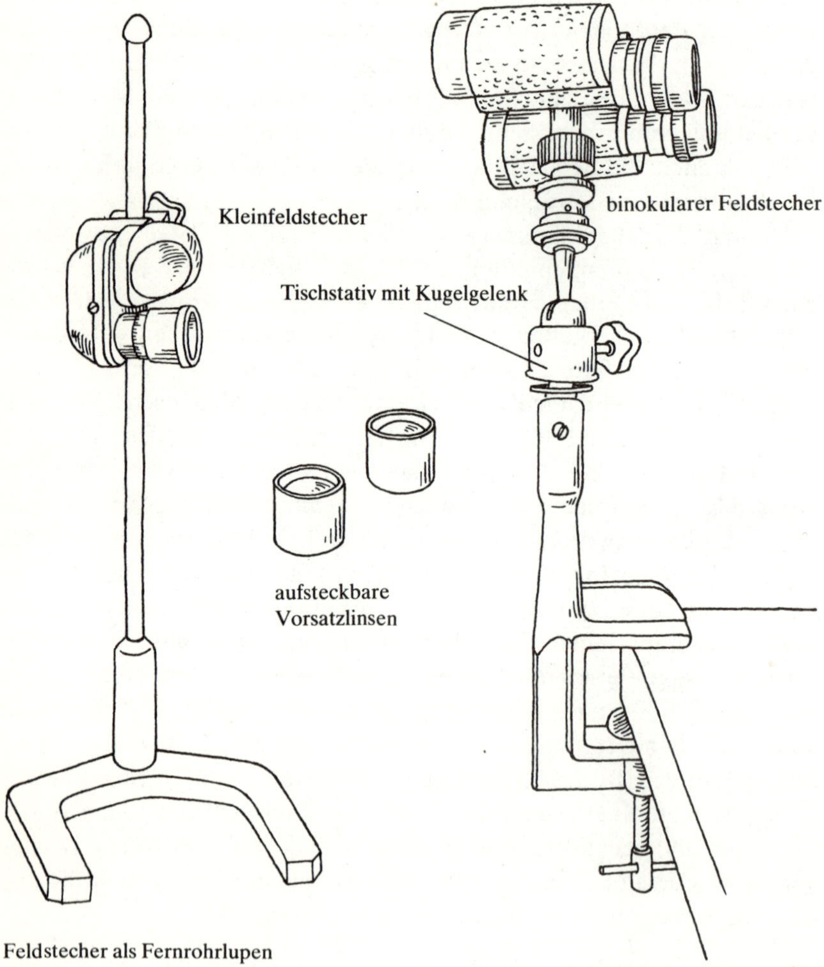

Kleinfeldstecher

binokularer Feldstecher

Tischstativ mit Kugelgelenk

aufsteckbare
Vorsatzlinsen

Feldstecher als Fernrohrlupen

Fotografische Hinweise

Je intensiver man sich mit seinen Tieren beschäftigt, um so mehr entsteht der Wunsch, neben Erinnerungen auch Dokumente darüber zu schaffen. Eine gute Methode dafür ist die Fotografie, mit der wir vollständige Entwicklungsabläufe, bestimmte Verhaltensweisen oder andere Lebensäußerungen festhalten können. Dazu ist jedoch nicht nur eine gute Kamera Voraussetzung, sondern auch viel Wissen und Geduld. Bald wird man merken, daß der Wunsch nach einem guten Bild zu genauerer Beobachtung zwingt und wir unter Umständen unsere Tiere durch das Objektiv besser kennenlernen als durch täglich einen flüchtigen Blick in die Behälter. Über die Art der technischen Ausstattung – Kameras, Objektive, Blitzgeräte, Stative usw. – gibt ein umfangreiches Angebot an Fachliteratur Auskunft und Anregung, auf das hier verwiesen werden muß.

Meist ergeben sich aus der Beobachtung heraus Fotos, die Häutungen, Eiablagen oder andere, nicht oft zu sehende Vorgänge zeigen. Dazu sollte die Kamera stets einsatzbereit sein. Natürlich gehören vorangegangene Probeaufnahmen und saubere Behälterscheiben ebenso zum Erfolgsrezept für plötzliche Aufnahmen wie die sichere Beherrschung der Technik, denn auch das seltenste Foto hat einen Anspruch auf Qualität.

Will man sich nicht von den Geschehnissen überraschen lassen, sind einige Vorarbeiten notwendig. So ist das Umsetzen einzelner Tiere oder Tiergruppen aus dem Zuchtbehälter in eine zum Fotografieren geeignete Umgebung zu empfehlen. Diese »Fotolandschaft« sollte dem Biotop der Tiere nahekommen. Es wäre z. B. unnatürlich, wenn wir plumpe Käferlarven auf dünnen Ästen oder heimische Raupen auf deutlich erkennbaren Zimmerpflanzen abbilden. Störungen natürlicher Abläufe (z. B. ständiges »Jagen« in die Bildmitte) sind dabei möglichst auszuschließen. Mit einiger Übung und Kenntnissen kann bereits beim Aufbau des Minibiotops die Vorstellung vom gewünschten Bild umgesetzt werden. Oft genügen dazu ein einfacher Zweig, einige Steine, Grashalme oder ein Stück Borke. Als Hintergrund kann eine einfarbige Stoff- oder Pappwand dienen.

Für besonders flüchtige oder wehrhafte Tierarten werden die Lebensräume in speziellen Fotografierbecken errichtet, die aus gutem, plange-

Abb. 15   Hilfsmittel für die Beobachtung

57

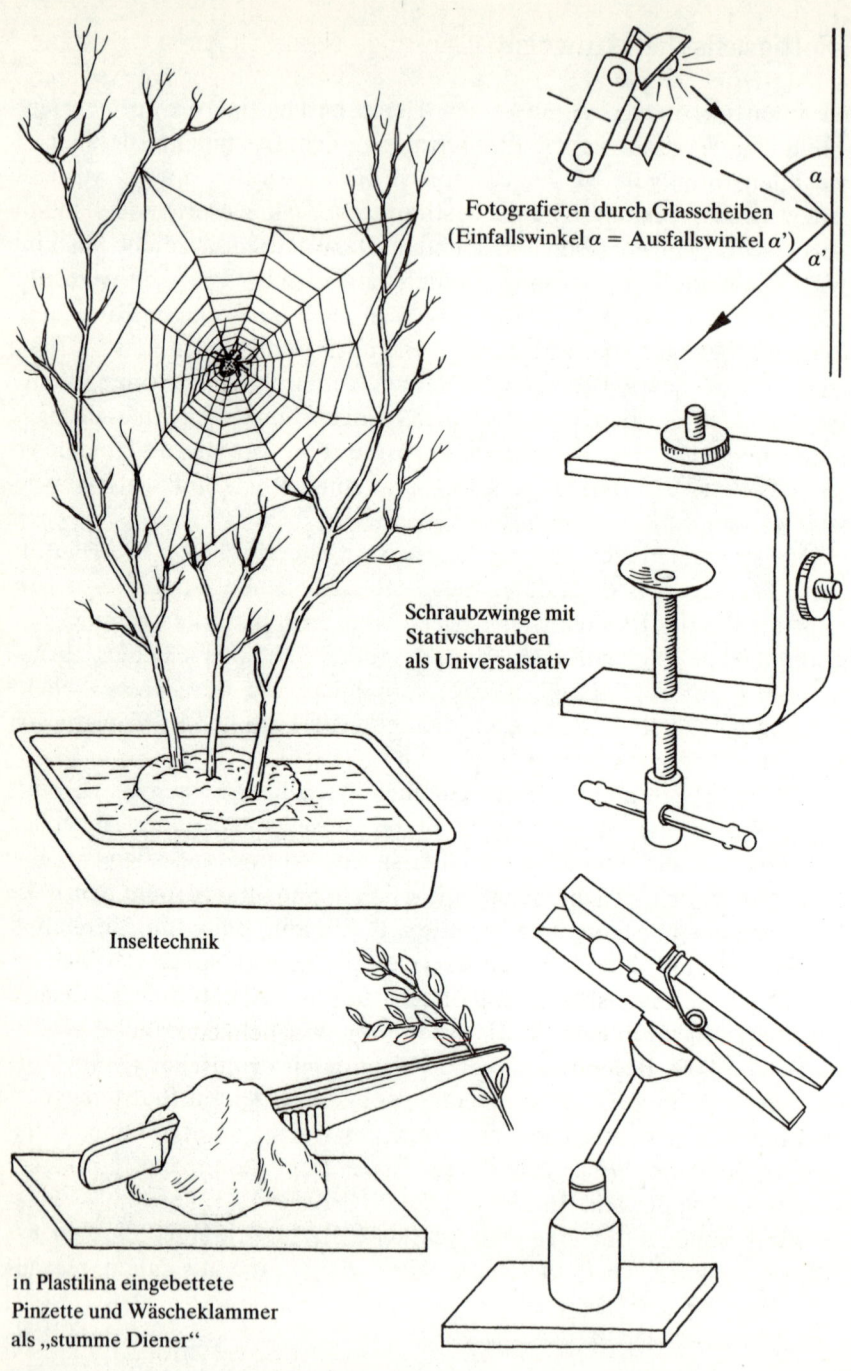

Fotografieren durch Glasscheiben
(Einfallswinkel α = Ausfallswinkel α')

Schraubzwinge mit
Stativschrauben
als Universalstativ

Inseltechnik

in Plastilina eingebettete
Pinzette und Wäscheklammer
als „stumme Diener"

58

schliffenem Glas selbst herstellbar sind. Natürlich erschweren spiegelnde Flächen das Fotografieren und erfordern die genaue Kenntnis optischer Gesetze. Dennoch beweisen die Aquarianer immer wieder, daß Scheiben unsichtbar sein können. Wie man das erreicht, ist in vielen Büchern nachlesbar.

Bei weniger flinken Arten ist es günstig, wenn nur drei der Glasscheiben miteinander verklebt sind. Die vierte, dem Fotoapparat zugewandte, kann nach dem Einrichten der Kamera auf das Motiv vorsichtig entfernt werden. Geschieht dies mit Ruhe, stört es die Tiere oft gar nicht. Auch die Höhe der Glasscheiben ist den Erfordernissen entsprechend variierbar. Für Bodentiere z. B. genügt ein einfacher, großflächiger Kasten, der vielerlei Motive bietet. Am besten verwenden wir bei solchen Aufnahmen den Fotoapparat ohne Stativ. Die freie Handhabung ermöglicht ein Mitgehen mit dem Tier, zumal die kurze Leuchtdauer eines Blitzes Verwacklungsunschärfen verhindert.

Die »Inseltechnik« bietet sich als eine weitere Form der Isolation für wasserscheue, nicht springende oder fliegende Gliederfüßer an. In einer großen Wasserschale wird eine flache Insel errichtet, auf der das Tier seinen Lebensraum hat. Für Spinnen reichen sogar einige wenige Grashalme aus, die direkt am Boden des Gefäßes verankert werden. Zwischen diesen Halmen befestigen viele Arten ihre Netze und sind so hervorragend zu fotografieren (Abb. 16).

Manche Wirbellose lassen ohne große Vorbereitung sogar eine freie Haltung auf einem gut überschaubaren Tisch zu (Stabschrecken, verschiedene Käfer, Raupen u. a.). Aber schon Gottesanbeterinnen oder Rosenkäfer können sich sehr unerwartet und schnell entfernen. Werden die Aufnahmen in einem dunklen Raum gemacht, dann finden wir tagaktive Arten fast immer im Lichtkegel einer Zusatzbeleuchtung wieder (Glühlampe vorsichtshalber abschirmen!).

Mit diesen Beispielen ist die Palette der Möglichkeiten noch längst nicht erschöpft. Besonders die Einbeziehung elektronischer Hilfsmittel (wie Computerblitze, Lichtschranken und andere spezielle Auslösemechanismen) eröffnet immer neue Varianten zur fotografischen Darstellung echter Verhaltensmomente der Tiere. Nur wenn die Bilder nicht unter Zwang oder Betäubung entstanden, haben sie als Dokumente Bedeutung und sind zur Unterstützung unserer Aufzeichnungen aussagekräftig.

Abb. 16   Fototechnische Hinweise

Insekten

Die Insekten bilden die umfangreichste Klasse des Tierreiches. Mehr als 800 000 verschiedene Arten sind bereits bekannt, und es gilt als wahrscheinlich, daß ihre Gesamtzahl weit über einer Million liegt. Hinter dieser Artenfülle verbirgt sich ein kaum zu überbietender Farb- und Formenreichtum, stehen erstaunliche Anpassungen, faszinierende Verhaltensweisen und nahezu unglaublich anmutende Sinnesleistungen.

Es ist daher kein Zufall, daß von allen wirbellosen Landtieren gerade Insekten am häufigsten in den Terrarien der Liebhaber anzutreffen sind. Bieten sie doch eine große Auswahl geeigneter Heimtiere und mannigfache Möglichkeiten des Beobachtens und Experimentierens. Schon allein der Umstand, daß sich zahlreiche Insekten nach dem Schlupf aus dem Ei über die scharf gegeneinander abgegrenzten Stufen Larve – Puppe – Vollinsekt entwickeln und dabei jedesmal ihre Gestalt und Lebensweise völlig ändern, fesselt immer wieder aufs neue unsere Aufmerksamkeit und ruft Bewunderung hervor. Was es bei Insekten zu beobachten, zu erleben und zu erforschen gibt, ist bestimmt nicht uninteressanter als das, was größere Terrarientiere zu bieten haben.

Es ist meist nicht sonderlich schwierig, sich auf Spaziergängen und Exkursionen geeignete Pflegeobjekte zu beschaffen. Manche von ihnen werden wir ohne viel Mühe halten und vielleicht sogar vermehren können, andere dagegen verlangen schon einen größeren Aufwand an Pflege und etwas biologisches Gespür. Die Mehrzahl der Insekten aber ist bislang überhaupt noch nicht in Gefangenschaft gehalten worden, oft fehlen auch nahezu alle wichtigen Angaben zur Biologie – für den passionierten Insektenfreund noch ein reiches Feld der Betätigung. Wer erst einmal Feuer gefangen hat, wird die Freude am Entdecken und Experimentieren nicht mehr missen wollen. Dann wird selbst die unscheinbare Florfliege zum faszinierenden Pflegeobjekt, das zu intensiver Beobachtung geradezu herausfordert.

Gespenst- oder Stabschrecken

Seit jeher gehören Stabschrecken zu den bekanntesten Terrarientieren, und schon mancher hat über ein paar dieser merkwürdig gestalteten Insekten den Weg zur Heimhaltung wirbelloser Tiere gefunden. Der große Formenreichtum zusammen mit ihrer im allgemeinen recht problemlosen Haltung und leichten Züchtbarkeit machen sie zu beliebten Pflegeobjekten.

Es ist geradezu verblüffend, wie hervorragend Stabschrecken ihrer Umgebung angepaßt sind. Mit ihrem langgestreckten, halmförmigen oder extrem abgeflachten Körper ahmen sie kleine Ästchen, Zweige oder Blätter so täuschend nach, daß man mitunter Mühe hat, sie im Pflanzengewirr unseres Insektariums ausfindig zu machen; ihre grüne oder braune Färbung tut dazu noch ein übriges. Bei der geringsten Störung pendeln viele hin und her oder lassen sich einfach fallen, wobei sie die Gliedmaßen ganz eng an den Körper legen. In dieser Starre verharren manche in jeder Lage, selbst wenn man sie schräg in eine Ecke des Behälters stellt.

Stabschrecken werden relativ häufig von Liebhabern gehalten, daher gelingt es meist, Eier für einen Zuchtansatz zu erlangen. Eine ganze Reihe von Arten stellt dazu noch annähernd ähnliche Pflegeansprüche, so daß man viele auch gut miteinander vergesellschaftet halten kann. Ein mit Stabschrecken verschiedener Herkunftsgebiete besetztes, naturnahe eingerichtetes Insektarium ist äußerst reizvoll und läßt sich als dekoratives Element harmonisch dem Wohnraum einfügen.

Haltung: Stabschrecken können in jedem größeren Glas- oder Plastikbehälter (Einweckgläser, Haushaltplastikdosen, Glasbecken), oben mit Stoff zugebunden oder mit aufliegendem Deckel, untergebracht werden. Starke Sonneneinstrahlung ist zu vermeiden. Besonders praktisch sind Gazekäfige und sogenannte Raupenaufzuchtkästen (Beh.-Typ VI b); wenn man den Türrahmen verglast, ist das Innere des Behälters gut zu überblicken. Als Einrichtung genügen einige dünne, trockene Äste (die Tarnwirkung der Tiere kommt hierbei besonders gut zur Geltung) und eingestellte Futterzweige. Der Boden kann mit feinem Sand oder passend geschnittenem, saugfähigem Papier (was die Reinigung wesentlich erleichtert) bedeckt sein. Beim Säubern sind die abgelegten Eier auszusieben oder herauszulesen. Es ist darauf zu achten, daß die Behälter nicht übersetzt sind, da sich die Tiere sonst nicht selten gegenseitig Beine und Fühler an- bzw. abfressen. Larven vermögen solche Extremi-

Haltung von Gespenst- oder Stabschrecken im Überblick

Deutscher (wissenschaftlicher) Name	Größe (mm)	Geographische Verbreitung	Futterpflanze	Bemerkungen
Indische Stabschrecke (*Carausius morosus*)	70–80	Vorderindien	zahlreiche Laubhölzer, Kräuter, Gras; im Winter auch Efeu, Liguster oder Tradeskantie	Fortpfl ausschließlich durch Jungfernzeugung
Annam-Stabschrecke (*Baculum extradentatum*)	70–75	Hinterindien	Brombeere, Himbeere, auch Buche, Linde	Fortpfl auch durch Jungfernzeugung
Geflügelte Stabschrecke (*Sipyloidea sipylus*)	85–95	Malaiischer Archipel	Brombeere, Himbeere, Storchschnabel	ausschließlich Jungfernzeugung, Eiabl an Beh.-Wänden, Zweigen u. a.
Australische Gespenstschrecke (*Extatosoma tiaratum*)	90–140	Australien, Neuguinea	Brombeere, Himbeere, Heckenrose, Erdbeere	ebenso zu halten Riesengespenstschr. *Acrophylla wuelfingi*
Südeurop. Stabschrecke (*Bacillus rossius*)	85–90	Mittelmeergebiet	Eiche, Buche, Hasel, Himbeere, Brombeere u. a.	ebenso zu halten Nordamerik. Stabschr. *Diapheromera femorata*
Riesengespenstschrecke (*Eurycantha horrida*)	110–130	Neuguinea	Eiche, Brombeere, Himbeere	am Boden lebend, durch Bedornung der Beine sehr wehrhaft
Malaiische Riesengespenstschrecke (*Heteropteryx dilatata*)	90–150	Malaiischer Archipel	Brombeere, Eiche	Eiabl im Boden
Flechtenstabschrecke (*Orxines macklottii*)	55–70	Java	Rhododendron	Eiabl unter Rinde od. im Boden
Streifen-Stabschrecke (*Anisomorpha buprestoides*)	50–80	Florida	Brombeere, Himbeere	kann ätzendes Sekret bis 50 cm weit spritzen!
Wandelnde Blätter (*Phyllium*)	75–110	Malaiischer Archipel, Neuguinea	Eiche, Brombeere, Himbeere	

tätenverluste bei der Häutung teilweise noch auszugleichen. Die meisten Stabschrecken kann man ohne weiteres bei Zimmertemperatur halten; niedrigere Temperaturen (bis 12 °C) werden kurzzeitig ertragen, führen aber bereits zu einer deutlichen Verzögerung der Entwicklung. Manche Arten (z. B. Wandelnde Blätter, Australische Gespenstschrecke) lieben Wärme und hohe Luftfeuchtigkeit, die Behälter sind dann entsprechend abzuwandeln (Möglichkeiten siehe S. 25).

Fütterung: Stabschrecken sind Blattfresser. Die Mehrzahl der Arten ist auf einige wenige oder ganz bestimmte Pflanzen spezialisiert und nimmt keine anderen an (vgl. Tab.). Man reicht sie als frisch geschnittene Triebe, die in wassergefüllte Gläser eingestellt (Gefäßöffnung mit Zellstoff gut abdichten bzw. Lochdeckel verwenden) und regelmäßig erneuert werden. Im Winter kann man je nach Art auf Efeu, Erdbeere, Brombeere, Liguster oder Tradeskantie zurückgreifen. Für Stabschrecken, die ausschließlich frisches Eichenlaub fressen, sind rechtzeitig Eicheln zum Keimen zu bringen und die Schößlinge unter starker künstlicher Beleuchtung heranzuziehen. Beim Entfernen alter Futterreste ist vor allem auf noch ansitzende Tiere zu achten, man klopft und »pflückt« sie am besten von den kahlgefressenen Zweigen ab (die Tiere halten sich nämlich mit ihren hakigen Krallen an der Unterlage sehr fest). Normalerweise genügt es, die Futterpflanzen zwei- bis dreimal wöchentlich mit warmem Wasser leicht zu übersprühen, um dem zumeist geringen Trinkbedürfnis der Tiere gerecht zu werden.

Zucht: Die meisten Arten vermehren sich ohne größeres Zutun. Häufig erfolgt dies sogar durch Jungfernzeugung (Parthenogenese), d. h., die Entwicklung der Eier ist auch ohne Befruchtung möglich (Männchen sind dann derartig selten, daß sie keine Rolle mehr bei der Fortpflanzung spielen). In der Regel lassen die Weibchen ihre Eier einfach zu Boden fallen; man bewahrt sie am besten bis zum Schlupf der Larven in einer kleinen Plastikdose oder Petrischale auf (zur Regulierung der Feuchtigkeit Filterpapierstreifen einlegen und gegebenenfalls mit einigen Wassertropfen versehen). Manche Arten legen in der Erde ab. Die Behälter müssen deshalb eine mehrere Zentimeter hohe Bodenschicht besitzen, die ständig ein wenig feucht, keinesfalls naß zu halten ist. Die Eier benötigen zu ihrer Entwicklung relativ lange Zeit, die bei den einzelnen Arten recht unterschiedlich ist (Annam-Stabschrecke 1 bis 2, Indische Stabschrecke 2 bis 3, Australische Gespenstschrecke 6 bis 8 Monate). Durch Einstellen der Eier in den Kühlschrank (6 bis 10 °C) kann man bei den meisten Arten den Schlupf der Jungtiere in eine vom Futterangebot her günstige Jahreszeit verlegen. Die Aufzucht vieler Stabschrecken gelingt geradezu problemlos, sie erfolgt anfangs in kleineren Gläsern oder Haushaltplastikdosen (Beh.-Typ II), mit dem Heranwachsen sind größere Behälter zu wählen. Entwicklung bis zum geschlechtsreifen Insekt: Indische Stabschrecke 2 bis 4, Annam-Stabschrecke 3 bis 4, Australische Gespenstschrecke 4 bis 5 Monate bei Zimmertemperatur; als erwachsene Tiere leben manche Arten noch bis zu einem Jahr.

Gottesanbeterinnen

Wer schon einmal zu Hause eine Gottesanbeterin gepflegt hat, wurde unweigerlich in ihren Bann gezogen. Nahezu reglos sitzt sie da, die angewinkelten Fangbeine wie zum Gebet erhoben, nur der winzige dreieckige Kopf dreht sich nach allen Seiten wie auf einem Kugelgelenk. Sobald eine Heuschrecke in Reichweite gerät, packt sie blitzschnell zu, und die spitzen Dornen ihrer Fangbeine bohren sich tief in die Beute, so daß ein Entrinnen unmöglich ist. Fast im gleichen Moment beginnt unser Tier auch schon zu fressen. Nach jeder Mahlzeit werden die Vorderbeine saubergeleckt und die Mundwerkzeuge gereinigt, wenig später verharrt die Gottesanbeterin wieder in lauernder Wartestellung.

Am häufigsten trifft man in den Terrarien der Liebhaber die Gemeine Gottesanbeterin, *Mantis religiosa,* an; sie ist im südlichen Europa weit verbreitet und wird gern von Reisen mitgebracht. Daneben gelangen auch schön gezeichnete Fangschrecken aus tropischen und subtropischen Ländern, vor allem vom afrikanischen Kontinent, zu uns. Die Weibchen sind fast immer befruchtet und legen gewöhnlich bald ein oder mehrere Eipakete an der Behälterwand, an Zweigen, Grashalmen oder Steinen ab. Diese festen, papierartigen Kokons (Ootheken) sind oftmals Ausgangspunkt für eine zunächst gar nicht beabsichtigte Vermehrung unserer Pfleglinge; denn eines Tages sehen wir uns einer ganzen Schar von eben geschlüpften, winzigen Fangschrecken gegenüber. Mit viel Aufwand und einigem Geschick gelingt es sogar, einen Teil davon großzuziehen.

Haltung: Die Unterbringung sollte stets einzeln erfolgen (Kannibalismus!), größere Haushaltplastikdosen (etwa $20 \times 15 \times 15$ cm) oder Glasbecken (Beh.-Typ V c) sind hierfür gut geeignet. Eine kleine Öffnung (durch Korken verschließbar) dient dem Einlassen der Futtertiere und

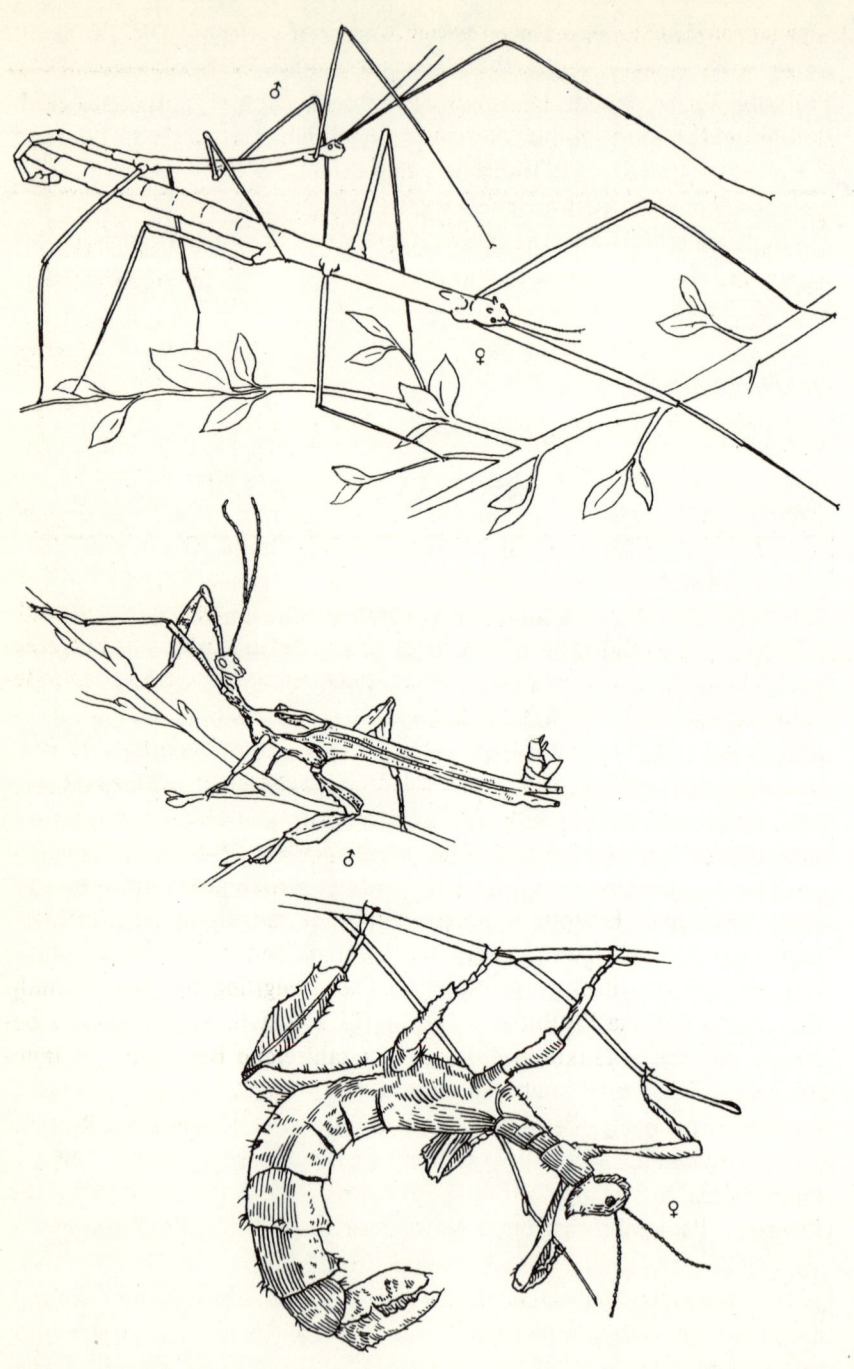

Deutscher (wissen-schaftlicher) Name	Größe (mm)	Geographische Verbreitung, Biotop	Haltung	Bemerkungen
Gemeine Gottes-anbeterin (*Mantis religiosa*)	50–75	Südeuropa, nördl. bis Öster-reich, BRD	Beh.-Typ II, V c	Überw der Ko-kons im Freien od. Kühlschrank
Kronen-Fang-schrecke (*Empusa pennata*)	45–65	Mittelmeer-gebiet	wie oben	dämmerungsak-tiv, ♂♂ fliegen gern
trop. Gottesanbete-rinnen (*Sphodromantis, Hierodula* u. a.)	bis 150	trop. Gebiete	Beh.-Typ V c, VI T = 25–30 °C, ○	

dem Sprühen. Als Einrichtung genügen einige Kletteräste oder steife Grashalme; ein Bodengrund ist nicht unbedingt erforderlich, eingeleg-tes Filterpapier erleichtert die Sauberhaltung jedoch wesentlich. Die Be-hälter sollten hell und warm (25 bis 30 °C) stehen.

Fütterung: Gottesanbeterinnen reagieren nur auf sich bewegende Beu-teobjekte. Das Futter (Fliegen, Grillen, Heuschrecken, Käfer mit wei-chen Flügeldecken und andere Insekten entsprechend der Größe der einzelnen Arten) muß daher stets lebend gereicht werden. In Ausnah-mefällen können auch Mehlwürmer oder in Streifen geschnittenes rohes Fleisch (an einer Pinzette hin- und herbewegt) angeboten werden. Auf-wendig ist die Ernährung der Larven, die nach dem Schlüpfen zunächst kleinste lebende Insekten (z. B. Blattläuse, Essigfliegen), dann allmäh-lich immer größere Futtertiere (andere Fliegen, z. B. Stubenfliegen) be-nötigen. »Wiesenplankton« enthält stets zahlreiche Beutetiere geeigne-ter Größe. Wichtig ist auch, täglich mit einem Zerstäuber für Trinkgele-genheit zu sorgen. Eingewöhnte Tiere nehmen das Wasser ohne weiteres auch von der Pipette ab.

Zucht: Die Schwierigkeit einer Weiterzucht besteht vor allem darin, die Tiere zur Paarung zu bringen; häufig wird das Männchen vom Weib-

Abb. 17 Geschlechtsunterschiede bei Gespenst- oder Stabschrecken. Vielfach unterschiedliche Körpergröße oder -gestalt zwischen ♂ und ♀

chen noch vor oder während der Kopula verspeist. Eine Vermehrung über eine größere Anzahl von Generationen hinweg ist bisher nur bei wenigen Arten (z. B. *Hierodula*) gelungen.

Die Methode, dem Weibchen die Fangbeine mit feinem Draht (Dederon wird durchgebissen) zu »fesseln«, führt meist zu unbefruchteten Eikokons. Aussichtsreicher ist die Haltung der Tiere in möglichst großen Gazekäfigen (Beh.-Typ VI) und das eingehende (oft Stunden währende) Beobachten ihres Paarungsverhaltens (gegebenenfalls mit einem Stöckchen oder einer Pinzette eingreifen!). Ältere Weibchen sind paarungs-williger als frisch geschlüpfte Tiere. Die jungen Larven müssen spätestens nach der dritten Häutung zur Einzelhaltung in mit Gaze verschlossene Glasröhrchen oder kleine Haushaltplastikdosen umgesetzt werden. Mit zunehmendem Wachstum sind größere Behälter zu wählen.

Um Verluste während der Häutungsphase zu vermeiden, ist der Boden der Aufzuchtbehälter mit Filterpapier oder Schaumstoff auszulegen und täglich etwas zu befeuchten. Gesamtentwicklung 95 bis 144 Tage bei 25 °C, Lebensdauer der erwachsenen Tiere 2 bis 3 Monate (Gemeine Gottesanbeterin).

Heuschrecken

Heuschrecken zählen in mehrfacher Hinsicht zu den interessanten Bewohnern eines Terrariums. Vor allem sind es ihre »Gesänge«, die sie so beliebt machen und letztlich wohl auch eine gewisse Atmosphäre in unseren kleinen Insektenzoo bringen. Wenn wir etwas genauer hinsehen, werden wir bald feststellen, wie dieses rhythmische Zirpen zustande kommt. Meist musizieren nur die Männchen, und sie tun es auf unterschiedliche Weise: Grillen und Laubheuschrecken reiben die Flügel aneinander, während die Feldheuschrecken im allgemeinen mit der Innenseite ihrer Hinterschenkel darüber streichen. Doch auch noch andere Methoden sind üblich. Immer ist es eine rauhe Chitinleiste, die über eine Schrillkante oder Schrillader gezogen wird, unwillkürlich denkt man an eine Geige. Dabei hat jede Art ihre eigene »Melodie«, so daß der Fachmann schon nach den Lauten aus größerer Entfernung bestimmen kann, um welche es sich handelt. Aber es ist nicht der Gesang allein, der uns diese Insekten so anziehend erscheinen läßt. Mit dem Musizieren sind auch ganz bestimmte Verhaltensweisen verbunden, denn es dient der Verständigung der Tiere untereinander, in erster Linie dem Zusammenfinden der Geschlechter. Wer etwas Zeit und noch mehr Geduld aufbringt, wird vielfältige Beobachtungen vom Ritual, von der Werbung und den Rivalitätskämpfen seiner Tiere machen können.

Unter den Heuschrecken finden wir zahlreiche recht attraktive und interessante Arten, die sich zu Hause ohne weiteres über kürzere oder längere Zeit pflegen und unter bestimmten Bedingungen auch vermehren lassen. Manche bilden geradezu ideale Objekte für eine Dauerhaltung und sind als Futtertiere bei Terrarianern sehr begehrt. Wenn wir räuberisch lebende Insekten oder Spinnen zu versorgen haben, werden wir auf solche Zuchten gern zurückgreifen.

Grillen und Laubheuschrecken

Es ist sehr reizvoll, in einem größeren Terrarium dem Treiben einer Schar Feldgrillen – etwa den gesellig lebenden Zweifleckgrillen – zuzuschauen, denn sie sind in ihrem Verhalten außerordentlich vielseitige Insekten: Sie vermögen sich akustisch zu verständigen, sie kämpfen gegeneinander, bilden regelrechte Hierarchien und zeigen ein bemerkenswertes Territorialverhalten.

Ihr melodisches Zirpen erweist sich keineswegs so gleichförmig, wie man zunächst annehmen möchte. Bei genauerem Hinhören lassen sich unschwer verschiedene »Gesänge« unterscheiden. Meistens halten sich die Männchen an ganz bestimmten Stellen des Beckens – ihren »Revieren« – auf und tragen hier mit regelmäßig aufeinanderfolgenden Zirplauten ihren Lockgesang vor. Er wirkt gewissermaßen als Schlüsselreiz auf ein paarungsbereites Weibchen, das nach dem Männchen zu suchen beginnt. Sobald sich beide Tiere auf Fühlerkontakt nahe gekommen sind, wird ein anderer, von dem lockenden Gezirpe abweichender Gesang angestimmt und die Paarung eingeleitet. Wenn zwei Männchen sich begegnen, ändert sich der Rhythmus ebenfalls, die Lautfolge wird beschleunigt und der Ton schriller. Dabei heben sich die beiden Rivalen mit den Beinen so weit wie möglich vom Boden ab und vibrieren mit dem ganzen Körper, als wenn sie sich schütteln würden. Auch regelrechte Kampfhandlungen unter den Männchen sind nicht selten zu beobachten, denn ihre Reviere liegen ja in unserem Terrarium oftmals nur wenige Zentimeter auseinander. Wenn wir uns noch die Mühe machen, die einzelnen Tiere durch Farbtupfen zu markieren, können wir sogar versuchen, hinter die Rangordnung innerhalb unserer Grillen »kolonie« zu kommen.

Ebenso wie die Grillen zeigen auch Laubheuschrecken manche faszinierende Verhaltensweisen und Lebensgewohnheiten, die zu einer näheren Beobachtung im Terrarium anregen. Allerdings tragen einige Arten ihren Gesang sehr anhaltend und in einer beachtlichen Lautstärke vor, was nicht gerade jedermanns Sache ist und die Nerven zartbesaiteter Mitmenschen mitunter arg zu strapazieren vermag. Man kann Laubheuschrecken vor allem im Spätsommer fangen und den ganzen Herbst über halten. Nach den Männchen braucht man meist nicht lange zu suchen, sie verraten ihre Anwesenheit schon durch ihren Gesang; nähert man sich jedoch unvorsichtig, verstummen sie sofort. Die schweigsamen Weibchen lassen sich eher durch geduldiges Abstreifen der Sträucher und hohen Wiesenpflanzen erlangen. Reizvoll ist auch die Aufzucht der Larven, die man bereits von Ende Mai an finden kann.

Haltung: Als Behälter eignen sich größere Gläser und Haushaltplastikdosen (vor allem zur Haltung einzelner Tiere bzw. Paare) oder Glasbecken mit dicht aufliegendem Deckel (zur besseren Belüftung ganz oder teilweise mit Gaze bespannt), für Laubheuschrecken haben sich auch sogenannte Raupenaufzuchtkästen (Beh.-Typ VI b) gut bewährt. Wichtig ist, den Tieren ausreichend Versteck- und Ruheplätze in Form von flachen Steinen, Holz- oder Rindenstücken (Grillen) oder belaubten Zweigen (Laubheuschrecken) zu bieten, da viele Arten ein ausgeprägtes Revierverhalten zeigen oder zum Kannibalismus neigen. Sämtliche Vertreter sind ausgesprochen wärmeliebend (Vorzugstemperaturen meist über 25 °C). Manche Laubheuschrecken benötigen außerdem noch eine höhere Luftfeuchtigkeit, dann ist regelmäßiges Sprühen erforderlich. Laubheuschrecken sollten gelegentlich auch direktem Sonnenlicht auf Fensterbrett oder Balkon ausgesetzt werden (Vorsicht vor Überhitzung des Behälters!). Die Tiere neigen sich geradezu zur Seite, um Sonnenbäder zu nehmen.

Die Haltung von Höhlengrillen (ebenso der Gewächshausschrecken) erfolgt am zweckmäßigsten in einem speziellen Behälter (Abb. 18), der eine Mauernische oder ein Höhlengewölbe imitiert (aus Styroporplatten, Gips und Leinen modellierbar) und nur schwach beleuchtet sein darf. Maulwurfsgrillen, die nur gelegentlich nachts ihre Gänge verlassen, bringt man besser in schmalen, vertikal aufgestellten Beobachtungsküvetten (Abb. 8) unter. Man füllt diese bis Zweidrittel ihrer Höhe mit einem Sand-Erde-Gemisch oder gießt ein entsprechendes

Abb. 18   Spezielle Behälter zur Haltung von Heuschrecken

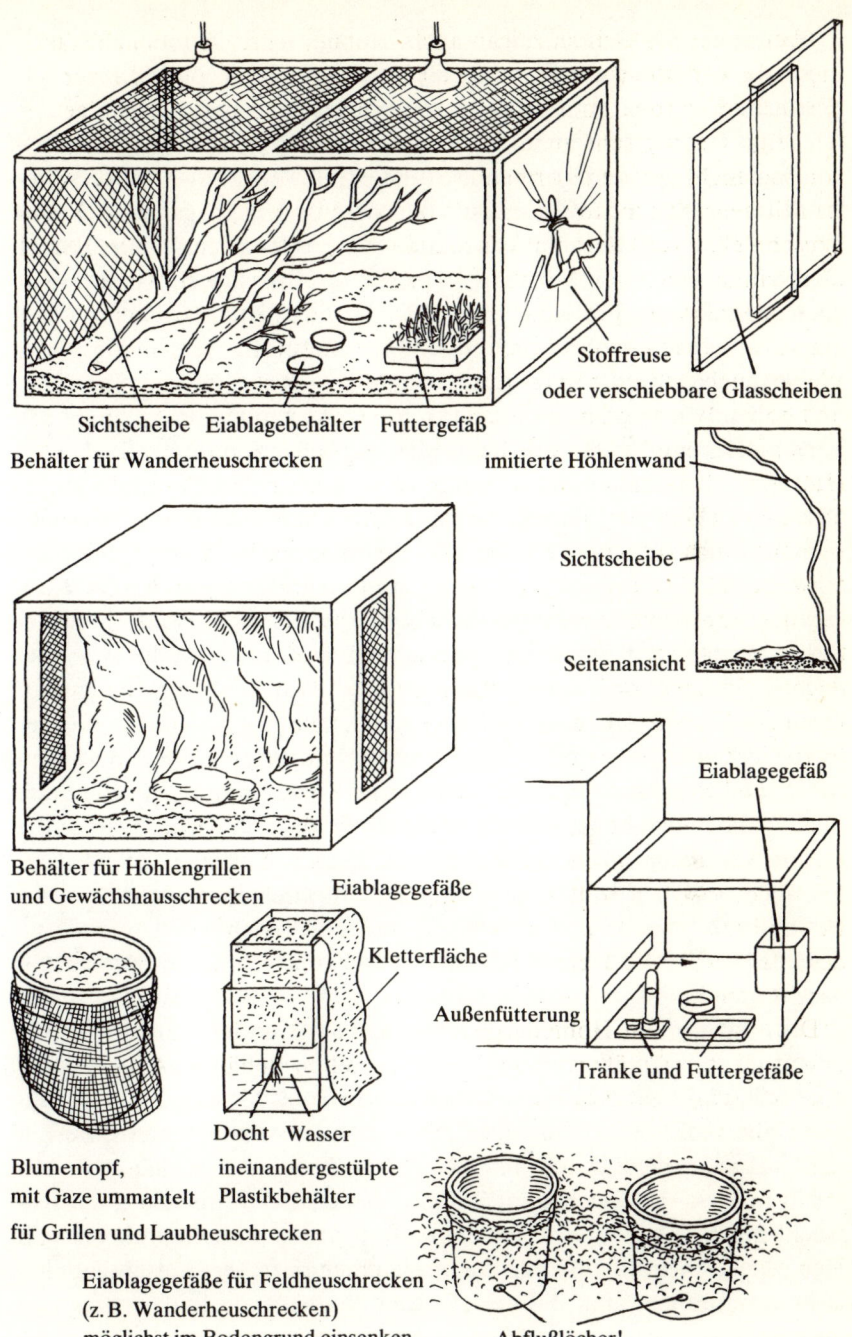

Behälter für Wanderheuschrecken

Sichtscheibe   Eiablagebehälter   Futtergefäß

Stoffreuse
oder verschiebbare Glasscheiben

imitierte Höhlenwand

Sichtscheibe

Seitenansicht

Behälter für Höhlengrillen
und Gewächshausschrecken

Eiablagegefäße

Eiablagegefäß

Kletterfläche

Außenfütterung

Tränke und Futtergefäße

Docht   Wasser

Blumentopf,   ineinandergestülpte
mit Gaze ummantelt   Plastikbehälter

für Grillen und Laubheuschrecken

Eiablagegefäße für Feldheuschrecken
(z. B. Wanderheuschrecken)
möglichst im Bodengrund einsenken

Abflußlöcher!

71

Gangsystem aus Gips. Ein schwarzes Tuch bzw. Holzbrettchen ermöglicht ein Abdecken der Sichtscheibe außerhalb der Beobachtungszeit.

Fütterung: Grillen ernähren sich von pflanzlichen und tierischen Stoffen. Als Grundfutter geben wir fein zerstoßene Pellets oder ein Gemisch aus Haferflocken und Trockenmilchpulver im Verhältnis 4:1, dazu verschiedenes Obst und Gemüse im Wechsel und nach jahreszeitlichem Angebot (z. B. Salat, Chinakohl, in Scheiben geschnittene Möhren, Äpfel, auch Löwenzahn, Wegerich) sowie gelegentlich zerdrückte Insekten oder zerschnittene Mehlwürmer. Maulwurfsgrillen erhalten vorzugsweise unterirdische Stengelteile, Knollen und Wurzeln sowie kleine Nacktschnecken und Regenwürmer.

Auch unter den Laubheuschrecken gibt es zahlreiche Vertreter, die eine solche gemischte Kost benötigen, doch kann bei einzelnen Arten die eine oder andere Komponente den Vorzug haben. Überwiegend pflanzliche Nahrung verlangen Plumpschrecken (Salat, Blätter aller Art) und Sattelschrecken (Obstlaub, Doldenblüten, Rose, Tradeskantie u.a.). Andere Arten benötigen neben frischem Laub, Salat, Blüten oder Brombeerblättern einen relativ hohen Anteil an tierischer Kost, der mit kleinen Insekten und deren Larven, Raupen usw. leicht gedeckt werden kann (z.B. Säbelschrecke, Großes Heupferd, Warzenbeißer). Ausgesprochen räuberisch leben Sägeschrecken (die kräftig bedornten Vorderbeine bilden einen wirksamen Fangapparat), man reicht ihnen vor allem junge Larven anderer Heuschrecken in lebendem Zustand (sie nehmen meist schon nach kurzer Eingewöhnungszeit das Futter aus der Hand).

Für Trinkgelegenheit sollte durch Siphon- bzw. Tellertränken (Grillen) oder regelmäßiges Besprühen des Blattwerkes (Laubheuschrecken) gesorgt werden.

Zucht: Die Eiablage erfolgt bei Grillen und zahlreichen Laubheuschrecken in der Erde (Ausnahmen siehe Tab.). Die Behälter sind daher mit einer mindestens 5 cm hohen Bodenschicht aus einem Erde-Sand-Torf-Gemisch zu versehen, besser noch ist das Einstellen gesonderter Eiablagegefäße (z. B. Blumentöpfe, Haushaltplastikdosen). Das Substrat muß stets ein wenig feucht, keinesfalls naß gehalten werden, damit die Eier nicht austrocknen. Durch häufiges Auswechseln der Gefäße kann Milbenbefall vorgebeugt bzw. unter Kontrolle gehalten werden. Bei der Aufzucht der Larven ist zu beachten, daß besonders Laubheuschrecken in den ersten Entwicklungsstadien gegenüber geringer Luftfeuchtigkeit sehr empfindlich sind. Bei der Häutung trocknet die Exuvie häufig an den Sprungbeinen an und führt zu Verkrüppelungen.

Zweifleckgrillen: Ein Behälter mit den Abmessungen 40 × 20 × 20 cm ist ausreichend für 20 bis 25 Tiere. Die eingesetzten Eiablagegefäße werden wöchentlich ausgewechselt und in einen gesonderten Behälter gestellt. Hier schlüpfen die jungen Larven, die von Anfang an wie die erwachsenen Tiere ernährt werden. Will man Grillen in größeren Mengen züchten (z. B. zu Futterzwecken), empfiehlt es sich, mehrere Behälter gleichzeitig einzurichten, die im Wechsel beschickt werden. Eine schnelle Entwicklung ist nur unter gleichmäßig hohen Temperaturen (28 bis 30 °C) gewährleistet, doch pflanzen sich die Tiere auch noch bei 20 bis 22 °C fort. Gesamtentwicklung 68 bis 75 Tage (Zeitigungsdauer der Eier 11 bis 13 Tage) bei 25 °C.

Feldheuschrecken

Zu den Feldheuschrecken gehören die vielen kleinen Grashüpfer, die bei jedem Schritt, den wir auf einer Wiese gehen, nach allen Seiten springen und im Spätsommer ein vielstimmiges Zirpkonzert veranstalten. Allerdings ist ihr Gesang nicht so rein wie der von Laubheuschrekken, eher etwas kratzend und nicht so lang anhaltend. Dafür beteiligen sich manchmal auch die Weibchen am Musizieren. Wenn man eine Anzahl Feldheuschrecken zusammen hält, kommt es nicht selten zu einem lebhaften Wechselsingen. Dabei antworten die Tiere entweder einander, oder sie stimmen einfach an beliebiger Stelle ein, ohne sich um Laute und Pausen des anderen zu kümmern.

Neben den leicht beschaffbaren heimischen Vertretern sind noch eine ganze Reihe von Feldheuschrecken aus tropischen und subtropischen Gebieten für die Haltung im Terrarium geeignet. Vor allem die durch Größe und auffallende Farben gekennzeichneten Schön- und Buntschrecken erfreuen sich großer Beliebtheit unter den Terrarienfreunden. Auch die so berüchtigten Wanderheuschrecken haben in verschiedenen Arten weite Verbreitung gefunden, denn sie erweisen sich als sehr interessante und für eine Zucht geeignete Pfleglinge.

Haltung: Im wesentlichen können die für Grillen und Laubheuschrekken aufgeführten Behälter Verwendung finden, die entsprechend dem Vorkommen der einzelnen Arten mit Sand, ausgestochenen Grassoden oder Steinen eingerichtet werden. Als Sitzplätze für die Tiere stellt man einige Trockenäste ein. Ausreichende Helligkeit und Wärme (mit einer oder mehreren frei aufgehängten Glühlampen bzw. Strahlern erzielbar) sowie eine gute Durchlüftung der Behälter sind wesentliche Voraussetzungen für eine erfolgreiche Haltung von Feldheuschrecken. Bewohner tropischer Steppen- und Wüstengebiete (z. B. Wüstenwanderheuschrecke, Marokkanische Wanderheuschrecke) benötigen häufig eine starke nächtliche Temperaturabsenkung um 12 bis 15 °C, damit sie sich fortpflanzen. Konstant niedrige Luftfeuchten (30 bis 50 %) erweisen sich für die meisten Vertreter als optimal; lediglich bei Arten, die von sumpfigen Wiesen, Mooren usw. stammen, sollten die Behälter in regelmäßigen Abständen gesprüht werden.

Fütterung: Feldheuschrecken sind ausnahmslos Pflanzenfresser. Man kann sie mit Gras oder Getreide, ebenso Klee, Luzerne, Löwenzahn, Salat, in Scheiben geschnittenen Möhren, Äpfeln usw. ernähren; manche Arten (z. B. Buntschrecke, Ägyptische Knarrschrecke, Wanderheuschrecken) nehmen auch gern frisches Laub verschiedener Art (Eiche, Linde, Buche, Brombeere, Himbeere). Um Mangelerscheinungen vorzubeugen und gleichzeitig den Eiweißbedarf der Tiere zu decken, sollten zusätzlich Weizenkeime, Trockenmilchpulver oder fein zerstoßene Mäusepellets gereicht werden. Doch scheint nicht jedes Futter gleich gut der Entwicklung und Langlebigkeit der Heuschrecken zu dienen. Für die Ernährung heimischer Vertreter dürften vor allem Gräser eine ausschlaggebende Rolle spielen (fehlen diese, unterbleibt vielfach die sexuelle Ausreifung bzw. Eiablage). Im Sommer ist diese Hauptnahrung leicht beschaffbar und kann, in Wassergläser eingestellt, nach Bedarf gereicht werden. Ein wertvolles Winterfutter bildet angekeimter Weizen, den man sich leicht selbst heranziehen kann (Hinweise dazu siehe S. 43).

Trinkwasser erübrigt sich bei allen Arten, wenn regelmäßig Frischfutter geboten wird.

Zucht: Wie die Grillen und viele Laubheuschrecken legen auch Feldheuschrecken ihre Eier im Erdreich ab, meist in Zweierreihen waagerecht oder senkrecht in ein schaumiges Sekret eingebettet. Manche Arten (z. B. Ägypt. Knarrschrecke, Wüstenwanderheuschrecke) bohren ihren Hinterleib bis zu 12 cm tief in den Boden, so daß entsprechend hohe Ablagebehälter erforderlich sind. Bei einheimischen Vertretern (die sämtlich als Ei überwintern) können die mit Gelegen besetzten Gefäße bis zum Frühjahr an geschützter Stelle im Freien (Garten, Balkon) oder für 4 bis 5 Monate im Kühlschrank bei etwa 5 °C aufbewahrt werden (bei längerer Lagerung gehen die Schlupfresultate zurück), nach dem Warmstellen erfolgt der Schlupf der Tiere innerhalb von 2 bis 3 Wochen. Die jungen Larven verlassen die Gelege truppweise und be-

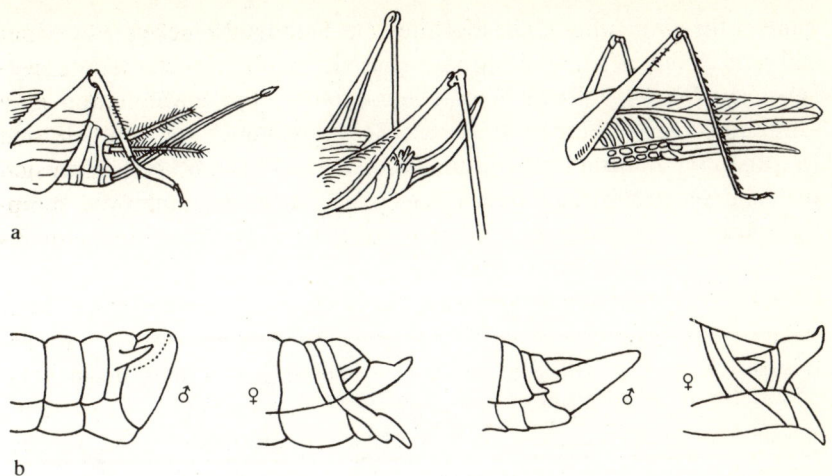

a

b

Abb. 19 Geschlechtsunterschiede bei Heuschrecken
a Laubheuschrecken, Grillen: ♀ mit deutlicher, oft säbelartiger Legeröhre, b Feldheuschrecken:
Hinterleibsende beim ♂ aufwärts gebogen, beim ♀ mit vier Legescheidenklappen

ginnen in der Regel sofort mit der Nahrungsaufnahme. Manche Arten, wie z. B. Grashüpfer, wollen anfangs möglichst zarte Gräser (Rispen-, Raigras u. a.), die den Tieren etwa 8 bis 14 Tage nach dem Keimen in flachen Schalen geboten werden (bei älteren Gräsern haben die frisch geschlüpften Larven oft Schwierigkeiten beim Anbeißen der Blätter). Afrikanische Wanderheuschrecke: Zur Zucht dienen geräumige, luftige Behälter (Abb. 18), deren obere Abdeckung und mindestens eine Seitenwand mit fester Gaze bespannt sind (Tüll oder ähnliche Materialien werden schnell zerbissen); eine Stoffreuse ermöglicht ein bequemes Hantieren im Inneren, ohne daß Tiere entweichen können. Wichtig für das Gelingen einer Zucht sind genügend Plätze zur Häutung (Kletteräste einstellen, glatte Flächen aufrauhen) und das Anbringen einer entsprechenden Licht- und Wärmequelle, die die relativ hohen Vorzugstemperaturen der Heuschrecken gewährleistet (30 bis 35 °C, nachts absinkend). Die Eiablage erfolgt in einer etwa 10 cm hohen Plastikdose mit großer Oberfläche (gefüllt mit einer Mischung aus gleichen Teilen Sand, Erde und Torf). Nach etwa einer Woche ersetzt man sie durch eine neue und überführt die mit Eiern belegte in einen zweiten Behälter, der zur Aufzucht der Larven dient. Diese haben mit zunehmendem Alter einen erstaunlichen Nahrungsbedarf, der vor allem im Winter eine vorausschauende Futterbereitstellung notwendig macht (rechtzeitig Ge-

75

treide ankeimen!). Bei einer täglichen Beleuchtungsdauer von 18 Stunden und entsprechender Wärme lassen sich auf diese Weise Wanderheuschrecken ohne Pause über Generationen hinweg vermehren. Gesamtentwicklung: 37 bis 46 Tage (Zeitigungsdauer der Eier 12 bis 16 Tage) bei 30 bis 35 °C; die Imagines werden nach 6 bis 8 Tagen geschlechtsreif und paaren sich, 4 bis 6 Tage später beginnen die Weibchen mit der Eiablage.

Haltung von Heuschrecken im Überblick

Deutscher (wissenschaftlicher) Name	Größe (mm)	Geographische Verbreitung, Biotop	Haltung	Bemerkungen
Grillen und Laubheuschrecken				
Großes Heupferd *(Tettigonia viridissima)*	28–42	h, auf Sträuchern, auch Wiesen u. Felder	Beh.-Typ II, V, LF	ebenso zu halten Zwitscherheupferd *T. cantans* (bes. Getreidefelder, Kartoffeläcker)
Nadelholz-Säbelschrecke *(Barbitistes constrictus)*	14–23	h, auf Bäumen	Beh.-Typ II, V, VI	Eiabl in Stengeln niedriger Pfl (Disteln, Vogelmiere u. a.)
Beißschrecke *(Metrioptera roeseli)*	14–18	h, feuchte Wiesen	wie oben	Eiabl in Pfl.-stengeln (z. B. Heidekraut)
Warzenbeißer *(Decticus verrucivorus)*	24–44	h, Wiesen und Felder	wie oben	
Sattelschrecke *(Ephippiger ephippiger)*	20–30	Südeuropa, nördl. bis ČSSR, BRD	Beh.-Typ II, V, VI, T = 25–30 °C	
Plumpschrecke *(Isophya pyrenaea)*	16–26	h, auf Sträuchern	Beh.-Typ II, V, T = 25–30 °C LF	
Sägeschrecke *(Saga pedo)*	60–67	Südeuropa, nördl. bis ČSSR, Österreich	wie oben	Einzelhaltung, Fortpfl hauptsächlich durch Jungfernzeugung
Feldgrille *(Gryllus campestris)*	20–26	h, trockene Wiesen, Hänge, Feldraine	Beh.-Typ II, V	möglichst nur einzeln od. paarweise halten

Deutscher (wissen-schaftlicher) Name	Größe (mm)	Geographische Verbreitung, Biotop	Haltung	Bemerkungen
Zweifleck-Grille (Gryllus bimaculatus)	35–40	Mittelmeergebiet, Vorderasien	Beh.-Typ II, V, T = 25–30 °C	Haltung in größeren Gruppen möglich
Heimchen (Acheta domestica)	16–20	h, in warmen Gebäuden, gelegentl. auf Müllhalden	wie oben	wie oben, ausbruchsichere Unterbringung erforderlich
Maulwurfsgrille (Gryllotalpa gryllotalpa)	35–50	h, in Gängen im Boden	Beh.-Typ II od. Beobachtungsküv.	möglichst nur einzeln od. paarweise halten, ♀ betreibt Brutpflege
Afrik. Höhlengrille (Pholeogryllus geertsi)	20–25	Sambia	mögl. Spezialbeh. T = 25 °C	zirpen nicht
Gewächshausschrecke (Tachycines asynamorus)	13–19	h, bei uns nur in Gewächshäusern	wie oben T = 25–30 °C, LF	wie oben, vermögen bis 1,5 m weit zu springen!

Feldheuschrecken

Deutscher (wissen-schaftlicher) Name	Größe (mm)	Geographische Verbreitung, Biotop	Haltung	Bemerkungen
Grashüpfer (Chorthippus, Stenobothrus u. a.)	12–26	h, bes. Wiesen, Ödland, auch Moore, Teichufer	Beh.-Typ II, V, VI, ○	bei uns ca. 20 einander sehr ähnliche Arten mit oft sehr unterschiedl. Ansprüchen an LF und Bodenbeschaffenheit
Ödlandschrecken (Oedipoda)	15–28	h, Ödland, trockene Hänge	Beh.-Typ II, V, VI T = 25–30 °C, ○	Bodengr entsprechend Färbung der Tiere wählen
Afrik. Wanderheuschrecke (Locusta migratoria migratorioides)	30–59	Zentralafrika	Beh.-Typ V, VI, T = 30–35°°C, ○	Winteraufzucht nur mit Keimweizen möglich
Wüstenwanderheuschrecke (Schistocerca gregaria)	44–62	Nordafrika bis Zentralasien	Beh.-Typ V, VI, T = 30–35 °C, ⇅↓, ○	ebenso zu halten Marokk. Wanderheuschrecke Dociostaurus maroccanus

77

Deutscher (wissen-schaftlicher) Name	Größe (mm)	Geographi-sche Verbrei-tung, Biotop	Haltung	Bemerkungen
Ägypt. Knarrschrecke *(Anacridium aegyptium)*	30–65	Mittelmeer-gebiet, Vorderasien	wie oben	zirpen mit den Ober-kiefern, als Winter-futter auch immer-grüner Schneeball, Lorbeerkirsche
Schönschrecke *(Calliptamus italicus)*	15–34	h, Ödland	Beh.-Typ V, VI T = 25–30 °C, ○	zirpen mit den Ober-kiefern (die lautlosen Schenkelbewegungen sind nur Begleit-erscheinungen)
Spanische Heuschrecke *(Eyprepocnemis plorans)*	30–43	westl. Mittel-meergebiet	wie oben	als Winterfutter auch Brombeere und Gemüse
Nasenschrecke *(Acrida hungarica)*	34–54	Südeuropa, nördl. bis Ungarn	wie oben	teilweise räuberisch lebend
Buntschrecken *(Romalea)*	53–70	Nordamerika	Beh.-Typ V, LF, ○	einzelne Arten Fut-terspezialisten

Wanzen und Zikaden

Wenn von Wanzen die Rede ist, denkt man zumeist mit ein wenig Ab-scheu an die berüchtigte Bettwanze als den Inbegriff des Ekelhaften und Schmutzigen. Man übersieht dabei aber, daß nahezu alle übrigen Ver-treter dieser artenreichen Ordnung ein völlig anderes Leben führen und als Gesundheitsschädlinge überhaupt nicht in Betracht kommen. Wer einmal alle Vorurteile vergißt und diese Insekten aus nächster Nähe be-trachtet, wird neben der großen Zahl unauffälliger Arten nicht wenige finden, die ihrer bizarren Gestalt oder schönen Zeichnung wegen das Auge jedes Naturfreundes auf sich ziehen. Außerdem liefern uns die Wanzen und auch die ihnen verwandtschaftlich sehr nahestehenden Zi-kaden eine ganze Reihe zur Beobachtung oder für einen Zuchtversuch geeignete Arten. Wohl am bekanntesten sind die auffallend rot und schwarz gefärbten Feuerwanzen *(Pyrrhocoris apterus),* die oft recht zahlreich am Fuße alter Linden sitzen oder an Mauern herumlaufen. Wir können sie vom zeitigen Frühjahr an in allen Entwicklungsstadien leicht aufsammeln und zu Hause ohne Schwierigkeit halten und zur Fortpflanzung bringen. Besonders attraktiv wirkt ein mit einer größeren Anzahl Feuerwanzen besetztes Terrarium. Ebenfalls einfach zu pflegen sind die ansprechend gezeichneten Milchkrautwanzen *(Oncopeltus fasciatus)* aus Nordamerika und die afrikanischen Zweifleckraubwanzen *(Platymeris biguttatus)*, die sich auch gut für eine Dauerzucht eignen.

Die meisten Wanzen und Zikaden erfordern allerdings einen verhältnismäßig hohen Aufwand an Pflege, insbesondere was die Erfüllung ihrer spezifischen Nahrungsansprüche anbelangt. An Pflanzen saugende  Arten benötigen ihre Wirtspflanzen stets in frischem, mitunter eingetopftem Zustand; den räuberisch lebenden Arten, die oftmals zu Raubbeinen umgewandelte Vorderbeine besitzen, sind die für sie geeigneten Nahrungstiere anzubieten.

Haltung: An Pflanzen lebende Vertreter können wir in Zylindern (Beh.-Typ III) oder höheren Glasgefäßen (Industriegläsern u. a.) unterbringen, die als einzige Einrichtung die Futterpflanze (geschnitten oder eingetopft) enthalten. Manche Arten (z. B. Wiesenschaumzikade) benötigen eine hohe Luftfeuchtigkeit, die Behälter sind dann entsprechend abzuwandeln (Möglichkeiten siehe Abb. 4). Ein Bodengrund ist nicht unbedingt erforderlich, da ein in der Erde ruhendes Puppenstadium fehlt. Tiere, die sich unmittelbar am Boden aufhalten, werden am besten in flachen Glasschalen oder Haushaltplastikdosen gepflegt; eine geringe Erdschicht und etwas Laub als Schlupfwinkel sind völlig ausreichend. Für Zweifleckraubwanzen (die übrigens sehr schmerzhaft stechen können) oder Feuerwanzen lassen sich größere Glasbecken mit Stammabschnitten oder Baumstubben und sparsamer Bepflanzung (z. B. Brombeere, Efeu) sehr dekorativ gestalten.

Fütterung: Die überwiegende Mehrzahl der Wanzen und die Zikaden saugen an Pflanzen; eine ganze Reihe hat sich auf wenige oder ganz bestimmte Arten spezialisiert (vgl. Tab.) und nimmt keine anderen an. Im allgemeinen genügt es, die Futterpflanzen als Schnittzweige in mit Wasser gefüllten Gläsern zu reichen (für erdbewohnende Arten legt man sie einfach auf den Bodengrund und muß sie möglichst täglich erneuern). Bei Futterwechsel ist die alte Nahrung auf das Vorhandensein von Eigelegen zu untersuchen. An Wurzeln saugende Arten (z. B. Larven der Blutzikade) können vielfach nur an der lebenden, eingetopften Pflanze gehalten werden. Größere Schildwanzen nehmen zusätzlich auch Obst

Deutscher (wissen-schaftlicher) Name	Größe (mm)	Geographische Verbreitung, Biotop	Haltung	Bemerkungen
Feuerwanze *(Pyrrhocoris apterus)*	9–11	h, am Fuße von Linden, seltener an Malven	Beh.-Typ II, V mit Bodengr Stammabschn.	ebenso zu halten Milchkrautwanze *(Oncopeltus fasciatus)*
Ritterwanze *(Lygaeus equestris)*	10–12	h, bes. an Schwalbenwurz	Beh.-Typ II, III, V mit Futterpfl, Bodengr	hält sich gern am Boden auf
Schmuckwanze *(Eurydema ornatum)*	6–8	h, bes. an Kreuzblütlern, z. B. Raps, Kohl	Beh.-Typ II, III, mit Futterpfl	Färbung veränderlich. Ebenso zu halten Kohlwanze *(E. oleraceum)*
Braune Beerenwanze *(Dolycoris baccarum)*	10–12	h, an versch. Kräutern u. Sträuchern, z. B. Disteln, Brombeere, Himbeere	wie oben	charakt. »Wanzen«geruch verbreitend
Große Saumwanze *(Coreus marginatus)*	12–15	h, bes. an Sauerampfer	wie oben	stark nach Äpfeln duftend
Streifenwanze *(Graphosoma lineatum)*	8–12	h, an Doldenblütlern, bes. Wilde Möhre	wie oben	
Zweifleckraubwanze *(Platymeris biguttatus)*	38–40	Ostafrika	Beh.-Typ II, V, T = 25–30 °C, LF	zur Eiabl rissige Rindenstücke
Wiesenschaumzikade *(Philaenus spumarius)*	5–6	h, in Schaumhülle (»Kuckucksspeichel«) an versch. krautigen Pfl	Beh.-Typ III b mit Futterpfl	ebenso zu halten Erlenschaumzikade *(Aphrophora alni)*
Blutzikade *(Cercopis vulnerata)*	9–11	h, an Gras u. krautigen Pfl, z. B. Brennessel	Beh.-Typ III, II m. Futterpfl (zur Zucht eingetopft)	L saugen an Wurzeln der Futterpfl

oder Beeren an, zahlreiche Zikaden können als Vollkerfe unspezifisch mit süßen Säften (Honig, Sirup, Zucker) ernährt werden.

Völlig unproblematisch ist die Fütterung von Feuerwanzen (Früchte von Linde oder Malve, auch Lindenblüten) und Milchkrautwanzen (Sonnenblumenkerne, geöffnet), daneben werden in regelmäßigen Abständen tierische Beikost (zerdrückte kleine Insekten, zerschnittene Mehlwürmer) und etwas Obst oder Gemüse gereicht. Den räuberisch lebenden Wanzen sollten die entsprechenden Beutetiere (kleine Insekten, Spinnen und deren Entwicklungsstadien) möglichst lebend geboten werden, vielfach werden aber auch zerdrückte Futtertiere angenommen.

Zucht: Zahlreiche Arten überwintern als Vollinsekten und paaren sich im Frühjahr, sie sind spätestens im Mai oder Juni einzutragen. Zur Eiablage dienen im allgemeinen die Futterpflanzen, manche Arten benötigen dazu unbedingt eine Erdschicht (verschiedene Bodenwanzen, Feuerwanze, Blutzikade u.a.) oder z.B. morsches Holz (Große Raubwanze); nicht selten werden die Eier auch unmittelbar an der Behälterwand abgelegt. Die ausgeschlüpften Larven sind in den meisten Fällen wie die erwachsenen Tiere zu halten. Um ihre Entwicklung besser verfolgen zu können, ist ein Umsetzen in gesonderte Aufzuchtbehälter (kleine Haushaltplastikdosen, Petrischalen u.a.) mitunter von Vorteil.

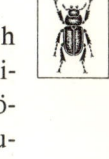

Ohne größeren Aufwand lassen sich Feuerwanzen vermehren. Als Eiablagebehälter werden flache, mit feuchter Erde gefüllte Gefäße (z.B. Petrischalen, Plastikuntersetzer) verwendet, oder man hält einfach im Terrarium eine Ecke des Bodengrundes etwas feuchter. Die nach 5 bis 6 Tagen schlüpfenden Larven fressen das gleiche wie die Vollinsekten, nur sollten anfangs die Lindenfrüchte möglichst von ihren harten Schalen befreit bzw. auf nassen Zellstoff gelegt werden. Außerdem ist dafür zu sorgen (vor allem bei einer hohen Individuendichte), daß immer genügend Platz zum Häuten vorhanden ist (harmonikaartig gefaltetes Papier einlegen!). Wasser sollte in Docht- oder Tellertränken stets zur Verfügung stehen. Bei lang anhaltender Beleuchtung – täglich 18 Stunden – lassen sich mehrere Generationen hintereinander züchten; früher oder später kommt es allerdings zu Degenerationserscheinungen, so daß man sich besser wieder einen neuen »Zuchtansatz« aus dem Freiland beschafft. Gesamtentwicklung 30 bis 35 Tage bei 22 bis 25 °C.

Ohrwürmer

Die jedermann bekannten Ohrwürmer sind interessante Pfleglinge in unserem Insektarium. Es sind völlig harmlose Tiere, die nicht in die Ohren der Menschen kriechen und ihre Zangen lediglich zur Paarung und zur Verteidigung gegenüber Feinden benutzen, und selbst die größten Arten vermögen die menschliche Haut keinesfalls zu verletzen. Wir finden sie unter Steinen, loser Baumrinde, im Fallaub oder zwischen Blüten und zusammengerollten Blättern in oft großer Anzahl. Durch Auslegen von hohlen Pflanzenstengeln oder aufgerollten Wellpappestreifen lassen sie sich auch leicht anlocken. Wenn wir uns im Herbst zur Fortpflanzungszeit ein paar Ohrwürmer nach Hause holen, können wir vielleicht die Paarung, bestimmt aber die Weibchen bei ihren in Erdgängen deponierten Eigelegen beobachten. Sie liegen meist wie brütend darüber, belecken öfter die Eier, die sie dabei zwischen den Mundwerkzeugen hin und her bewegen, und fressen verdorbene auf. Ihr Brutpflegeinstinkt ist so stark entwickelt, daß sie sich dabei überhaupt nicht stören lassen und man ihnen auch fremde Eier unterlegen kann, ohne daß sie es merken. Um das Verhalten solcher »brütenden« Weibchen besser beobachten zu können, setzen wir einige mit ihren Eigelegen in schmale Glasküvetten um. Nach etwa 3 bis 4 Wochen schlüpfen die jungen Larven; sie werden noch eine Zeitlang von der Mutter betreut, und – falls sie sich zu weit entfernen – von ihr gleich wieder zurückgeholt.

Haltung: Es genügt, flache Schalen (z. B. Petrischalen), Gläser oder Haushaltplastikdosen mit Erde, Laub und Borkenstückchen oder Blumentopfscherben (als Versteckplätze) einzurichten, etwa 100 cm^2 sind für 3 bis 7 Paare ausreichend. Obwohl die meisten Arten gut ausgebildete Flügel besitzen, machen sie nur selten oder gar keinen Gebrauch davon (Ausnahme Kleiner Zangenträger, *Labia minor*). Für eine Haltung von Ohrwürmern gut geeignet sind auch einfache Beobachtungsnester für Ameisen (Beh.-Typ VII c).

Fütterung: Ohrwürmer werden mit weichem Obst oder Gemüse (z. B. Kohl, Salat) sowie zerquetschten Insekten oder zerschnittenen Mehlwürmern gefüttert, auch Blattläuse und andere kleinere Gliederfüßer können gereicht werden.

Zucht: Die Paarung des Gemeinen Ohrwurmes *(Forficula auricularia)* erfolgt vom Spätherbst bis zum Frühjahr. Während der Brutpflege sollten die Weibchen, die bis zum Schlüpfen der Jungen keine Nahrung zu sich

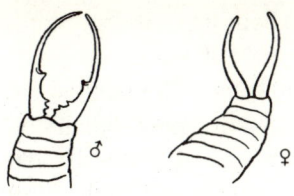

Abb. 20   Geschlechtsunterschiede bei Ohrwürmern
Zangen beim ♂ meist länger und stärker gekrümmt

nehmen, möglichst wenig gestört werden. Eine Aufzucht der Larven ohne das Muttertier ist schwierig. Gesamtentwicklung 5 bis 6 Monate (Zeitigungsdauer der Eier 4 bis 5 Wochen bei Zimmertemperatur). Lebensdauer der erwachsenen Tiere etwa 8 bis 10 Monate.

Käfer

Diese mit Abstand formenreichste Insektenordnung liefert eine große Zahl geeigneter Heimtiere. Es gibt auf unseren Streifzügen durch die Natur vielerorts genügend Gelegenheit – auf Pflanzen und Sträuchern, im Holz, unter Steinen und Baumrinde, auf freien Bodenflächen und selbst in unserem unmittelbaren Wohnbereich –, entsprechende Arten für das Insektarium aufzuspüren.

In erster Linie sind es die Vollkerfe, die durch ihre ansprechende Färbung, ihre Gestalt oder Lebensweise den Liebhaber zur Haltung und Beobachtung anregen. Als Insekten mit vollkommener Verwandlung leben die Larven oft verborgen im Boden, in Pflanzenteilen oder im Baummulm und verlangen im allgemeinen eine andere Pflege als die erwachsenen Tiere.

Laufkäfer

Laufkäfer gehören zu den interessanten Bewohnern eines Terrariums. Vor allem die größeren Arten (*Carabus, Cychrus* u. a.) sind für eine längere Haltung gut geeignet. Wir finden sie beim Umwenden von Steinen, unter Brettern und losen Rindenstücken oder frei umherlaufend; auch in Bodenfallen lassen sie sich leicht anlocken. Will man Laufkäfer mit der Hand fangen, sollte man sie möglichst nur mit Daumen und Zeigefinger an den Flanken ergreifen, denn der Geruch ihres intensiv duftenden Wehrsekretes kann einem noch lange anhaften.

Besonders reizvoll ist die Haltung der schlankbeinigen, flinken Sand-laufkäfer (Cicindelidae). Wir begegnen ihnen am häufigsten auf Wald- und Feldwegen oder an anderen spärlich bewachsenen Stellen, wo sie außerordentlich rasch am Boden dahinrennen. Wenn man sich ihnen nähert, fliegen sie unerwartet schnell auf, setzen sich aber meist nach wenigen Metern wieder nieder. Man glaubt sie schon zu haben, und doch sind sie wieder weg. Jeder, der den Sandlaufkäfern schon einmal nachgestellt hat, weiß, mit welchen Mühen das Fangen verbunden ist. Im Insektarium entwickeln diese licht- und sonnenliebenden Tiere eine erstaunliche Aktivität; ständig sind sie auf Jagd nach Beutetieren, die sie mit ihren spitzen, wie Zangen aussehenden Oberkiefern blitzschnell überwältigen.

Gelegentlich gelangen auch Vertreter aus subtropischen und tropi-schen Gebieten zu uns (*Anthia* u. a.). Die oft sehr ansprechend gefärbten Tiere erweisen sich im Terrarium vielfach als interessante und ausdau-ernde Pfleglinge, ihre Vermehrung ist allerdings bisher nur selten gelun-gen.

Eine ähnliche Lebensweise wie die Laufkäfer führen zahlreiche Kurz-flügler (Staphylinidae). Wir können sie deshalb auf ebensolche Weise halten, doch kommen für unsere Zwecke mehr die großen Arten in Be-tracht. Auch die Aaskäfer (Silphidae) müssen hier erwähnt werden. Sie sind eigentlich ungenau benannt, denn eine Reihe ihrer Vertreter lebt räuberisch wie die vorstehenden Arten und ist deshalb auch wie diese zu behandeln.

Haltung: Es genügt, ein Vollglasbecken oder eine größere Plastikschale mit Erde, Moos und Steinen einzurichten. Wichtig dabei ist, für ausrei-chend Versteckmöglichkeiten und Bodenfeuchtigkeit zu sorgen. Pup-penräuber (auch ihre Larven) benötigen zum Klettern kleine Äste, Stammabschnitte oder ähnliches. Die tagaktiven Sandlaufkäfer dagegen bevorzugen trockenen, sandigen Untergrund. Man muß ihnen genügend freie Flächen belassen, damit sie ungehindert umherlaufen können; auch ihre Beute jagen sie lieber auf vegetationsarmen Stellen.

Bei reichlicher Fütterung lassen sich Laufkäfer trotz ihrer räuberi-schen Lebensweise gut in Gesellschaften (auch verschiedene Arten an-nähernd gleicher Größe) halten.

Fütterung: Mehrmals wöchentlich werden kleine Insektenlarven (z. B. Mehlwürmer, Raupen), Nacktschnecken oder Regenwürmer, als Ersatz auch frisches rohes Fleisch (zerschnitten auf einer Glasplatte) gegeben. Schaufelkäfer *(Cychrus)* sind spezialisiert auf Gehäuseschnecken, Getreidelaufkäfer erhalten überwiegend vegetarische Kost (frische Halme, milchreife Getreidekörner). Sandlaufkäfer wollen ihre Beute erjagen und verlangen möglichst lebende Futtertiere (Fliegen, Spinnen, Asseln). Wasser sollte in Tränken immer zur Verfügung stehen.

Zucht: Die Weibchen legen ihre Eier einzeln in den Erdboden ab. Die räuberisch lebenden Larven werden zur Aufzucht getrennt in kleine, mit feuchtem Filterpapier ausgelegte Behälter (z. B. Petrischalen) umgesetzt und mit zerschnittenen Raupen, Mehlwürmern, Regenwürmern u. a. gefüttert (Nahrungsreste täglich entfernen!). Sobald die ausgewachsenen Larven nicht mehr fressen und umherzuwandern beginnen, setzt man sie erneut in ein größeres Glasbecken mit einer 3 bis 5 cm hohen Erdschicht um, in der sie sich verpuppen. Die Larven der Sandlaufkäfer leben in selbstgegrabenen Erdröhren und sollten unmittelbar im Insektarium verbleiben. Ihre Entwicklung dauert relativ lange (bis zu 2 Jahren), so daß ein Eintragen bereits größerer Larven und deren Aufzucht in Glasküvetten oder Reagenzgläsern (außerhalb der Beobachtungszeit verdunkeln) weniger aufwendig ist als die Zucht. Gesamtentwicklung beim Goldlaufkäfer 65 bis 78 Tage (Zeitigungsdauer der Eier 6 bis 8 Tage, Puppenruhe 28 bis 35 Tage) bei Zimmertemperatur.

Marienkäfer

Diese so bekannten und ansprechend gezeichneten Käfer sind von den ersten Sonnentagen des Jahres an beinahe überall anzutreffen und lassen sich im Insektarium ohne Schwierigkeiten zur Fortpflanzung bringen. Da ihre Larven frei auf Pflanzen leben und sich dort auch verpuppen, kann man die gesamte Entwicklung der Tiere unmittelbar verfolgen. Vor allem im Frühjahr eingetragene Weibchen legen schnell Eier ab. Die bereits nach wenigen Tagen schlüpfenden Larven sind schön bunt gefärbt und führen eine ebenso räuberische Lebensweise wie die Käfer. Es ist außerordentlich reizvoll, sie beim Beutefang auf einem mit Blattläusen besetzten Pflanzentrieb zu beobachten. Die Larven wachsen schnell heran und häuten sich in einem Monat mehrmals, dann verpuppen sie sich an Blättern oder der Behälterwand. Die Puppenruhe währt nicht lange, schon nach einer Woche schlüpfen die bleichen Käfer, die erst Tage später richtig ausgefärbt sind. Wenn die Haltungsbedingungen günstig sind, dauert die ganze Entwicklung unserer Marienkäfer nur 6 bis 7 Wochen.

Ebenso wie Marienkäfer können auch die größeren Arten der Weichkäfer (Cantharidae) gehalten werden. Es sind die allbekannten, recht auffallend gefärbten Soldatenkäfer oder »Franzosen«, die man im Sommer auf Sträuchern und Schirmblüten stellenweise sehr häufig antrifft.

Haltung: Zur besseren Beobachtung wähle man möglichst kleine Behälter, wie Haushaltplastikdosen oder Petrischalen verschiedener Größe, für eingetopfte Pflanzen auch Zylinder (Beh.-Typ III); eine Bodenschicht ist nur zur Zucht von Weichkäfern erforderlich.

Fütterung: Marienkäfer ernähren sich vor allem von Blattläusen (seltener Schildläusen), die am besten zusammen mit den Pflanzentrieben in die Behälter eingebracht werden. Die Anzahl der benötigten Beutetiere ist erstaunlich groß (bis zu 200 täglich!); doch sind nicht alle Blattläuse gleichermaßen als Futter geeignet, z. B. wirkt die Schwarze Holunderblattlaus auf den Siebenpunkt toxisch, wird aber von anderen Marienkäfern vertragen. Einige wenige Arten verlangen ausschließlich pflanzliche Kost (Mehltaupilze u. a.).

Weichkäfer erhalten neben Blattläusen zusätzlich noch zerschnittene Mehlwürmer, Fliegen und etwas BH-Teig (siehe S. 46).

Zucht: Wenige Tage nach der Paarung setzen die Marienkäferweibchen an den Pflanzen oder der Behälterwand Eihäufchen ab. Diese werden mit einem feuchten Pinsel abgelöst und in kleine Petrischalen oder Glastuben umgesetzt, in denen die Aufzucht der Larven erfolgt (zur Regulierung der Feuchtigkeit Filterpapierstreifen einlegen und gegebenenfalls mit einigen Wassertropfen versehen). Um Verluste durch Kannibalismus zu vermeiden, sollten die Tiere nach der zweiten Häutung möglichst einzeln oder höchstens in wenigen Exemplaren zusammen gehalten werden. Die Larven sind täglich mit frischen Blattläusen zu füttern.

Weichkäfer legen ihre Eier gern unter eingelegten Papp- oder Borkenstückchen auf der Erde ab. Die räuberischen Larven leben am oder im Boden und sind wie die der Laufkäfer aufzuziehen. Die Verpuppung erfolgt im gleichen Behälter.

Schwarzkäfer

Unter den Schwarzkäfern finden sich zahlreiche ausdauernde Arten, die man jahrelang im Terrarium pflegen und zum Teil auch über Generationen hinweg vermehren kann. Wegen ihrer geradezu problemlosen Haltung zählen sie zu idealen Studienobjekten für jeden neuen Insektenfreund.

Die meist einfarbig dunklen Tiere führen bei uns eine vorwiegend nächtliche Lebensweise. Einige recht stattliche Arten halten sich in unmittelbarer Nähe des Menschen, so in Kellern, Ställen oder Lagerhäusern, auf und sind hier gelegentlich in größerer Anzahl zu fangen. Diese völlig schwarzen Tiere werden im Volksmund Totenkäfer genannt, und sicher können sie abergläubischen Menschen einen großen Schrecken einjagen, wenn sie zu später Stunde aus ihren Verstecken hervorkommen und lautlos durch die Wohnzimmer alter Häuser laufen.

Besonders viele gut haltbare Schwarzkäfer liefern uns die Trockensteppen und Wüstenlandschaften subtropischer Gebiete, wo auch tagaktive und schön metallisch glänzende Arten anzutreffen sind.

Haltung: Ein Vollglasbecken oder eine flache Plastikschale sind zur Unterbringung von Schwarzkäfern völlig ausreichend. Die Behälter können entsprechend dem Herkunftsbiotop der Tiere gestaltet werden (Beh.-Typ V b, V c), eine Abdeckung ist nicht erforderlich. Die Arten sind untereinander verträglich.

Fütterung: Die meisten Vertreter sind äußerst genügsam. Käfer und Larven erhalten jegliches Grünzeug und Obst, wie Löwenzahn, Kohl, Salat, Möhren, Kartoffeln, Äpfel oder Birnen, daneben auch Brot, Haferflocken, Semmelreste u. a. Vielfach muß das Futter erst völlig ausgetrocknet sein, ehe es gefressen wird. Manche (z. B. Großer Schwarzkäfer) schätzen auch etwas tierische Beikost: zerschnittene Insekten und deren Larven, auch frisches Fleisch, das aber nach kurzer Zeit aufgezehrt sein sollte. An Wurzeln lebenden Nahrungsspezialisten sind die entsprechenden Futterpflanzen in eingetopftem Zustand bzw. eine Ersatznahrung (z. B. Gemeiner Staubkäfer: Kartoffeln) anzubieten.

Zucht: Viele Schwarzkäfer vermehren sich ohne größeres Zutun. Voraussetzung ist eine genügend hohe Bodenschicht (mindestens 6 bis 8 cm), worin die Eier abgelegt werden und in der sich auch die Larven entwickeln und verpuppen. Als Substrat eignet sich ein lockeres Sand-Erde-Gemisch (für manche tropische Arten auch Baummulm). Damit die Eier nicht austrocknen, muß es immer etwas feucht gehalten werden. Die Larven kommen nachts zur Nahrungsaufnahme an die Bodenoberfläche. Bei stärkerem Besatz wird ein Teil der Tiere in einen anderen Behälter umgesetzt, um größere Verluste durch Anfressen der Puppen (auch Störungen während der Häutungsphase) zu vermeiden. Gesamtentwicklung des Totenkäfers 8 bis 12 Monate (Zeitigungsdauer der Eier 14 bis 21 Tage, Puppenruhe 24 bis 30 Tage) bei Zimmertemperatur.

Mehlkäfer, deren Larven (»Mehlwürmer«) wiederholt als geeignetes Futter für wirbellose Tiere genannt werden, lassen sich unmittelbar im Futtermedium vermehren. Als Zuchtgefäß verwenden wir am besten Kunststoffbehälter (etwa 30 × 20 × 20 cm, Deckel mit Gazeteil), die zu Zweidrittel mit einem Gemisch von Weizenkleie und Haferflocken gefüllt sind. Dieses Nährsubstrat wird mit zerknülltem Zeitungspapier oder Wellpappestückchen aufgelockert und oben mit einem in mehrere Lagen gefalteten Wollappen (auch Sackleinenstückchen) abgedeckt. Um eine schnelle Entwicklung der Larven zu erreichen, wird zusätzlich mit Obst- und Gemüseteilen (auf einer Kunststoffplatte über dem Stofflappen) gefüttert. Dabei ist zu beachten, daß nur immer so viel feuchtes Futter gegeben wird, wie die »Würmer« in ein bis zwei Tagen auffressen (Schimmelbildung bzw. Milbenbefall!). Will man größere Mengen züchten, ist es zweckmäßig, mehrere Behälter einzurichten (die frisch geschlüpften Käfer für einen neuen Ansatz von der Oberfläche ablesen und umsetzen). Die Behälter sollen dunkel und stets warm stehen. Gesamtentwicklung 4 bis 6 Monate (Zeitigungsdauer der Eier 6 bis 8 Tage, Puppenruhe 6 bis 10 Tage) bei 25 °C.

Ebenso produktiv und gut geeignet für eine Futtertierzucht ist der Große Schwarzkäfer (Tab.), dessen Larven eine Länge von 6 cm erreichen. Gesamtentwicklung 3 bis 4 Monate (Zeitigungsdauer der Eier 8 bis 12 Tage, Puppenruhe 16 bis 25 Tage) bei 25 bis 30 °C.

Roßkäfer und Pillendreher

Ein interessanter Pflegling ist der schöne, stahlblaue Roßkäfer *(Geotrupes vernalis)*, dem wir in trockenwarmen Mischwäldern im Frühjahr häufig begegnen. Im entsprechend eingerichteten Behälter legt er für seine Brut trichterförmige Stollen an, von denen horizontal verlaufende Seitengänge abzweigen. Noch attraktiver sind die großen Pillendreher, die gelegentlich von Reisen aus südlichen Ländern mitgebracht werden. Sie zeigen sich im Insektarium sehr lebhaft und formen auch hier mit viel Geschick und Fleiß weiter ihre »Pillen«, um sie dann im Boden einzugraben. Dabei unterwühlen sie die Kugel und schieben den darunter liegenden Sand beiseite, so daß diese durch ihr eigenes Gewicht allmählich versinkt. Wer sich nicht scheut, seinen Käfern hierfür ständig das entsprechende Substrat – frischen Dung von Huftieren – bereitzustellen, kann interessante Beobachtungen über das Brutfürsorgeverhalten anstellen.

Deutscher (wissen-schaftlicher) Name	Größe (mm)	Geographische Verbreitung, Biotop	Haltung	Bemerkungen
Laufkäfer				
Sandlaufkäfer (*Cicindela*)	10–15	h, auf trocke-nem, spärlich bewachs. Boden	Beh.-Typ V c sand. Bodengr T = 25–30 °C, ⚥ ↓, ○	gewandte Flieger
Großlaufkäfer (*Carabus*)	15–40	h, unter Stei-nen, Holz, Laub	Beh.-Typ II, V, Bodengr	Goldlaufkäfer (*C. auratus*) typ. Tagtier
Puppenräuber, Kletterlaufkäfer (*Calosoma*)	16–30	h, auf Büschen u. Bäumen	Beh.-Typ III, V, VI, m. Stamm-abschn., Zweige	z. T. tagaktiv
Getreidelaufkäfer (*Zabrus tenebrioides*)	14–17	h, Getreide-felder	Beh.-Typ III, m. Getreidepfl	nachts auf die Getreidehalme kletternd
Kurzflügler				
Moderkäfer (*Ocypus olens*)	22–32	h, bes. in Laub-wäldern	Beh.-Typ I, II, VII c	ebenso zu halten alle größeren Kurzflügler (*Sta-phylinus, Parabe-mus* u. a.)
Aaskäfer				
Totengräber (*Necrophorus*)	12–30	h, an Kadavern von Wirbel-tieren	Beh.-Typ II, V, Bodengr	als »Aas« auch rohe Fleisch-stücke
Rübenaaskäfer (*Blitophaga opaca*)	9–12	h, bes. auf Rübenfeldern	Beh.-Typ II, III, V	Fütterung m. Rübensetzlingen, Möhre, Klee, Salat u. a.
Vierpunktiger Aaskäfer (*Xylodrepa quadri-punctata*)	12–14	h, auf Sträu-chern u. Bäumen	Beh.-Typ III, V m. Stamm-abschn., Zweige	Fütterung wie Puppenräuber
Marienkäfer				
Siebenpunkt (*Coccinella septem-punctata*)	5–8	h, auf Pfl., wo Blattläuse vor-kommen	Beh.-Typ I, II, III	ebenso zu halten alle anderen blattlausfressen-den M.

Deutscher (wissen-schaftlicher) Name	Größe (mm)	Geographische Verbreitung, Biotop	Haltung	Bemerkungen
Weichkäfer				
Soldatenkäfer (Cantharis fusca)	10–15	h, auf Sträuchern u. Blüten	Beh.-Typ II, III m. Bodengr	regelmäßig frische Blüten (Doldenbl.) reichen
Blasenkäfer				
Ölkäfer, »Maiwurm« (Meloë violaceus)	10–32	h, an grasigen Hängen	Beh.-Typ II, V	Fütterung mit Löwenzahn, Hahnenfuß, Veilchen u. a., BT-Teig
Schwarzkäfer				
Totenkäfer (Blaps)	20–24	h, in Kellern u. Lagerhäusern	Beh.-Typ II, V m. Bodengr	ebenso zu halten Gnaptor spinimanus, wärmeliebend
Großer Schwarzkäfer (Zophobas morio)	30–34	Südamerika	wie oben T = 25–30 °C, zur Eiabl rissige Holzstücke	regelmäßig auch Fleischnahrung
Feistkäfer (Pimelia u. a.)	18–28	Steppen- u. Wüstengebiete Afrikas u. Asiens	Beh.-Typ V c, T = 25–30 °C, ⌂ ↓	auch tagaktive Arten
Roßkäfer und Pillendreher				
Roßkäfer, Mistkäfer (Geotrupes)	12–20	h, trockene Mischwälder	Beh.-Typ V, hoher Bodengr	ebenso zu halten u. a. Mondhornkäfer (Copris), Stierkäfer (Typhoeus)
Pillenwälzer (Sisyphus schaefferi)	7–12	h, in Mitteleuropa an wärmebegünstigten Stellen	Beh.-Typ V c, T über Bodenoberfl. = 30 °C, ⌂ ↓, ○	benötigt Schafkot zur Zucht
Pillendreher (Scarabaeus u. a.)	30–43	Steppen- u. Wüstengebiete Afrikas u. Asiens	Beh.-Typ V c, T über Bodenoberfl. = 35–40 °C, ⌂ ↓, ○	zusätzlich Wasser m. Traubenzukker u. Vitaminpräp. reichen

Deutscher (wissen-schaftlicher) Name	Größe (mm)	Geographische Verbreitung, Biotop	Haltung	Bemerkungen
Maikäfer, Rosen- und Nashornkäfer				
Maikäfer (Melolontha)	20–30	h, an Obst- u. anderen Laub-bäumen, bes. Eiche	Beh.-Typ V, VI m. belaubten Zweigen	Aufzucht (Einzel-haltung) der L bei weniger als 20 °C
Junikäfer (Amphimallon)	12–18	h, auf Bäumen und Sträuchern	wie oben	Ernährung der L m. Graswurzeln
Walker (Polyphylla fullo)	24–38	h, bes. in sandi-gen Gebieten (Dünen), an Kiefer	wie oben	wie oben
Rosenkäfer (Cetonia, Potosia, Liocola)	14–28	h, auf Blüten	Beh.-Typ V, VI, T = 25–30 °C, ○	regelmäßig frische Blüten reichen
westafrik. Rosenkäfer (Pachnoda marginata)	22–25	Kongo	Beh.-Typ V, VI T = 30 °C, ☼	auch ausschließ-lich m. süßem Obst u. Gemüse zu ernähren
Hirschkäfer (Lucanus cervus)	25–75	h, alte Eichen-wälder, bes. an ausfließ. Baum-saft	Beh.-Typ V, VI m. Stamm-abschn.	ebenso zu halten u. a. Rehschröter (Platycerus), Balkenschröter (Dorcus)
Nashornkäfer (Oryctes nasicornis)	25–43	h, im holzhalti-gen Kompost	Beh.-Typ V	K benötigen of-fenbar keinerlei Nahrung (Wasser reichen!)
trop. Nashornkäfer (Dynastes hercules, D. tityus)	50–140	Mittel- und Südamerika	Beh.-Typ V b, T = 25 °C, ☼	als Bodensubstrat für L Gemisch aus Torf, Laub-holzmulm u. an-gefaulten Laub-holzstücken
Bockkäfer und Prachtkäfer				
Großer Eichenbock (Cerambyx cerdo)	30–50	h, L in alten Eichen	Beh.-Typ V, m. Stammabschn.	K sind dämme-rungs- bzw. nachtaktiv

Deutscher (wissen-schaftlicher) Name	Größe (mm)	Geographische Verbreitung, Biotop	Haltung	Bemerkungen
Moschusbock (*Aromia moschata*)	13–34	h, L in alten Weiden	wie oben	regelmäßig frische Blüten reichen (z. B. Bärenklau)
Mulmbock (*Ergates faber*)	30–50	h, L in Nadelholzstubben	wie oben	K sind dämmerungs- bzw. nachtaktiv
Kleiner Pappelbock (*Saperda populnea*)	9–15	h, L in Zweigen von Pappeln u. Weiden (Gallenbildung)	Beh.-Typ II, V	wie oben
Wespenböcke (*Clytus, Plagionotus* u. a.)	6–20	h, L bes. in Laubhölzern (Eiche, Pappel u. a.)	Beh.-Typ V, VI T = 25–30 °C, O	regelmäßig frische Blüten reichen
Kiefernprachtkäfer (*Chalcophora mariana*)	24–30	h, L in alten Kiefernstubben	Beh.-Typ V, VI m. Stammabschn., T = 25–30 °C, O	ebenso zu halten u. a. Lindenprachtkäfer (*Lampra rutilans*)
Blatt- und Rüsselkäfer				
Pappelblattkäfer (*Melasoma populi*)	10–12	h, an Pappel, Weide	Beh.-Typ II, III m. Bodengr u. Futterpfl	ebenso zu halten Aspenblattkäfer (*M. tremulae*), Ampferblattkäfer (*Gastroidea polygoni*)
Spargelhähnchen (*Crioceris asparagi*)	7	h, an Spargel	Beh.-Typ II, III m. Futterpfl	K können zirpen (»Hähnchen«)
Schildkäfer (*Cassida*)	4–9	h, an krautigen Pfl, z. B. Melde, Minze	wie oben	L mit Kotbedeckung
Grünrüßler (*Phyllobius*)	3–12	h, an krautigen Pfl, Laub- u. Nadelbäumen	Beh.-Typ II, III m. Bodengr u. Futterpfl	L leben im Boden

Deutscher (wissenschaftlicher) Name	Größe (mm)	Geographische Verbreitung, Biotop	Haltung	Bemerkungen
Möhrenrüßler (*Liparus glabrirostris*)	15–21	h, an Huflattich, Pestwurz	wie oben	L leben in den Wurzeln
Pappelblattroller (*Byctiscus populi*)	4–8	h, an Pappel	Beh.-Typ II, III	ebenso zu halten Birkenblattroller, Ahornblattroller (*Deporaus*)
Blattschaber (*Cionus*)	3–6	h, an Königskerze, Braunwurz	wie oben	Braunwurzblattschaber (*C. scrophulariae*) kapselartige P an Wirtspfl

An dieser Stelle sind auch die zu den Aaskäfern gehörenden, oft auffallend orange gebänderten Totengräber *(Necrophorus)* zu nennen. Zur Eiablage und Aufzucht ihrer Larven vergraben sie kleinere tote Wirbeltiere in der Erde, sie verlangen daher eine ebensolche Unterbringung wie Roßkäfer und Pillendreher. Als »Aas« brauchen wir ihnen aber nicht unbedingt den Kadaver einer Maus oder eines Sperlings zu reichen; ein Stück rohes Fleisch, etwa in der Größe einer Streichholzschachtel, tut es auch und wird mit dem gleichen interessanten Zeremoniell »bestattet«.

Haltung: Roßkäfer und Pillendreher benötigen als typische Bodentiere geräumige Behälter (Glasbecken, Plastikwannen u. a.), die entsprechend den Vorkommen der Arten eingerichtet werden. Die heimischen Vertreter kann man in trockenen Glasbecken (Beh.-Typ V c) halten. Für Pillendreher empfiehlt sich ein Wüsteninsektarium; die erforderliche Oberflächentemperatur (35 bis 40 °C) und Lichtfülle liefert ein Infrarothellstrahler, der über dem Behälter angebracht ist. Alle Arten sind flugfähig, eine Abdeckung aus Gaze ist daher unerläßlich.

Fütterung: Wöchentlich ein- bis zweimal wird frischer Dung von Huftieren (Pferd, Schaf, auch Rind) gegeben, den die Käfer sofort zu fressen beginnen und zur Eiablage vorbereiten. Eine Dochttränke (sie sollte selbst bei Wüstentieren nicht fehlen) versorgt die Tiere mit Wasser.

Zucht: Aufgrund ihrer komplizierten Brutfürsorge lassen sich Roßkäfer und Pillendreher nur schwer zur Fortpflanzung bringen. Will man einen

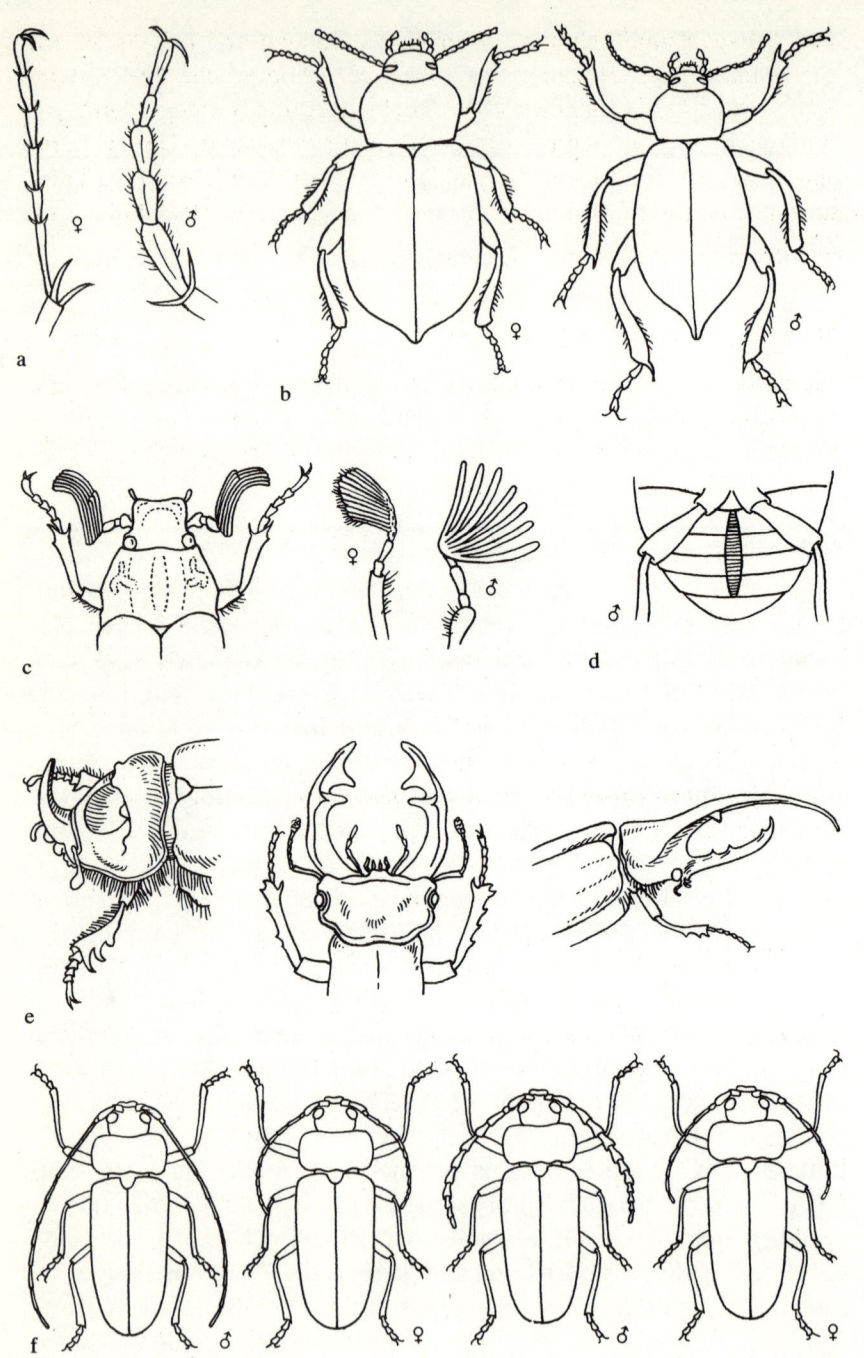

a b c d e f

94

Zuchtversuch unternehmen, ist ein hoher Bodengrund (30 bis 50 cm!) zur Anlage der Brutkammern unbedingt erforderlich. Die unteren Schichten müssen ständig etwas feucht gehalten werden, damit die Brutkugeln bis zum Schlupf der Käfer nicht austrocknen. Der als Futter eingebrachte Dung ist sorgfältig auf andere kotfressende Arten zu untersuchen, die unter Umständen später durch Anfressen der »Pillen« die Zucht gefährden könnten.

Maikäfer, Rosen- und Nashornkäfer

Die große Familie der Blatthornkäfer liefert uns noch manche andere, zur Haltung und Beobachtung gut geeignete Arten. Recht attraktive Vertreter finden wir unter den »Maikäferartigen«, so den jedermann be-

Abb. 21 Geschlechtsunterschiede bei Käfern
a Großlaufkäfer, Sandlaufkäfer: beim ♂ die 3 bis 4 ersten Fußglieder der Vorderbeine erweitert und mit bürstenartiger Sohle
b Totenkäfer: Flügeldecken hinten oft in eine beim ♂ längere, beim ♀ kürzere Spitze ausgezogen
c Maikäfer, Walker: Fühlerfächer beim ♂ länger als beim ♀
d Rosenkäfer: Bauch des ♂ oft mit Mittelfurche
e Nashornkäfer, Hirschkäfer: ♂ mit horn- bzw. „geweih"artigen Fortsätzen auf Kopf oder Halsschild
f Bockkäfer, Beispiele häufiger Geschlechtsunterschiede (von Art zu Art oft wechselnd): Fühler beim ♂ deutlich länger oder Fühler, Flügeldecken, Hinterleib u. a. ganz oder teilweise unterschiedlich gefärbt oder gestaltet

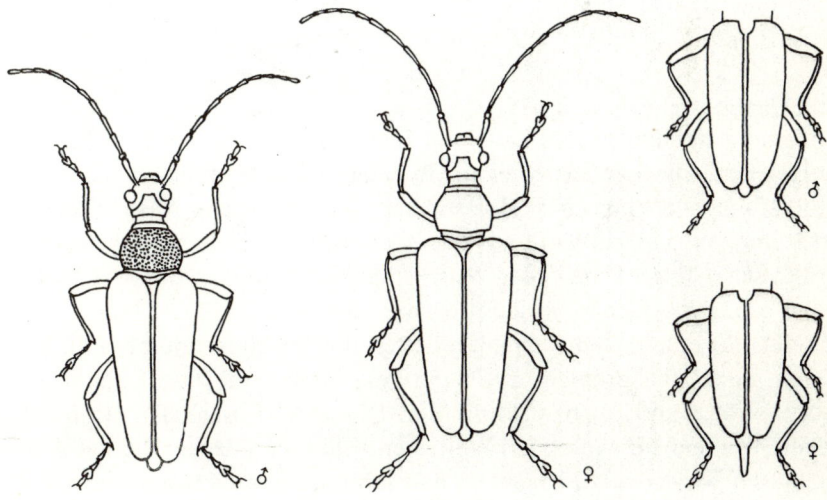

kannten Maikäfer, den Brachkäfer, Junikäfer und den schönen, weiß marmorierten Walker. Leider haben sie alle nur eine kurze Lebensdauer, und auch ihre Weiterzucht ist nicht ganz einfach.

Beliebte Terrarientiere sind vor allem Rosenkäfer, von denen bei uns sämtliche Arten unter Naturschutz stehen. Doch gelangen nicht selten Vertreter aus südeuropäischen Ländern zu uns, die sich meist als recht ausdauernd erweisen. Eine Vermehrung dieser hübschen Käfer ist verhältnismäßig aufwendig und wegen der langen Entwicklungszeit wenig lohnend. Eine aus Westafrika stammende, schön gelbbraun gefärbte Rosenkäferart, *Pachnoda marginata,* eignet sich dagegen sehr gut zur Anlage einer jahrelangen Dauerzucht.

Ein imposanter Pflegling ist auch der kastanienbraune Nashornkäfer, den wir in holzhaltigem Kompost mitunter häufig antreffen. Seine tropischen Verwandten mit ihren bizarren Hörnern und »Geweihen«, die gewaltigen Riesenkäfer *(Dynastes),* sind erlesene Besonderheiten eines Insektariums und gehören besser in die Hände des erfahrenen Liebhabers.

Haltung: Zur Unterbringung sollten möglichst große Behälter (Glasbekken oder Flugkäfige, mindestens 30 bis 40 cm hoch) dienen, da viele Käfer gut fliegen können. Zahlreiche Arten (Rosenkäfer, Gartenlaubkäfer u. a.) lieben Sonne und verlangen eine hohe Lichtintensität (Strahler oder Leuchtstoffröhren anbringen), anderen genügt mäßige Helligkeit (z. B. Maikäfern, Nashornkäfern), da sie hauptsächlich während der Dämmerung aktiv sind.

Fütterung: Viele Vertreter, vor allem die Rosenkäfer, sind Blütenbesucher und erhalten demzufolge neben kleinen Sträußen frischer Blüten (z. B. Rosen, Korbblüten, Schneeball, auch Flieder) Zucker- oder Honigwasser in Klettertränken, BT-Teig (s. S. 46), dazu weiches Obst, Bananenstücke (tropische Nashornkäfer), Salat u. a. Allen Maikäferartigen ist außerdem ständig frisches Laub von Eiche, Birke, Kastanie oder Pappel zu reichen. Die Larven leben im Bodengrund und ernähren sich von Holzmulm oder morschen Holzstücken (z. B. tropische Nashornkäfer) bzw. müssen zusätzlich mit auf die Oberfläche der Erdschicht gelegtem Obst, Salat (Rosenkäfer) oder Wurzelstücken von Gras, Möhre, Löwenzahn u. a. (Maikäferartige) gefüttert werden.

Zucht: Für einen Zuchtversuch erhalten die Behälter eine etwa 10 bis 20 cm hohe Bodenschicht aus Sand und Gartenerde (Maikäferartige) oder verrottetem Holz bzw. Mulm und Lauberde (Rosenkäfer, Nashornkäfer), in die die eingesetzten Weibchen bald Eier ablegen. Bei der Aufzucht der Larven ist zu beachten, daß zahlreiche Arten trotz ihrer vege-

96

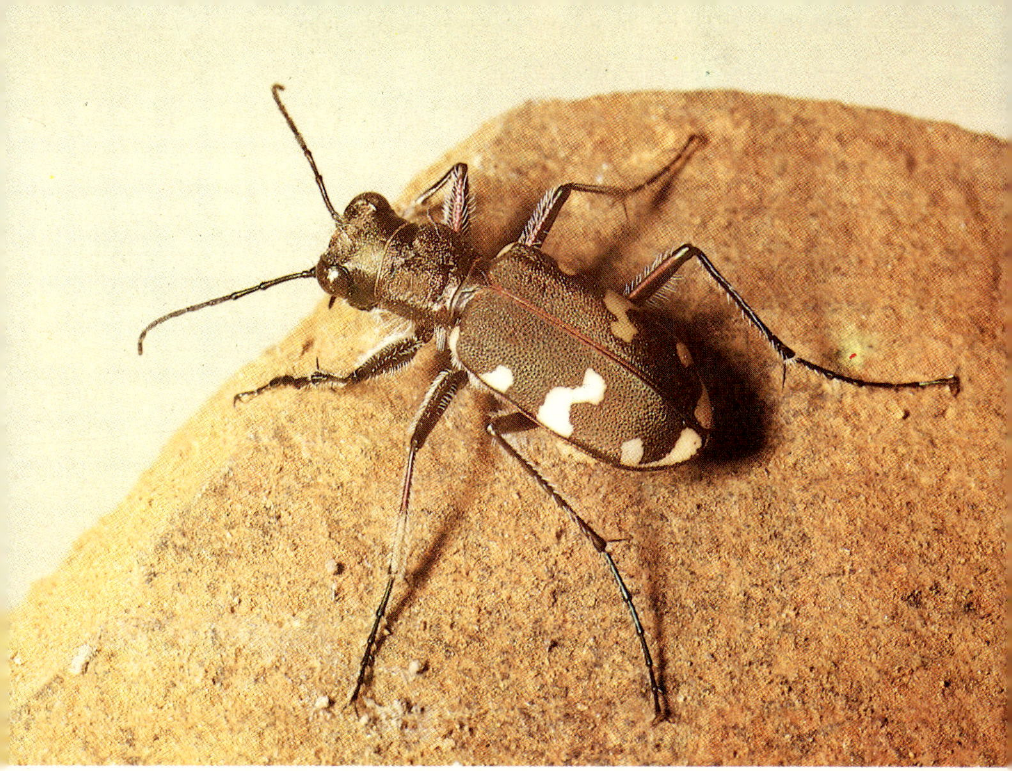

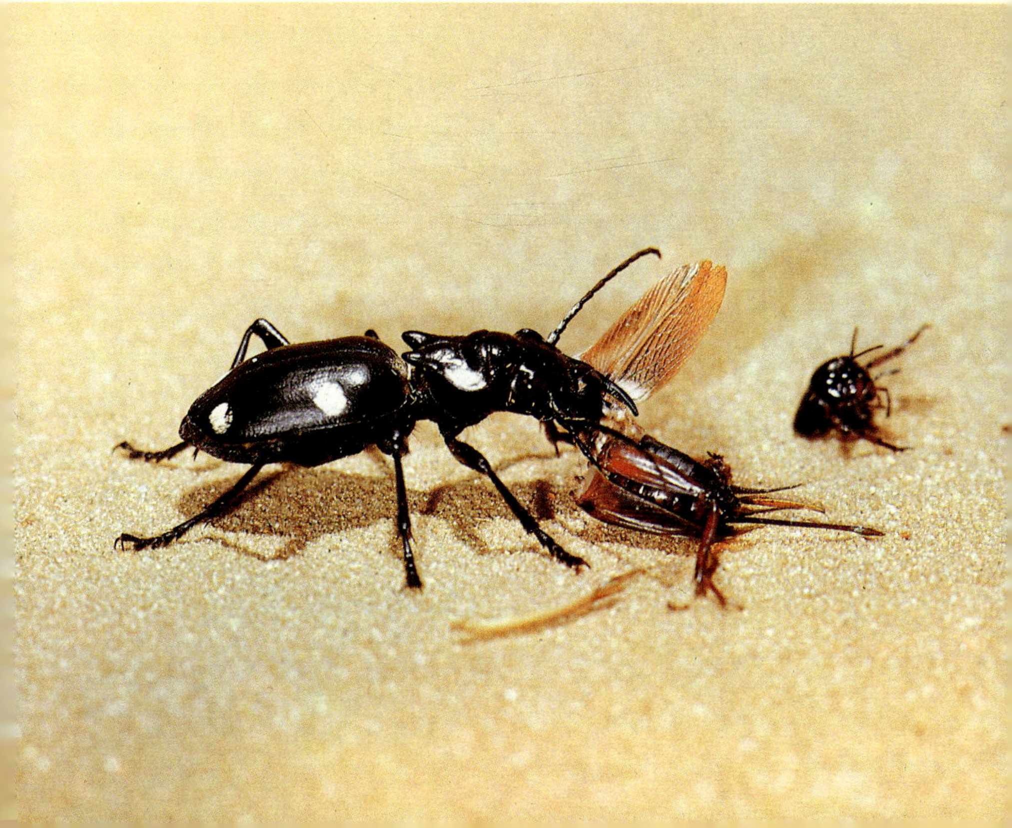

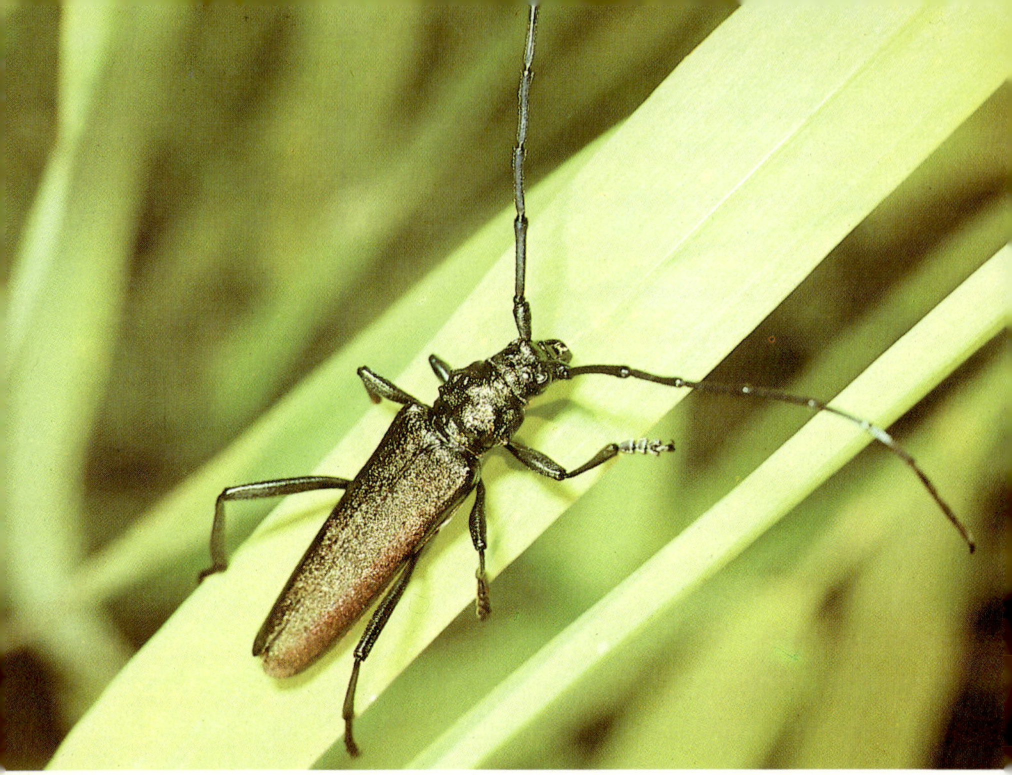

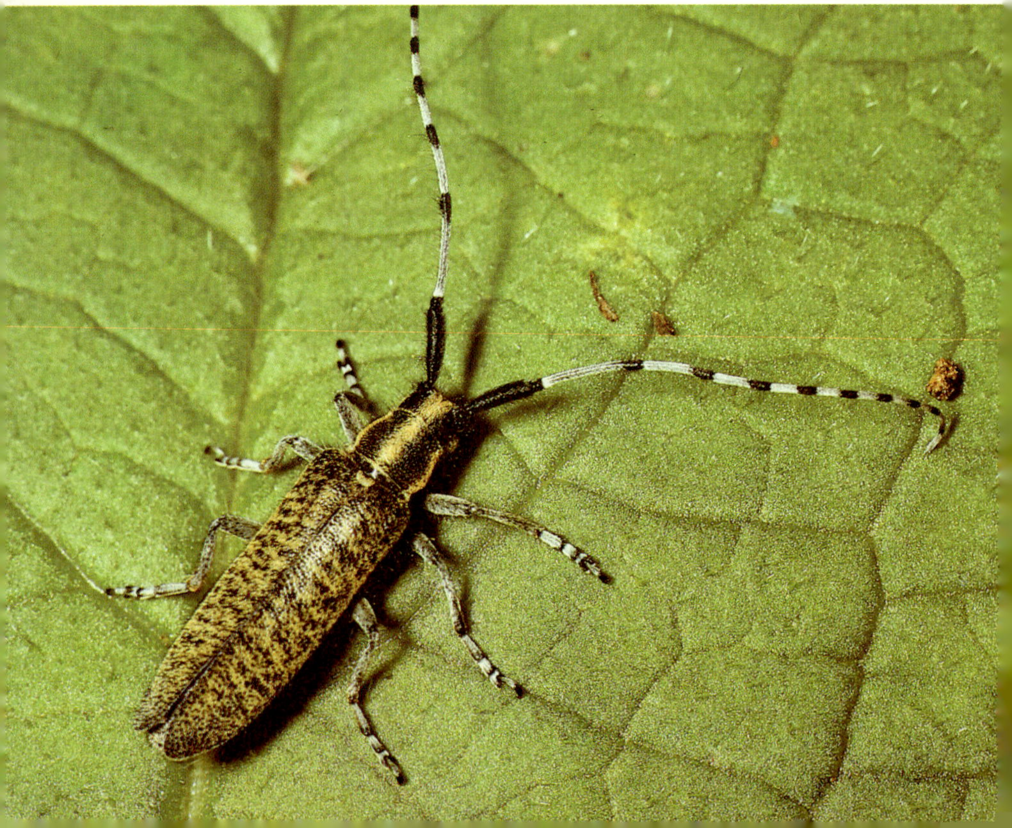

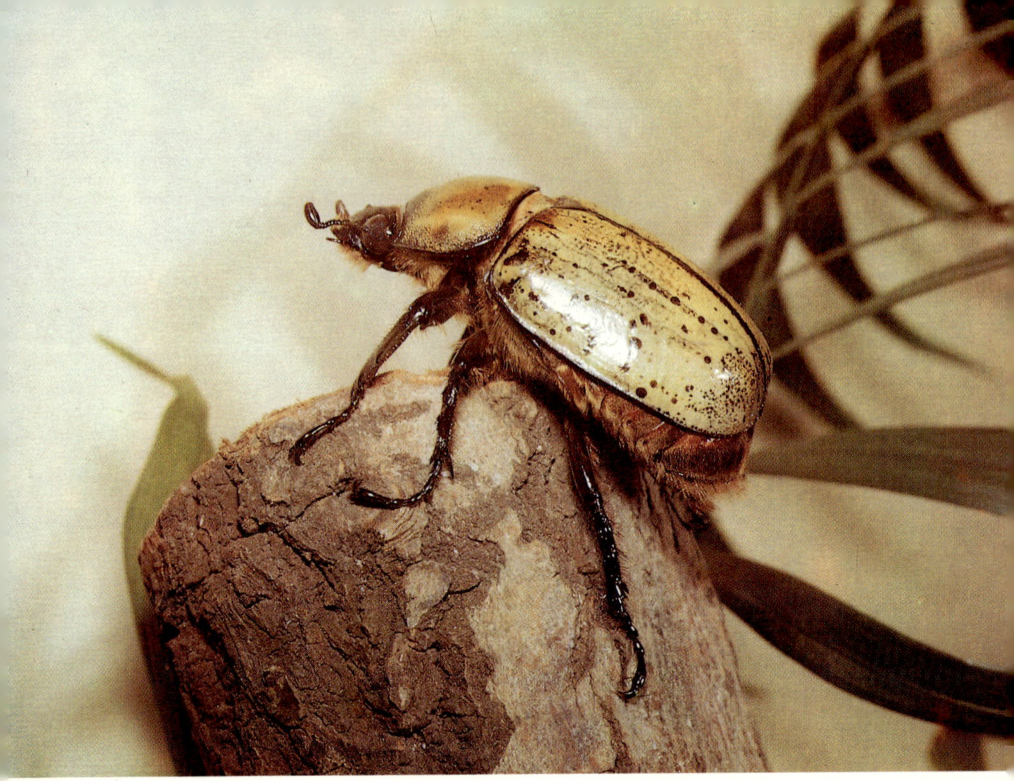

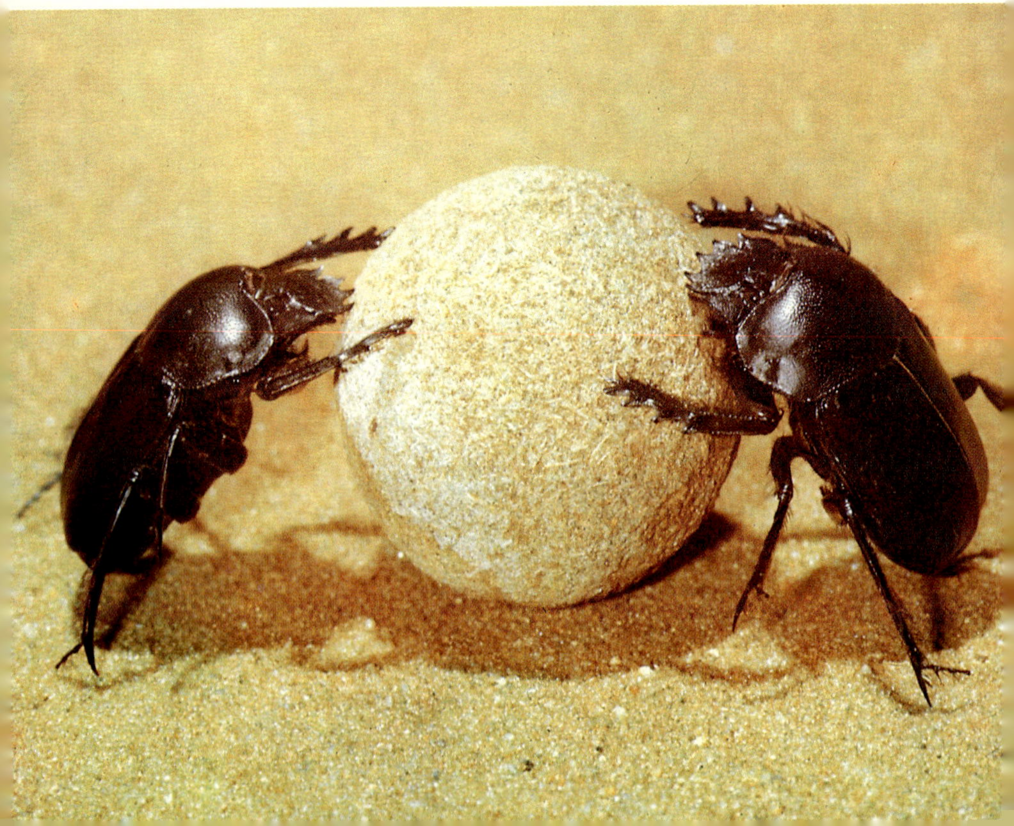

Linke Seite:
39 Zu den Riesenkäfern (Dynastidae) gehört eine Vielzahl sehr stattlicher Arten. Der mittelamerikanische *Dynastes tityus* ist ein kleinerer Vertreter dieser Gruppe.

40 Noch heute in einigen Ländern als heilig angesehen, bieten uns verschiedene Pillendreherarten *(Scarabaeus)* ihr erstaunliches Handwerk sogar im Wüstenterrarium.

Rechte Seite:
41 Besonders attraktiv ist der aus Afrika stammende Rosenkäfer *Eudicella gralli.* Das rote, gegabelte Horn weist auf ein Männchen hin.

42 Das horntragende und intensiver gefärbte Männchen von *Dynastes tityus* steht im Gegensatz zum relativ einfachen Aussehen des Weibchens (Bild 39).

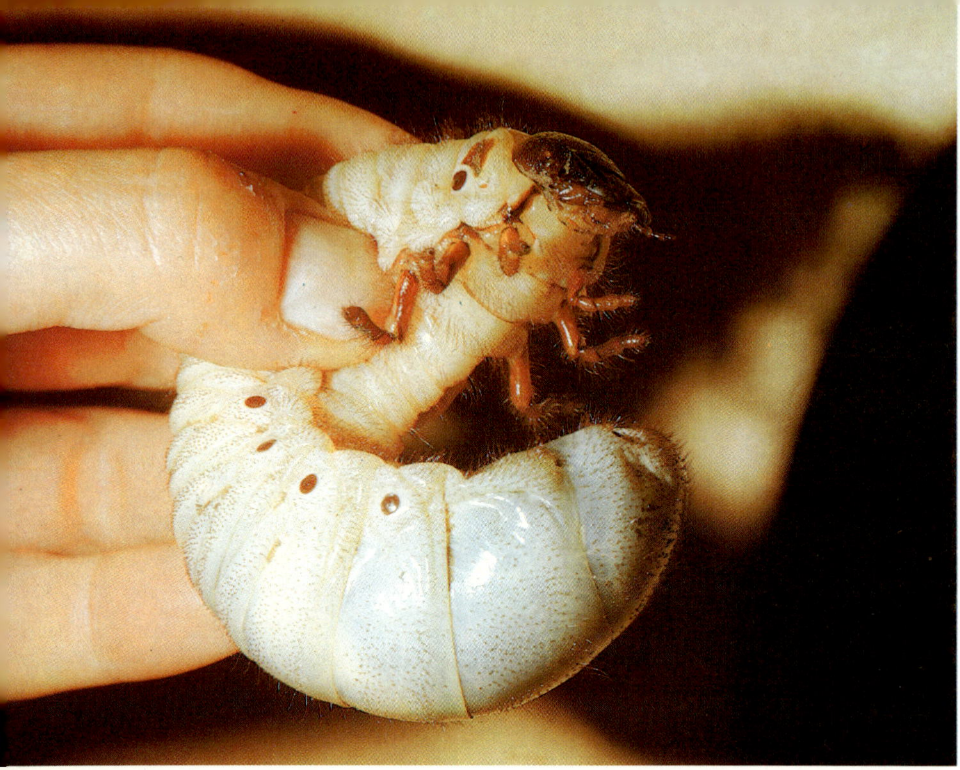

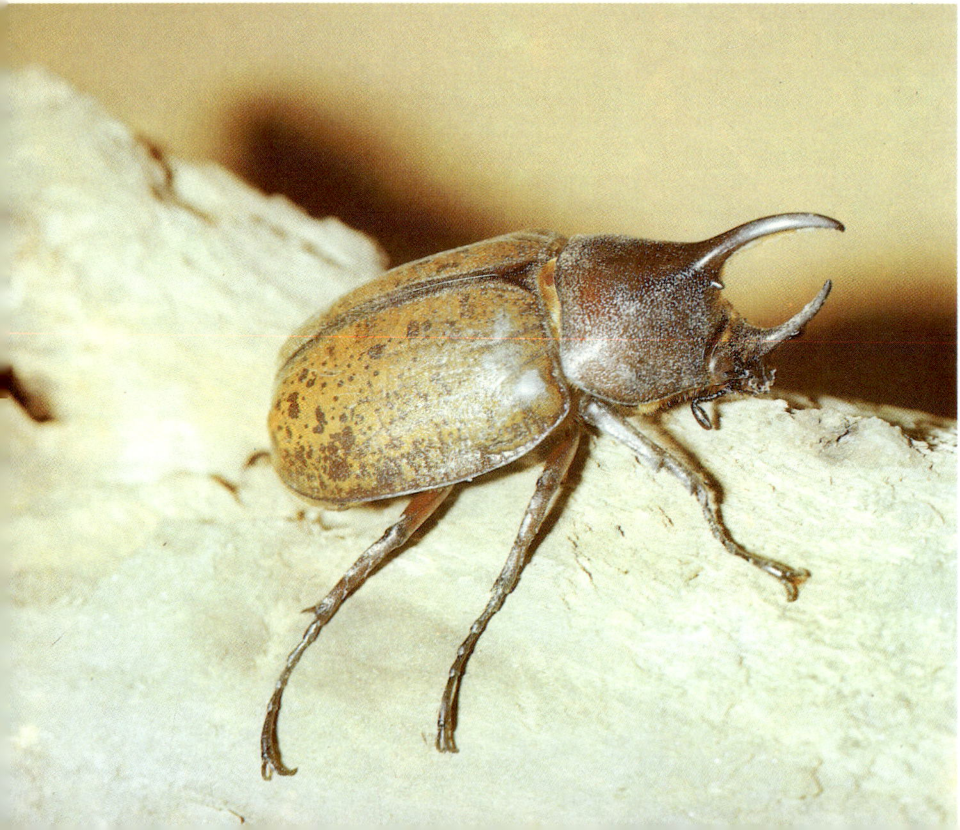

Linke Seite:
43 Über ein Jahr lebt die Larve des Herkuleskäfers (*Dynastes hercules*) im Baummulm, bis sie zu diesem riesigen Engerling herangewachsen ist.

44 Erst dann kann dieser imposante Riese unter den Insekten betrachtet werden.

Rechte Seite:
45 Zwischen seinem Erscheinen und dem vorangegangenen Larvenleben verbrachte er einige Wochen als Puppe in diesem festen Erdkokon.

46 Käferpuppen sind meist sehr empfindlich. Ein Kokon schützt auch die Puppen der Rosenkäfer, hier von *Pachnoda marginata*, vor mechanischen und klimatischen Einwirkungen.

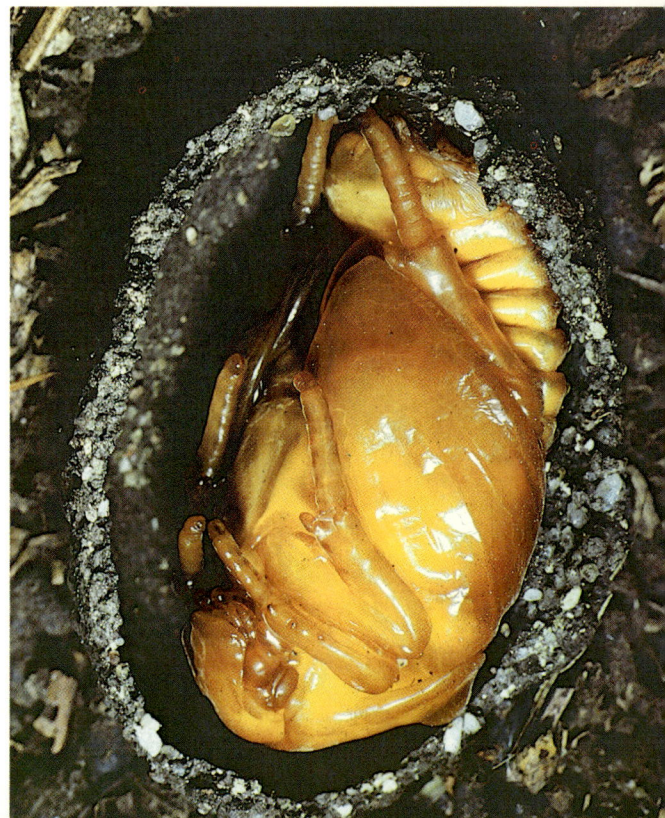

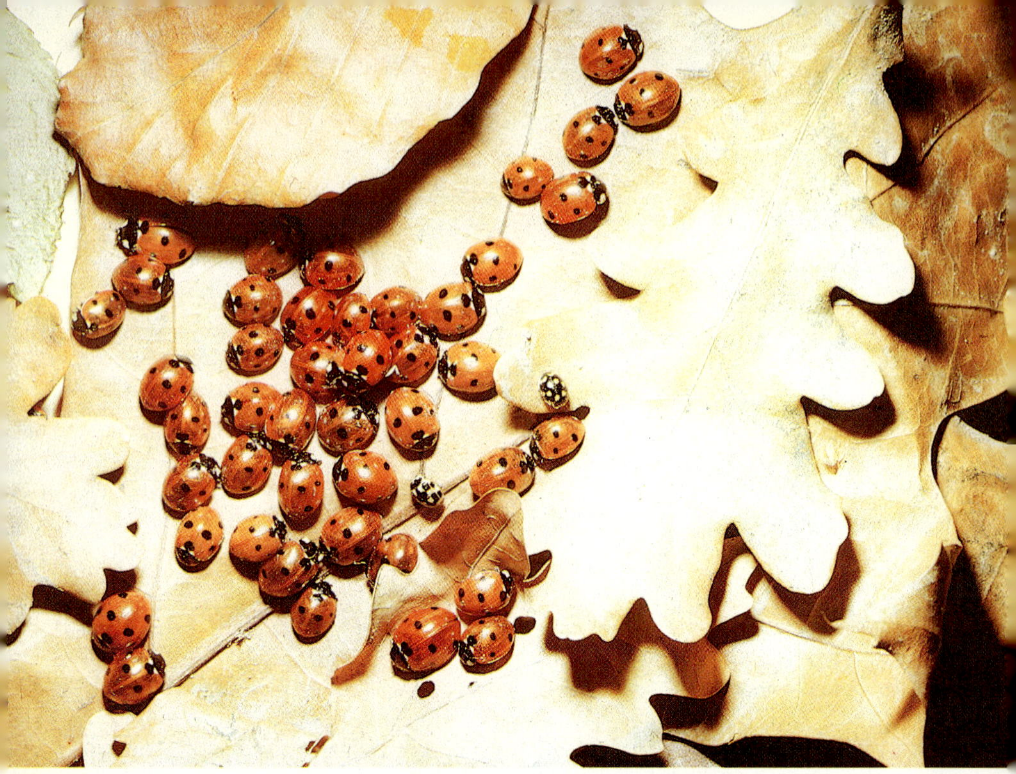

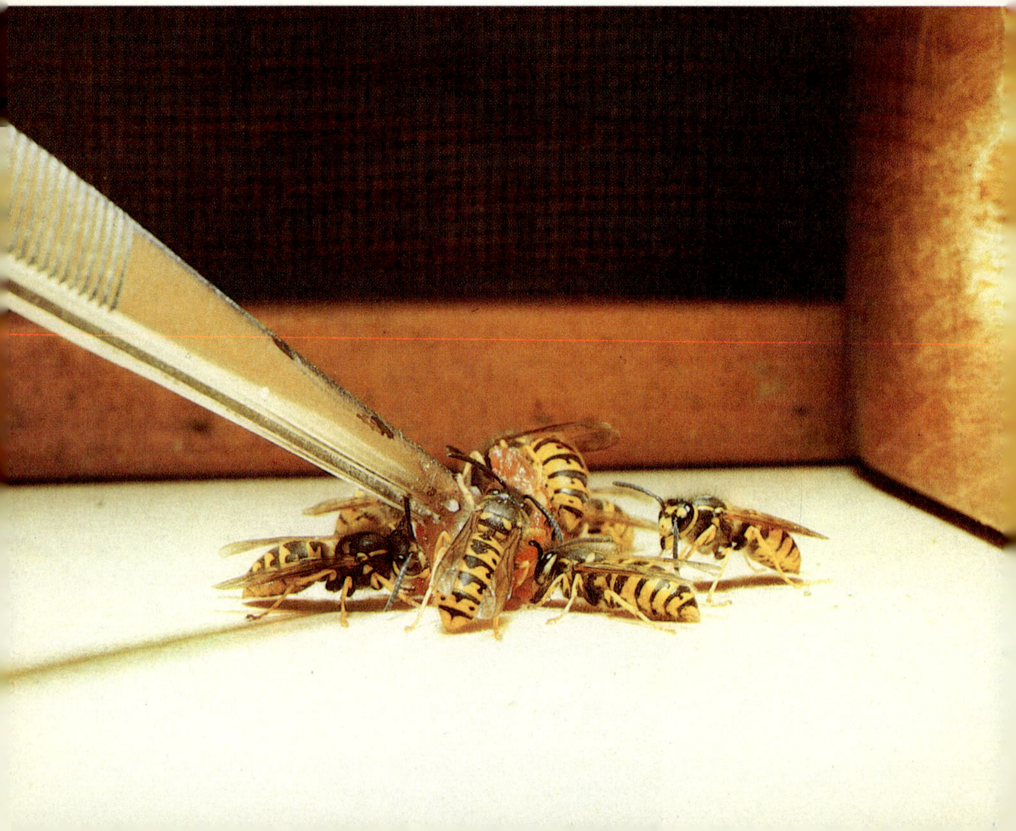

Linke Seite:

47 Solchen Überwinterungs-
gemeinschaften von *Cocci-
nella septempunctata* und
anderen Marienkäfern kann
man im zeitigen Frühjahr
schnell einen geeigneten
Zuchtansatz entnehmen.

48 Wespen sind nicht jedermanns Sache. Wer jedoch in
das soziale Gefüge staaten-
bildender Insekten Einblick
gewinnen möchte, kann
gerade mit diesen Arten vielfältige Beobachtungen und
Versuche anstellen.

Rechte Seite:

49 Die offenen Nester der
Feldwespen *(Polistes)* bieten
gute Beobachtungsmöglich-
keiten.

50 Ständig werden von den
Blattschneiderameisen *(Atta)*
frische Blattstücke ins Nest
getragen. Sie dienen als
Nährboden für ein Pilzge-
webe, das den Hauptbe-
standteil ihrer Nahrung
bildet.

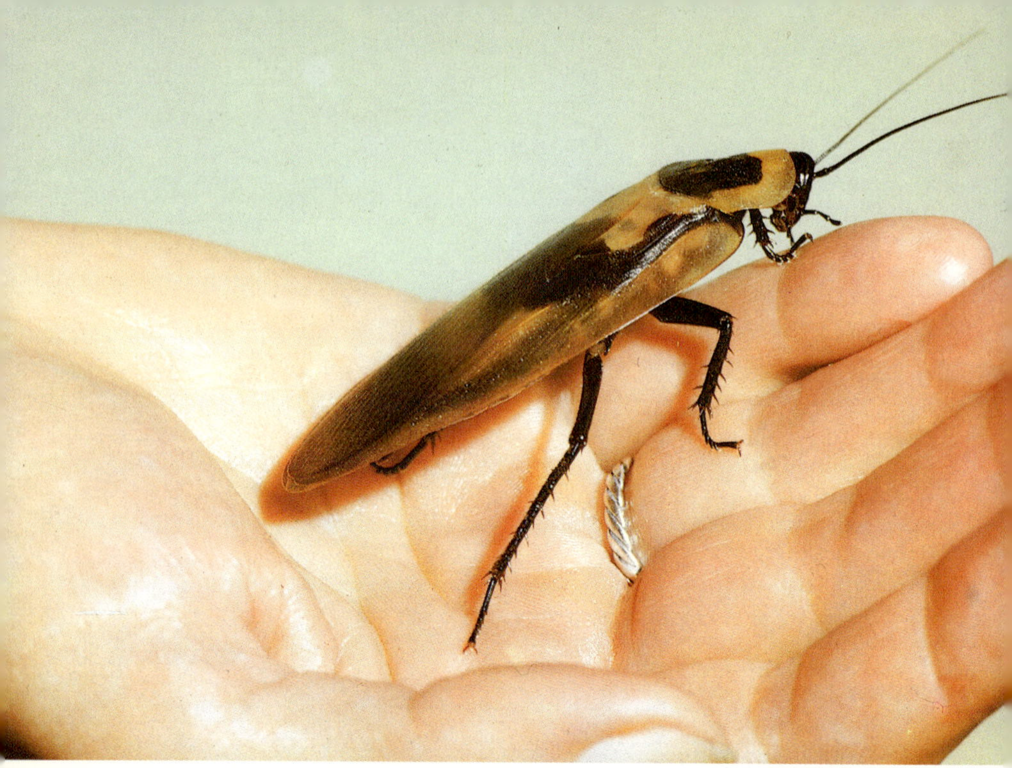
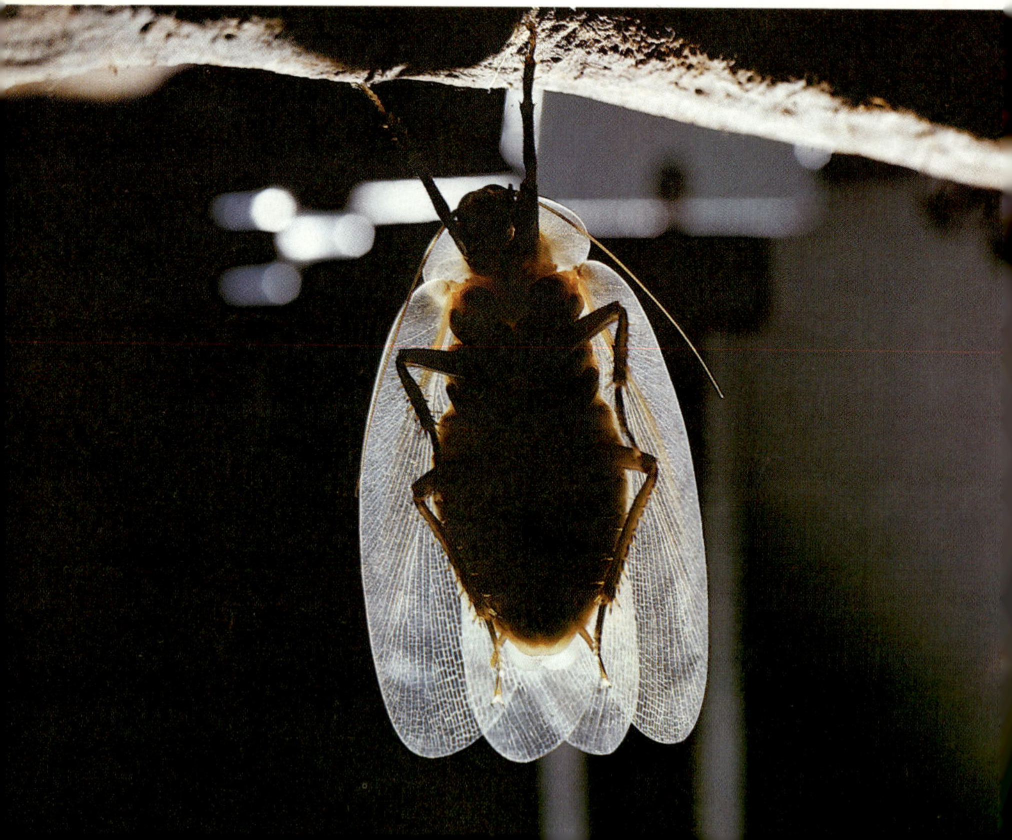

Linke Seite:
51 Von den vielen Schaben-
arten sind die mittelameri-
kanischen Riesenwald-
schaben, *Blaberus craniifer*,
am häufigsten in den Terrarien anzutreffen.

52 Im richtigen Licht
betrachtet, lassen sich selbst
diesen Tieren ansprechende
Augenblicke abgewinnen.

Rechte Seite:
53 Madagassische Fauch-
schaben, *Gromphadorrhina
portentosa*, sehen auch
erwachsen noch wie Larven
aus. Die für sie gewählten
Behälter müssen mit einer
Vaseline- oder Talkumbar-
riere versehen sein.

54 Die zarten Florfliegen
Anisochrysa carnea erwecken
besonders im Herbst unsere
Aufmerksamkeit, wenn sie
sich zur Überwinterung in
die Wohnungen zurück-
ziehen.

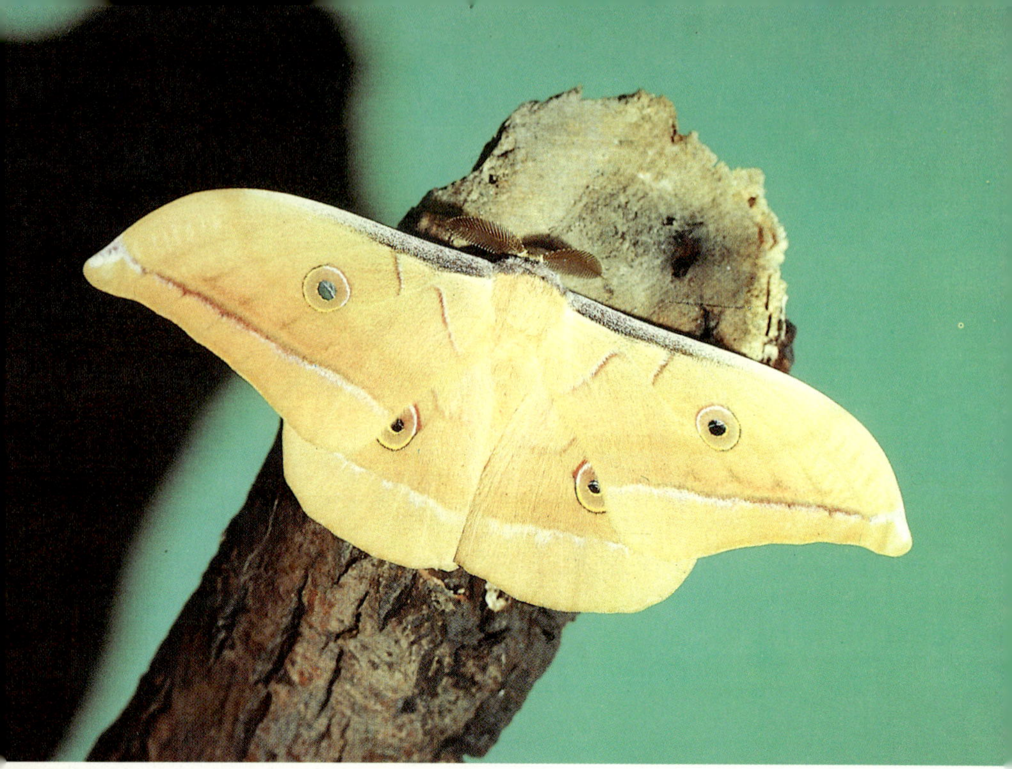

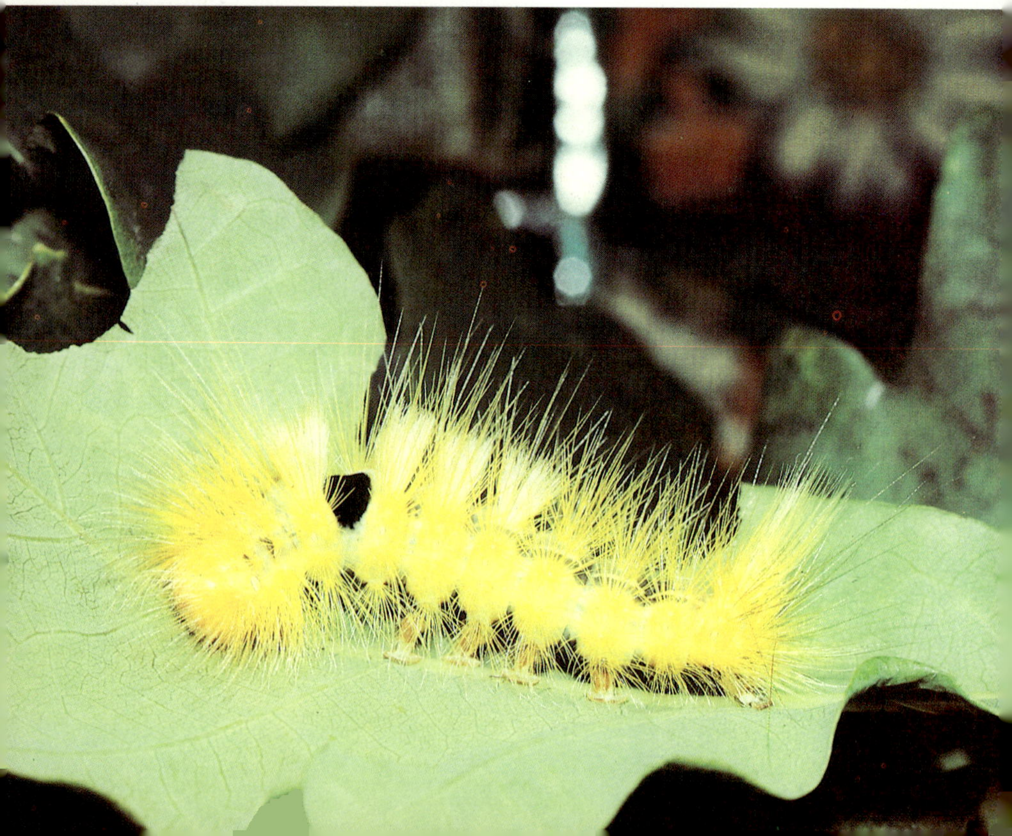

Linke Seite:

55 *Antheraea pernyi* wurde neben dem Echten Seidenspinner bereits zur Zeit chinesischer Dynastien als Lieferant fester Seidenfäden gezüchtet.

56 Spinnerraupen sind oft bizarr gestaltet oder wollig behaart. Ein asiatischer Verwandter *(Dasychira horsfieldi)* unseres Streckfußes zeigt dazu noch diese lebhafte Färbung.

Rechte Seite:

57 Die Sommerform des Landkärtchens, *Araschnia levana*, ist bereits die zweite Generation dieses kleinen heimischen Edelfalters.

58 Mehrere heimische Eckfalter leben an Brennesseln. Meist sind es dornige Raupen, wie die des Tagpfauenauges *Inachis io,* die schon nach wenigen Wochen als bunte Schmetterlinge unsere Bemühungen lohnen.

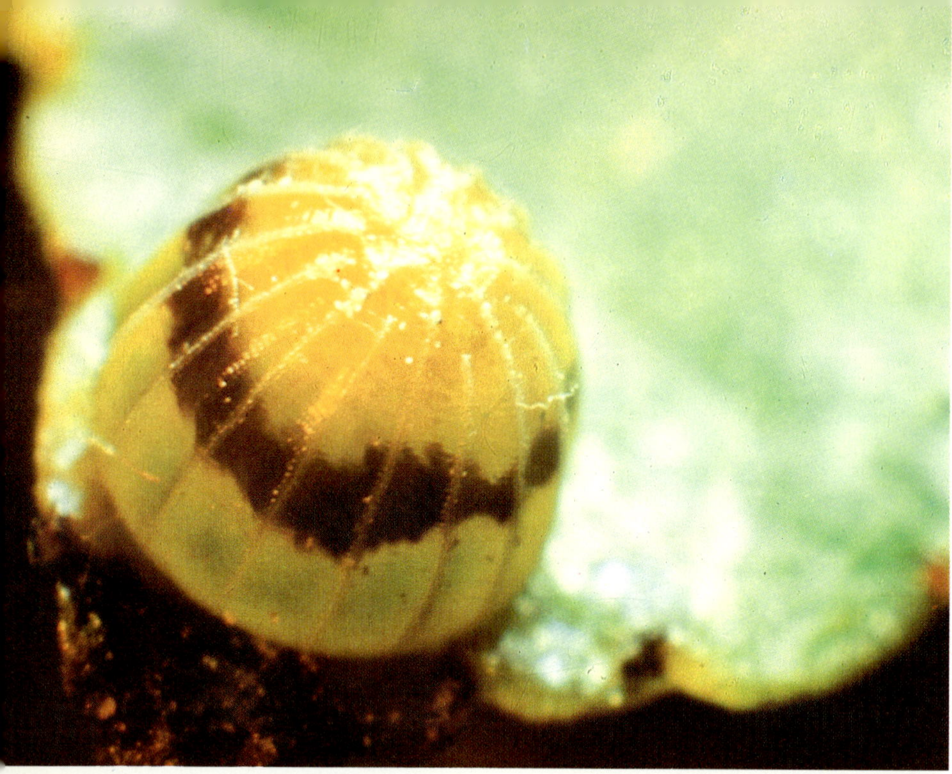

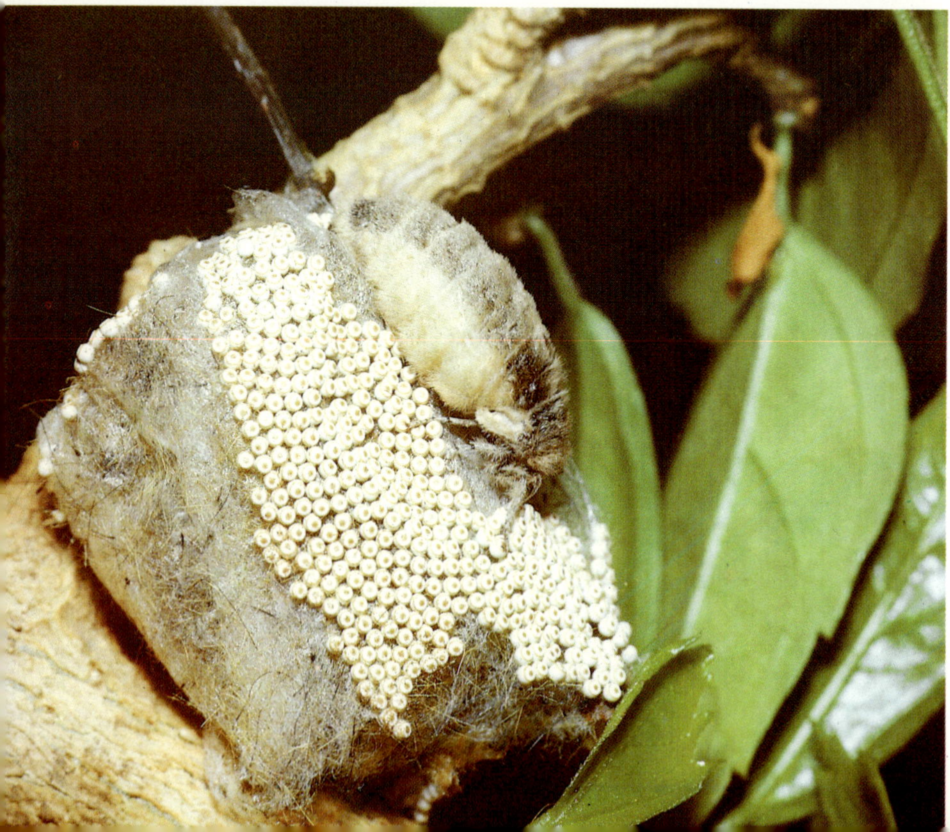

Linke Seite:
59 Oft sind Faltereier mit kleinen Kunstwerken zu vergleichen, deren Farbe sich zum Schlupf hin ändert.

60 Je nach Art bilden einzelne Eier oder umfangreiche Gelege den Ausgangspunkt für Schmetterlingszuchten.

Rechte Seite:
61 Einen selbstgezogenen Schmetterling auf der Hand zu füttern, ist eines der schönsten Erlebnisse, die man mit Insekten haben kann, und ein guter Zeitpunkt, auch in den Kindern die Liebe zum Lebendigen zu wecken.

62 Mit dem Schlupf des Falters erwartet uns der Höhepunkt der Schmetterlingshaltung überhaupt. Im Bild ein Männchen des Eisvogels *(Limenitis populi)*.

Nachfolgende Seite:
63 Aus der Neuen Welt gelangen die Eier des farbenprächtigen Amerikanischen Seidenspinners, *Samia cecropia*, zu uns. Den geschlüpften Raupen kann Liguster geboten werden.

tarischen Ernährungsweise zu Kannibalismus neigen und daher mit zunehmender Größe voneinander zu isolieren sind.

Westafrikanischer Rosenkäfer: Als Bodensubstrat (etwa 20 cm) dient eine Mischung aus Lauberde, Torf und Sand, die ständig etwas feucht sein muß (keine Staunässe!). Die sich hier entwickelnden Larven werden 2- bis 3mal wöchentlich gefüttert. Nahrungsreste sind regelmäßig zu entfernen. Bei starkem Besatz empfiehlt es sich, einen zweiten Behälter einzurichten oder die obere Bodenschicht zur Hälfte abzutragen und frische Erdmischung nachzufüllen. Die Verpuppung erfolgt in einem Erdkokon. Gesamtentwicklung 4 bis 5 Monate (Zeitigungsdauer der Eier 12 bis 18 Tage, Puppenruhe 14 bis 26 Tage) bei 25 bis 30 °C.

Bockkäfer und Prachtkäfer

Die Bockkäfer (Cerambycidae) haben mit ihren langen, hornartig gebogenen Fühlern ein unverkennbares Aussehen. Wegen ihrer mitunter recht beachtlichen Größe und der meist ansprechenden Färbung zählen sie wohl mit zu den beliebtesten Käfern. Es ist daher nur allzu verständlich, wenn vielfach der Wunsch erwacht, diese imposanten Tiere auch einmal daheim im Terrarium zu halten, zumal sich zahlreiche Arten als recht dankbare Pfleglinge erweisen. Wer sich mit ihrer Lebensweise näher vertraut macht, wird draußen gezielt nach ihnen suchen können, so auf Gebüsch, an Baumstämmen und -stümpfen oder an lagernden Hölzern; auch ausfließende Baumsäfte und Blüten, vor allem die von Doldengewächsen, bieten gute Gelegenheit zum Fang der Käfer. Manche Arten schwärmen bei Sonnenschein, andere wiederum ziehen die Abenddämmerung vor.

Für eine Weiterzucht sind Bockkäfer allerdings wenig geeignet, denn ihre im Holz oder Baummulm lebenden Larven haben eine für Insekten verhältnismäßig lange Entwicklungszeit. Einfacher ist es dann schon, bereits nahezu oder völlig erwachsene Larven einzutragen und zu Hause das Schlüpfen der fertigen Käfer abzuwarten. Puppenruhe bei den meisten Arten 2 bis 4 Wochen.

In ähnlicher Weise wie Bockkäfer lassen sich die oft schön metallisch glänzenden Prachtkäfer (Buprestidae) halten. Wir können sie vor allem an heißen Sommertagen an Baumstämmen, Stubben oder Holzstapeln antreffen.

Haltung: Bockkäfer und Prachtkäfer können in größeren Haushaltplastikdosen, in Glasbecken (Beh.-Typ V b, c) oder Flugkäfigen gehalten werden, die ihren Ansprüchen entsprechend mit Rindenstücken, Stammabschnitten, belaubten Zweigen bzw. Blüten auszustatten sind. Große Lichtintensität und Wärme (Infrarothellstrahler) erhöhen die Aktivität mancher Arten wesentlich (vor allem blütenbesuchende Bockkäfer, viele Prachtkäfer).

Die Aufzucht eingetragener Larven gelingt vielfach nur dann, wenn die besonderen Umstände, unter denen wir sie fanden, beachtet werden. Die Puppen größerer Arten sind wieder in ähnliche Stellungen und Lagen zu bringen, wie sie am Fundort angetroffen wurden. Befallene Holz- und Rindenstücke, Stengel oder Äste bewahrt man in entsprechend großen Gläsern auf. Zur Regulierung der Feuchtigkeit werden sie gelegentlich übersprüht oder in schwach feucht gehaltene Sägespäne eingebettet. In morschem Holz lebende Arten (Mulmbock u. a.) lassen sich in mulmgefüllten Gefäßen, denen die mit Larven besetzten Holzstücke beigegeben sind, zur Entwicklung bringen. Zur besseren Beobachtung können auch Glastuben (z.B. Reagenzgläser) verwendet werden, oder es wird ein Stück Nahrungsholz gespalten, das man mit Höhlungen für die Larven versieht und mit einer Glasplatte (z. B. Diaglas) abdeckt; die Öffnungen werden mit einem Wattepfropf verschlossen (Abb. 3, S. 24).

Fütterung: Die Prachtkäfer und manche Bockkäfer (z. B. Pappelbock) sind hauptsächlich Blattfresser und erhalten Laub ihrer Futterpflanzen in stets frischem Zustand. Zahlreiche Arten besuchen Blüten (vor allem Korb- und Doldenblütler), sie sind daher wie Rosenkäfer zu ernähren; einige nehmen auch gern gärendes Obst (Eichen-, Moschusbock).

Die Larven fressen im Holz lebender oder abgestorbener Bäume bzw. Sträucher (siehe Tab.).

Blatt- und Rüsselkäfer

Wenn die Schößlinge der Aspen Blätter getrieben haben, ist es Zeit, nach Pappelblattkäfern Ausschau zu halten. Mit ihren ziegelroten Flügeldecken fallen sie schnell auf, häufig werden wir auch durch den charakteristischen Lochfraß an den Blattflächen auf sie aufmerksam. Im Insektarium erfolgt bald die Eiablage, und man kann bis in den Herbst hinein mehrere Generationen züchten. Wegen der kurzen Entwicklungszeit sind Blattkäfer gut geeignete Studienobjekte zum Beobachten einer vollständigen Insektenumwandlung (Metamorphose).

Ausgesprochene Pflanzenspezialisten sind auch die Rüsselkäfer, von denen zahlreiche Arten ebenfalls an Blättern und Stengeln fressen. Viele legen daran auch ihre Eier ab, wir können sie daher genauso wie Blattkäfer halten und züchten. Andere Arten ernähren sich von Blütenknospen und jungen Trieben oder durchlaufen ihre Entwicklung im Boden. Solche Rüsselkäfer sind schon schwieriger zu pflegen und erfordern vielfach besondere Haltungstechniken.

Ein interessantes Brutfürsorgeverhalten zeigen die Blattroller *(Byctiscus)*, die wir im Erlengebüsch, an Pappeln und Birken finden. Mit großem Geschick stellen sie kunstvolle Wickel aus Blättern her, in denen sie ihre Eier unterbringen. Das erstaunliche dabei ist: Sie führen uns die Herstellung ihrer »Zigarren« auch im Insektarium vor.

Haltung: Als Behälter eignen sich Gläser verschiedener Größe (auch umgestülpt, siehe Abb. 4), Haushaltplastikdosen oder Zylinder (Beh.-Typ III), auf Blumentöpfe oder Schalen mit Erde bzw. Sand aufgesetzt. Zu beachten ist, daß die Käfer mancher Arten Stoffgaze durchzufressen vermögen und dann entweichen.

Fütterung: Käfer und Larven leben oft an ganz bestimmten Pflanzenarten (siehe Tab.), die es ständig bereitzuhalten gilt. Man reicht sie entweder im eingetopften Zustand oder als frisch geschnittene Triebe, die in Wasser eingestellt und in regelmäßigen Abständen erneuert werden. Manche Pflanzenteile halten sich besser in kleinen, geschlossenen Behältern, z. B. Petrischalen. Zur Regulierung der Feuchtigkeit können eingelegte Filterpapierstreifen mit ein paar Wassertropfen versehen werden.

Zucht: Blattkäfer und zahlreiche Rüsselkäfer legen ihre Eier an der Wirtspflanze oder wahllos im Behälter ab. Die Larven erhalten je nach Alter wöchentlich mehrmals frisches Futter, auf das die Tiere abwandern (das neue Futter dicht neben das alte legen) oder mit einem Pinsel vorsichtig umgesetzt werden. Bei Arten, die sich in der Erde verpuppen, ist im Behälter eine 3 bis 5 cm hohe Bodenschicht einzubringen; manchmal genügt schon etwas Filterpapier (z. B. Ampferblattkäfer), was für das unmittelbare Beobachten der Verpuppung von Vorteil ist. Manche Arten (Pappelblatt-, Ampferblattkäfer u. a.) lassen sich bei lang andauernder Beleuchtung (täglich 16 Stunden) auch über mehrere Generationen hinweg vermehren, doch scheitert eine Dauerzucht zumeist an den entsprechenden Futterpflanzen in den Wintermonaten. Gesamtentwicklung beim Ampferblattkäfer 22 bis 28 Tage (Zeitigungsdauer der Eier 4 bis 5 Tage, Puppenruhe 5 bis 6 Tage) bei 22 bis 25 °C.

Hautflügler

Für eine Haltung im Heim kommen aus dieser Insektenordnung vor allem die staatenbildenden Arten in Betracht. Dabei muß es nicht gleich ein Bienenvolk sein, das überdies besser in einer Beute im Garten Aufstellung finden sollte. Schon die Beobachtung von Ameisen in einem kleinen Kunstnest oder eines eingefangenen Hummelvölkchens während des Brutgeschäftes ermöglicht einen faszinierenden Einblick in das erstaunlich organisierte Leben eines Insektenstaates. Zum besseren Verständnis sind natürlich auch einige Kenntnisse notwendig. Sie lassen sich mit Hilfe von Literatur Schritt für Schritt erwerben und führen schließlich zu fundiertem Wissen über biologische Zusammenhänge. Eine Fülle interessanter Lebenserscheinungen und Verhaltensweisen rechtfertigt den höheren Aufwand an notwendiger Technik und Pflege.

Die vielen einzeln lebenden (solitären) Hautflügler sind als Vollkerfe leider recht kurzlebig und auch aufgrund ihrer Lebensweise für das Insektarium kaum geeignet. Doch manche Pflanzenwespen lassen sich zumindest verhältnismäßig leicht aufziehen. Dazu sind im allgemeinen keine besonderen technischen Vorkehrungen erforderlich; es genügen meist die auch für andere an Pflanzen fressenden Arten einsetzbaren Behälter, um den Entwicklungsstadien die notwendigen Lebensbedingungen zu erfüllen. Nähere Hinweise zu einzelnen Arten können der Tabelle entnommen werden.

Manche solitären Bienen, Grab- und Faltenwespen legen ihre Nester in verlassenen Bohrgängen anderer Insekten oder in hohlen Pflanzenstengeln an, in denen sie die Brutzellen hintereinander in einer Reihe anordnen. Wer über einen günstig gelegenen Balkon oder eine Terrasse verfügt, kann versuchen, solche »Wild«bienen und Wespen durch Bereitstellen entsprechender Nistgelegenheiten hier anzusiedeln. Zu diesem Zweck werden im zeitigen Frühjahr trockene Pflanzenstengel (Holunder, Brombeere, Himbeere, Schilf) von etwa 20 cm Länge in einem flachen, nach vorn offenen Kästchen nebeneinander ausgebreitet und mit Lehm festgedrückt, damit sie nicht verrutschen. Auch aufgehängte Holzblöcke (Buche) mit Bohrlöchern verschiedener Weite (2 bis 6 mm) und Tiefe (40 bis 60 mm) haben sich gut bewährt. Wichtig dabei ist, daß die Brutröhren nach Süden oder Südosten gerichtet und vor Nässe jederzeit geschützt sind. Auf diese Weise kann man eine Reihe kleiner Hautflügler für kurze Zeit »frei« halten und aus nächster Nähe beim Nestbau und Eintragen der Nahrung für ihre Larven beobachten.

100

Ameisen

Wohl jeder hat schon einmal für ein paar Augenblicke vor dem Hügel-
nest eines Waldameisenvolkes verweilt und mit staunendem Interesse
das vieltausendfache Gewimmel dieser emsigen Insekten betrachtet.
Was uns dabei immer wieder aufs Neue beeindruckt, ist das scheinbar
heillose Durcheinander, hinter dem sich in Wirklichkeit das enge Zu-
sammenspiel einer großen Gemeinschaft verbirgt, in der die Leistungen
und das Verhalten der einzelnen Tiere zu einem biologisch zweckmäßigen Ganzen zusammenfließen.

Besonders reizvoll ist es, die Entwicklung eines kleinen Ameisenvolkes einmal von Anfang an zu beobachten. Dazu sucht man sich am besten eine der befruchteten Jungköniginnen z. B. der Schwarzgrauen
Wegameise, die an heißen Sommertagen massenhaft schwärmen und
leicht einzufangen sind. Es genügt, eine solche Königin in einem Gläs-
chen oder kleinen Plastikgefäß, in dem eine Gipsschicht am Boden aufgebracht ist, unterzubringen. Hier wird sie bald mit der Eiablage beginnen, und es läßt sich die Aufzucht der ersten Arbeiterinnen gut verfolgen. Dabei brauchen wir unsere Königin anfangs noch nicht einmal zu
füttern, denn der Abbau ihrer starken Flügelmuskulatur liefert die erste
Nahrung. Wir können auch ganze Völkchen von Wegameisen, Knoten-
ameisen oder Roßameisen eintragen und in speziellen Behältern, sogenannten Formikarien (Beh.-Typ VII), pflegen. Sie ermöglichen uns eine
Vielzahl faszinierender Beobachtungen, so über das Auffinden von Fut-
terstellen und die Alarmierung der Gefährten, den Futteraustausch und
die gegenseitige Hilfe bei der Körperpflege, über das Bauen und Nest-
reinigen, das Anlegen von Abfallplätzen für Beutereste und vieles mehr.
Eine nicht zu stark vergrößernde Lupe (z. B. Kopflupe) leistet dabei gute
Dienste.

Damit wir bestimmte Tiere immer gleich wiedererkennen, empfiehlt
es sich, einzelne Ameisen zu markieren. Das geschieht am besten mit
Nagellack, von dem wir Farbtupfen in verschiedener Kombination auf
Brust und Hinterleib aufbringen können. Auf diese Weise lassen sich
z. B. interessante Versuche zur Arbeitsteilung innerhalb des Volkes anstellen.

Die Krönung für einen Ameisenliebhaber ist natürlich die Haltung
tropischer Blattschneiderameisen. Sie erfordert jedoch einen hohen
technischen Aufwand und ein großes Maß an Erfahrung und Kenntnissen, so daß auf die Spezialliteratur verwiesen werden muß.

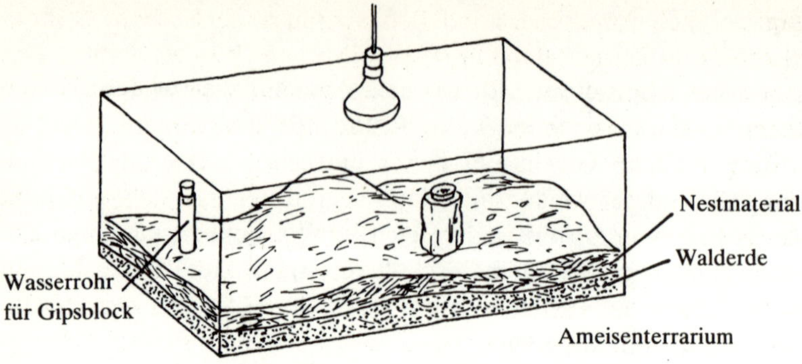

Nestmaterial

Walderde

Wasserrohr
für Gipsblock

Ameisenterrarium

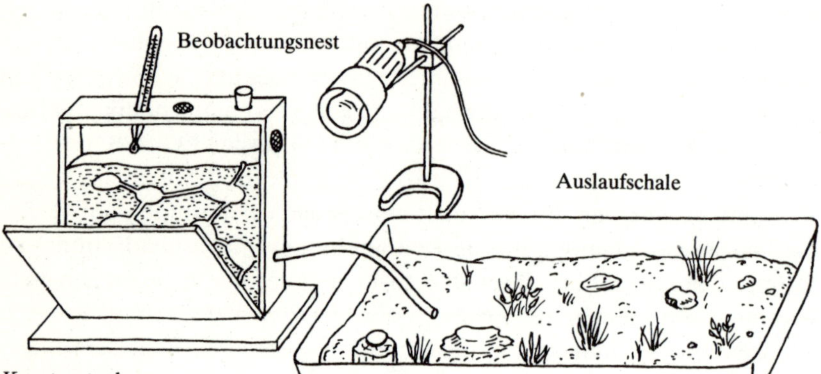

Beobachtungsnest

Auslaufschale

Kunstnestanlage
mit Auslauf (nach Otto)

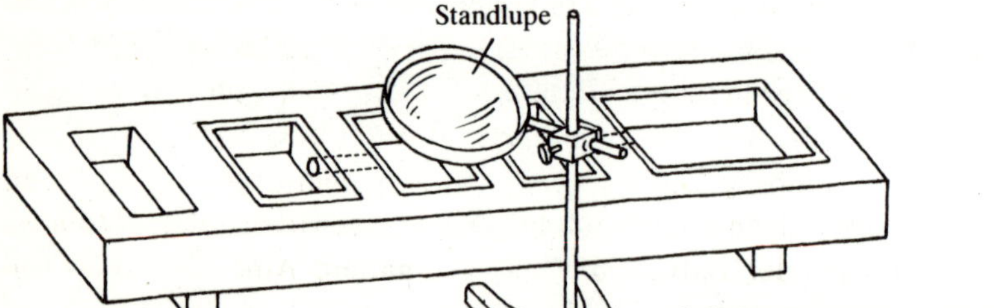

Standlupe

einfaches Beobachtungsnest
aus Gips

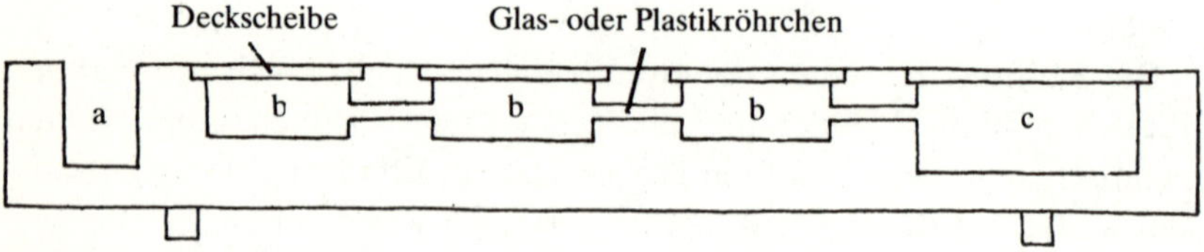

Deckscheibe

Glas- oder Plastikröhrchen

a   b   b   b   c

Haltung: Je nach Ameisenart und Beobachtungszweck können unterschiedliche Formikarien (Beh.-Typ VII a, b, c) verwendet werden. Das Besetzen einer Kunstnestanlage erfolgt am besten vom möglichst hell gehaltenen Auslauf her, in dem das eingebrachte Nestmaterial ausgebreitet wird. Die Ameisen verlassen nach und nach das austrocknende Material und besiedeln mit Eiern, Larven und Puppen freiwillig das abgedunkelte Formikarium. Einige Teile der Behälter müssen immer etwas feucht gehalten werden, bei Trockenheit gehen die Tiere binnen kurzer Zeit zugrunde. Gut bewährt hat sich eine exzentrische Anordnung des Bewässerungstrichters oder Wassertroges und der Wärmequelle, so daß im Nest ein Feuchtigkeits- und Temperaturgefälle entsteht und sich die Ameisen mit ihrer Brut in den Bereich mit den ihnen am meisten zusagenden Bedingungen zurückziehen können. Das Temperaturoptimum liegt zwischen 24 und 28 °C, das Maximum, das nicht überschritten werden darf, beträgt 35 °C.

Eine weitere wichtige Voraussetzung für eine erfolgreiche Haltung besteht darin, den Ameisen die Möglichkeit zu bieten, ihr natürliches Verhaltensrepertoire entfalten zu können. Das bedeutet ein Mindestmaß an Bewegungsfreiheit mit »Beschäftigungstherapie« für die Arbeiterinnen. Diese müssen unter anderem ihren Trieb zum Nahrungserwerb und zur Brutpflege abreagieren können, anderenfalls kann sich z. B. ihr Pflegetrieb derart auf die Königin konzentrieren, daß diese zu Schaden kommt.

Fütterung: Ameisen erhalten Honig- oder Zuckerwasser (das man mit einer Pipette auf ein flaches Glasschälchen tropft), auch BT-Teig (siehe S. 46), daneben frische Insekten, wie Fliegen, Raupen oder Mehlwürmer, die kurz vorher in kleine Stücke zerschnitten wurden. Dabei zeigen manche Arten (*Lasius, Camponotus, Myrmica* u. a.) eine besondere Vorliebe für süße Nahrung, die Schwarzgraue Wegameise ist weitestgehend auf die zuckerhaltigen Blattlausexkremente angewiesen (die Blattläuse auf Puffbohnen oder Balsaminen halten); andere Ameisen (z. B. *Formica*) dagegen verlangen einen relativ hohen Anteil an tierischer Kost. Eine Tränke mit Wasser sollte nicht fehlen, die wie alle anderen Futtergefäße im Auslauf etwas erhöht aufgestellt wird.

Kleinere Kolonien kann man innerhalb der Beobachtungsnester füt-

Abb. 22   Spezielle Behälter zur Haltung von Ameisen
a Befeuchtungskammer, nach Bedarf mit Wasser füllen
b Nestkammern
c Futterkammer, Auslauf

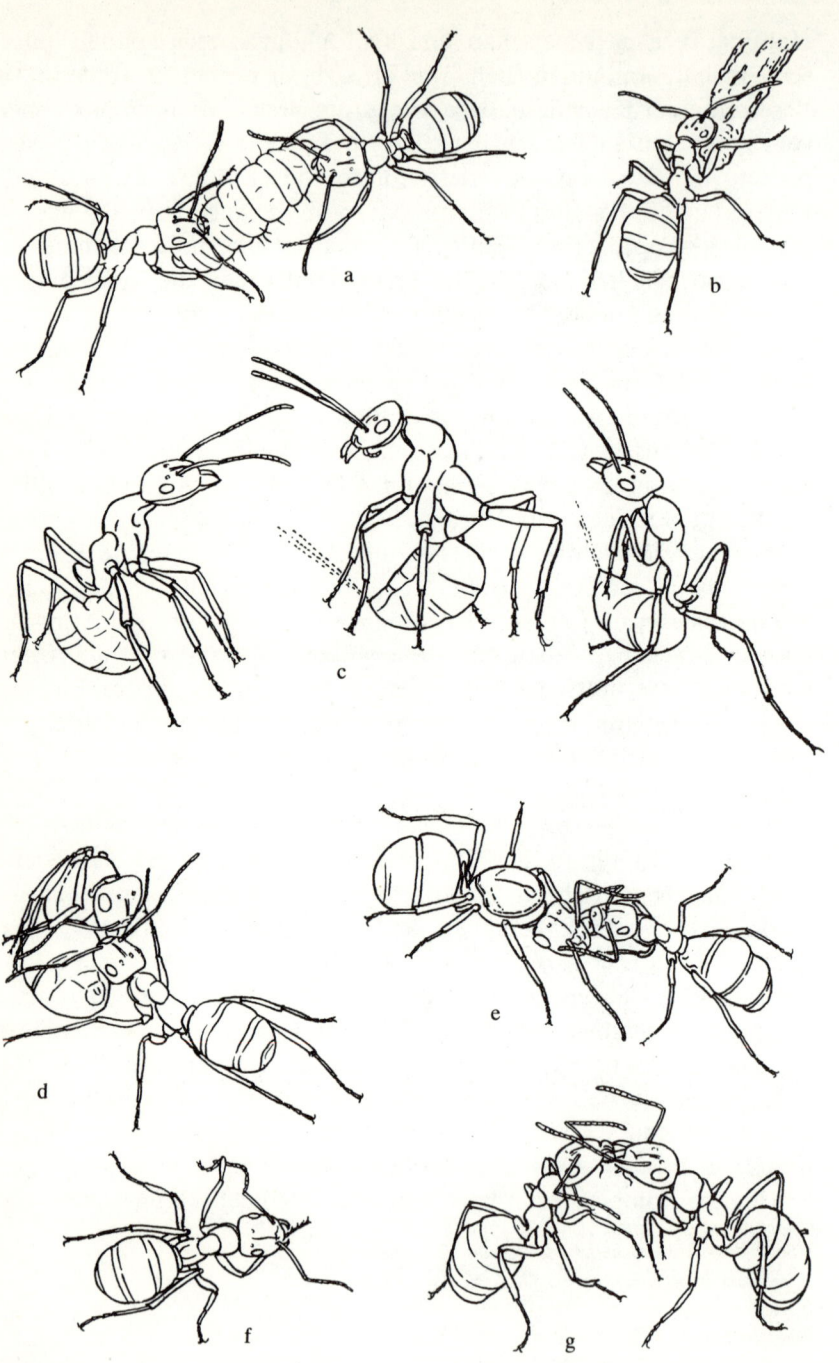

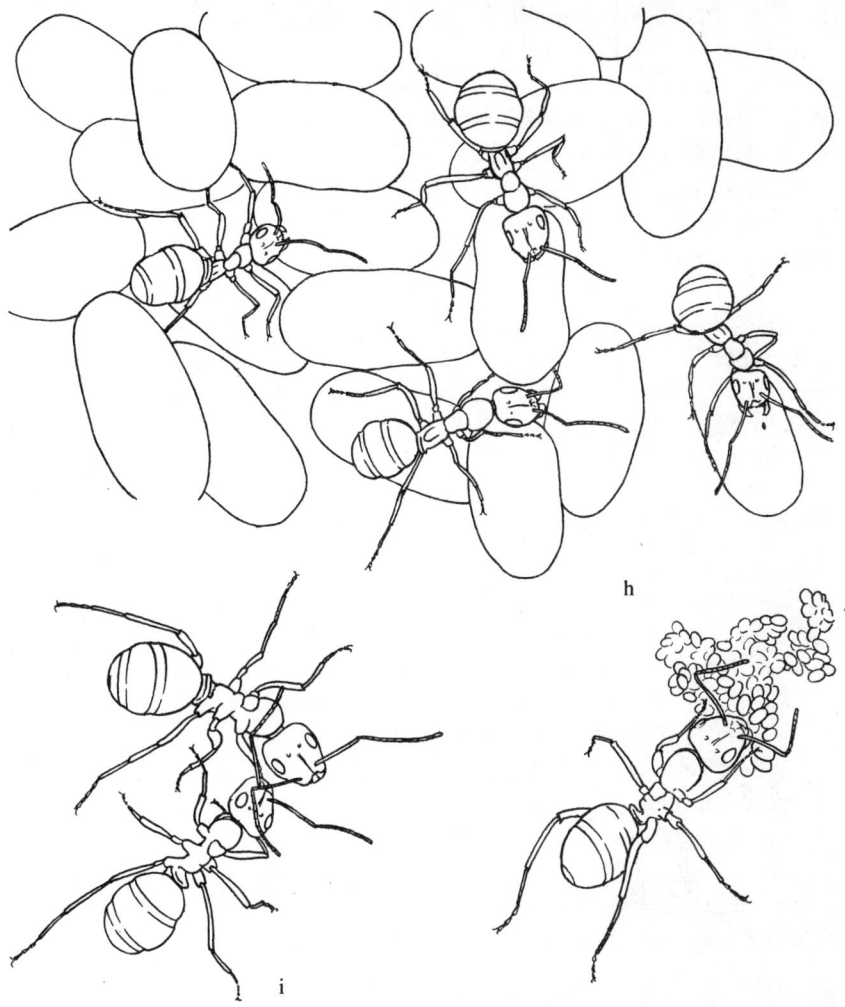

Abb. 23   Soziale Verhaltensweisen bei Ameisen (am Beispiel der Roten Waldameise)
a gemeinsames Überwältigen einer Beute
b Heranholen von Baumaterial
c Arbeiterinnen in Alarm- und Verteidigungsstellung
d Transport frisch geschlüpfter oder ortsunkundiger Nestgefährten als Kugelpaket
e Futteraustausch zwischen zwei Arbeiterinnen
f Beim Putzen werden die Fühler durch die Tarsen der Vorderbeine gezogen
g Fütterung einer Königin
h Arbeiterinnen bei der Brutpflege
i gegenseitige Hilfe bei der Körperreinigung

tern; die hierfür verwendete Gipskammer sollte gut belüftet sein, damit sich kein Schimmel bildet (Gazeeinsätze aus Metall anbringen).

Zucht: Die meisten Arten sind erstaunlich langlebig. Arbeiterinnen der Schwarzgrauen Wegameise können bis zu 7, ihre Königinnen sogar bis zu 15 Jahre alt werden, so daß sich ein Ameisenvolk über längere Zeit pflegen und auch vermehren läßt. Voraussetzung ist die Überwinterung der Kolonie bei 2 bis 6 °C, auch Temperaturen unter 0 °C werden vorübergehend ertragen. Bei Verlust der Königin (manche Arten haben auch mehrere oder viele Königinnen) übernimmt nicht selten eine Arbeiterin das Legen von Eiern, aus denen aber im allgemeinen nur Männchen hervorgehen. Eine »Umweiselung« solcher Völker und die eigentliche Weiterzucht sind schwierig und bei der leichten Beschaffbarkeit der Tiere wohl auch nicht lohnend.

Wespen und Hummeln

Auf einer sonnigen Waldlichtung haben Feldwespen ihr Nest errichtet. Es besteht aus einer einzigen hüllenlosen Wabe, die an einem kurzen Stielchen im Heidekraut aufgehängt ist. Wenn wir ein solches Wespennest zu Hause auf dem Balkon oder dem Fenstersims aufstellen, haben wir für Wochen ein äußerst interessantes Studienobjekt. Das Eintragen erfolgt zweckmäßigerweise am späten Abend oder an einem kalten regnerischen Tag, wenn die Wespen alle heimgekehrt sind; außerdem sollten möglichst schon ein paar verdeckelte Zellen vorhanden sein. Die ansitzenden Königinnen (die im übrigen wenig angriffslustig sind) werden vorher behutsam mit einer Pinzette abgenommen und gesondert in einer Schachtel transportiert. Am nächsten Morgen, sobald es hell wird, läßt man sie einfach auf die Wabe laufen. Vielleicht wird nicht jede Königin von ihrem ersten Ausflug zurückkehren, doch die jungen, immer neu schlüpfenden Wespen gewöhnen sich an den veränderten Nestplatz und übernehmen die Pflege und Aufzucht der weiteren Brut.

Auf ähnliche Weise lassen sich auch andere Faltenwespen und Hummeln »frei« halten. Zu beachten ist nur, daß der neue Standort sich möglichst im Erdgeschoß oder höchstens im ersten Stock befinden sollte, da die meisten Arten – ebenso wie die Feldwespen – nicht gewohnt sind, Nester in großen Höhen aufzusuchen und sich deshalb allzuleicht verfliegen.

Wenn wir alle notwendigen Handgriffe ruhig und bedacht vornehmen, ist die Gefahr, gestochen zu werden, äußerst gering. Hummeln und Feldwespen machen ohnehin von ihrem Stachel nur selten Gebrauch. Vor allem vermeide man schnelle Bewegungen, diese werden von den Tieren in der Regel mit Abwehrverhalten beantwortet. Doch bei aller Begeisterung für das Hobby sollte man stets auch an seine Mitmenschen denken. Es ist sicher nicht jedermanns Sache, mit Hummeln, Wespen oder Bienen »unter einem Dach« zu leben, und sei es auch nur für kurze Zeit. Ein aufklärendes Gespräch weckt nicht selten Interesse und erhält überdies das gut nachbarliche Verhältnis.

Haltung: Das Aufstellen der mit einem Wespen- oder Hummelvolk besetzten Nestkästchen (siehe S. 16) sollte auf dem Balkon oder Fenstersims an möglichst geschützter Stelle erfolgen (Flugloch erst am nächsten Tag öffnen). Wenn sich die Tiere eingeflogen haben, kann zur Beobachtung die Abdeckung der Rückwand vorsichtig entfernt werden; man erhält so durch die Glasscheibe direkten Einblick in das Geschehen am Nest. Ähnlich lassen sich für kurze Zeit auch Honigbienen halten. Dazu besorge man sich vom Imker ein kleines Ablegervolk in einem Einwabenkästchen (EWK), das neben dem Raum für die Wabe auch eine kleine Futterkammer besitzt. Frei hängende Wespennester werden an einem Holzgestell sicher befestigt bzw. mit ihrer Unterlage (Zweig u. ä.) in ein mit Sand gefülltes Gefäß gestellt.

Wespen und Hummeln lassen sich auch in geräumigen, attraktiv eingerichteten Flugkäfigen (Beh.-Typ VI) unterbringen. Temperatur 20 bis 25 °C, Beleuchtung (Hellstrahler) täglich 14 bis 16 Stunden. Wespen kann man nach kurzer Eingewöhnungszeit sogar ein- und ausfliegen lassen, sie sind ein interessantes Beobachtungsobjekt für Orientierungsflüge und Heimkehrvermögen.

Fütterung: Den in Flugkäfigen gehaltenen Tieren wird als Grundfutter Honig- oder Zuckerwasser in Klettertränken gereicht. Außerdem muß ständig Trinkwasser zur Verfügung stehen; man darf es Wespen nur in mit Wattepfropfen verschlossenen Siphontränken anbieten. Andere Tränken sind unbrauchbar, weil Abfälle mit Vorliebe ins Nasse getragen werden. Hummeln erhalten darüber hinaus täglich ein haselnußgroßes Stück BH-Teig (siehe S. 46). Wespen sind bekanntlich mehr süßen Säften, Marmelade, auch weichem Obst zugetan; sie benötigen daneben noch tierische Kost, mit der sie vor allem ihre Brut ernähren. Kleine Fleischstücke, Raupen, zerschnittene Mehlwürmer und vor allem Fliegen decken diesen Bedarf. Man kann letztere auch lebend in den Behälter geben; sie werden dann von den Wespen im Flug erbeutet, zu einem Breiklumpen zerkaut und ins Nest eingetragen. Sind Wespen einge-

107

wöhnt, ist es möglich, ihnen das Futter mit der Pinzette vorzuhalten, von der sie es ohne Scheu abnehmen.

Frei auf dem Balkon oder Fenstersims gehaltenen Tieren sollten die genannten Futterstoffe in Nestnähe geboten werden.

Haltung von Hautflüglern im Überblick

Deutscher (wissen- schaftlicher) Name	Größe (mm)	Geographische Verbreitung, Biotop	Haltung	Bemerkungen
Ameisen				
Roßameisen (*Camponotus*)	5–14	h, Nest meist im Holz, auch in der Erde	Beh.-Typ VII	Koloniegründung mit begatteter Jung- königin möglich
Rote Waldameisen (*Formica*)	4–9	h, Hügelnester (»Ameisenhau- fen«) von z. T. beträchtlichem Ausmaß	wie oben	je nach Art eine bis mehrere hundert Kö- niginnen im Nest
Schwarzgraue Wegameise (*Lasius niger*)	3–5	h, Nest meist in der Erde, unter Steinen	wie oben	Koloniegründung mit begatteter Jungköni- gin möglich
Gelbe Wiesenameise (*Lasius flavus*)	2–5	h, Nest in der Erde, auch an feuchten Orten	wie oben	wie oben
Schwarze Holzameise (*Lasius fuliginosus*)	4–6	h, Nest in hoh- len Bäumen od. Baumstubben	wie oben	morsches Holz u. Erde zur Herstellung der Brutkammern rei- chen
Rotgelbe Knotenameise (*Myrmica laevinodis*)	4–5	h, Nest meist in der Erde, unter Steinen	wie oben	Stachel vorhanden, Stich unangenehm
Blattschneiderameisen (*Atta, Acromyrmex*)	5–16	Mittel- und Südamerika	Spezialformi- karium T = 26–28 °C, LF	Als Nährsubstrat für die »Pilzgärten« fri- sche Rosen- u. Brom- beerblätter
Wespen und Hummeln				
Deutsche Wespe (*Paravespula germanica*)	13–16	h, Nest unter- irdisch	Beh.-Typ VI od. freiflie- gend	ebenso zu halten Gemeine Wespe (*P. vulgaris*)

Deutscher (wissen-schaftlicher) Name	Größe (mm)	Geographische Verbreitung, Biotop	Haltung	Bemerkungen
Sächsische Wespe (*Dolichovespula saxonica*)	11–16	h, Nest meist oberirdisch, bes. an Sträu-chern	wie oben	ebenso zu halten Kleine Hornisse (*D. media*)
Feldwespe (*Polistes gallicus*)	10–15	h, Nest an Fels-od. Lehmwän-den, Gras u. a.	Beh.-Typ V c, VI, T = 25–30 °C, ○, auch frei-fliegend	
Erdhummel (*Bombus terrestris*)	20–28	h, Nest unter-irdisch	Beh.-Typ VI od. freiflie-gend	ebenso zu halten Steinhummel (*B. lapidarius*)
Feldhummel (*Bombus agrorum*)	18–22	h, Nest meist oberirdisch in Schuppen, Vo-gelnestern u. a.	wie oben	
Pflanzenwespen				
Gelbe Stachelbeerblatt-wespe (*Pteronidea ribesii*)	14–16 (L)	h, L an Stachel-beere	Beh.-Typ II, III b m. Fut-terpfl	Verpuppung im Ge-spinst an Futterpfl od. Behälterwand
Berberitzenblattwespe (*Arge berberidis*)	15–20 (L)	h, L an Berbe-ritze	wie oben	wie oben
Weidenblattwespe (*Pteronidea salicis*)	18–20 (L)	h, L an Weiden	Beh.-Typ II, III b m. Fut-terpfl, Bodengr	Verpuppung in Ko-kon am od. im Boden

Schaben

Es ist nicht jedermanns Sache, sich daheim ein Terrarium mit Schaben einzurichten. Dazu ist diese urtümliche Insektenordnung durch die all-bekannten »Kakerlaken«, die sich als unliebsame Gäste in Wohnungen weltweit verbreitet haben, viel zu sehr in Verruf geraten. Die meisten Schaben aber, die vor allem in den Tropen häufig auftreten, halten sich außerhalb menschlicher Siedlungen auf und führen aufgrund ihrer

109

Deutscher (wissen-schaftlicher) Name	Größe (mm)	Geographische Verbreitung, Biotop	Haltung	Bemerkungen
Riesenwaldschabe (*Blaberus craniifer*)	60–65	Süd- u. Mittel-amerika	Beh.-Typ V, T = 25–30 °C	ebenso zu halten Argentinische Schabe (*Blaptica dubia*)
Fauchschabe (*Gromphadorrhina portentosa*)	55–62	Madagaskar	Beh.-Typ V m. Fett- od. Tal-kumbarriere, T = 25–30 °C	bei Beunruhigung hörbar fauchend
Madeiraschabe (*Leucophaea maderae*)	34–40	trop. Gebiete	wie oben	geruchsbelästi-gend
Grünschaben (*Panchlora*)	20–25	Mittelamerika	Beh.-Typ V, T = 25–30 °C, LF	manche Arten flugfähig
Sandschabe (*Arenivaga livida*)	25–34	Vorder- u. Zentralasien	Beh.-Typ II, V, Sand als Bodengr T = 25–30 °C, ⚲↓	in lockerem Sand lebend
Waldschaben (*Ectobius*)	5–14	h, auf Gebüsch, Farn, ♀♀ im Fallaub	Beh.-Typ II, V m. Abdeckung, LF, ○	tagaktiv, ♂♂ flugfähig
Gewächshausschabe (*Pycnoscelus surinamensis*)	16–21	bei uns nur in Gewächs-häusern	Beh.-Typ II, V, T = 25–30 °C, LF	Fortpfl meist durch Jungfern-zeugung

nächtlichen Lebensweise ein recht unbeachtetes Dasein. Unter ihnen findet man auch die attraktiveren Arten, die wegen ihrer Größe, Färbung oder ihres interessanten Verhaltens gern von Liebhabern gehalten werden. Sie erweisen sich durchweg als recht ausdauernde Pfleglinge, deren Vermehrung keine besonderen Schwierigkeiten bereitet. Wir können diese Arten im Gegensatz zu den »Hausschaben« durchaus in der Wohnung dulden, ohne befürchten zu müssen, daß sich vielleicht doch einmal entwichene Tiere hier unkontrolliert vermehren. Dazu reicht die normale Zimmertemperatur nicht aus.

110

Für eine mehr kurzfristige Haltung sind unsere heimischen Waldschaben *(Ectobius)* geeignet. Durch Abkeschern von Gebüsch, Farnen
oder Heidekraut lassen sie sich besonders im Hochsommer leicht einsammeln; es sind aber meist nur Männchen, die wir dabei erlangen;
nach den flugunfähigen Weibchen muß man mehr am Boden zwischen
Fallaub suchen. Allerdings stellen diese Arten schon höhere Haltungsansprüche als die großen tropischen Vertreter, und sie haben auch keine
so lange Lebensdauer. Wen interessante, in manchen verhaltensbiologi-
schen Details noch weitgehend unerforschte Tiere reizen, sollte es einmal mit den tagaktiven Waldschaben versuchen.

Haltung: Zur Unterbringung eignen sich Behälter aus Glas oder Plastik
verschiedenster Art (Beh.-Typ II, V b), möglichst mit dicht aufliegendem Gazedeckel. Die Größe richtet sich nach der Anzahl der zu haltenden Tiere. Um ein Entweichen der Schaben zu verhindern (viele Arten
vermögen ohne weiteres an den Wänden hochzulaufen), wird zusätzlich
der obere Gefäßrand mit einer Barriere aus Talkum oder Vaseline versehen. Wichtig sind ausreichend Versteckplätze (z. B. Borkenstücke, flache Steine, Baumstubben), als Bodengrund dient ein Torf-Sand-Ge-
misch (das gelegentlich anzufeuchten ist) oder reiner, trockener Sand
(z. B. für Wüstenschaben). Bei Massenzuchten, wie sie z. B. zu Futterzwecken unterhalten werden, sollte aus praktischen Gründen auf eine
naturnahe Einrichtung der Behälter verzichtet werden (kein Bodengrund; Knüllpapier, ineinandergestapelte Eierkartons u. a. als Versteck).
Temperatur 25 bis 30 °C, nur schwache Beleuchtung. Eine Ausnahme
bilden in mancher Hinsicht die heimischen Waldschaben, die bei Zimmertemperatur, höherer Luftfeuchtigkeit (60 bis 75 %) und mehr Licht
(zeitweilige Besonnung regt Männchen zur Paarung an) zu halten sind.

Fütterung: Die meisten Schaben sind Allesfresser. Als Grundfutter geben wir zerstoßene Pellets oder ein Gemisch von Haferflocken und
Trockenmilchpulver im Verhältnis 4:1; dazu reicht man genügend
Grünzeug (z. B. Löwenzahn, Salat, Kohl), in Scheiben geschnittene
Möhren und verschiedenes Obst. Speisereste, Brot oder gekochte Kartoffeln sollten nicht verfüttert werden, denn sie faulen oder verpilzen innerhalb kurzer Zeit und fördern außerdem die Entwicklung der uner-
wünschten Milben. Trinkwasser ist bei saftreicher Nahrung nicht unbedingt erforderlich. Ausgesprochen vegetarische Kost verlangen Ge-
wächshausschaben (Kohl, Salat, Blüten, auch Tradeskantie).

Zucht: Schaben lassen sich ohne größeres Zutun leicht vermehren. Damit die Zucht schnell »in Gang« kommt, setze man eine möglichst

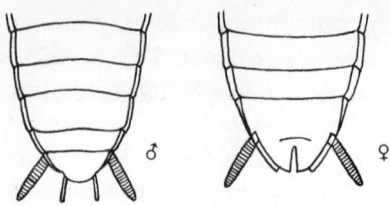

Abb. 24 Geschlechtsunterschiede bei Schaben
♂ mit Griffel (Styli) an der Unterseite des letzten Hinterleibssegmentes

große Anzahl von Tieren ein, notfalls wähle man anfangs entsprechend kleinere Behälter. Die Weibchen legen ihre Eier stets in einem Eipaket (Oothek) ab, das sie entweder schon wenige Stunden nach der Fertigstellung deponieren (z. B. Wüstenschabe), noch längere Zeit mit sich herumtragen (z. B. Waldschabe) oder erst während des Schlüpfens der Larven ausstoßen (scheinbar lebendgebärende Arten, u. a. Riesenwaldschabe, Madeiraschabe, Fauchschabe). Die Entwicklung vor allem der größeren Arten vollzieht sich verhältnismäßig langsam. So benötigen die Larven der Riesenwaldschabe 4 bis 5 Monate bis zur letzten Häutung; die erwachsenen Tiere selbst leben vielfach bis zu einem Jahr.

Hafte und Schnabelfliegen

Die meisten Vertreter dieser artenarmen Insektengruppe erschließen sich uns nicht auf den ersten Blick, weder besondere Größe noch bunte Farben zeichnen sie aus. Es sind mehr ihre Zartheit und die netzförmige Aderung ihrer transparenten Flügel, die diesen Tieren eine besondere Note verleihen. Wer sich näher mit ihnen befaßt, wird zu mancherlei interessanten Beobachtungen und Erkenntnissen gelangen. Besonders reizvoll kann die Haltung und Aufzucht räuberisch lebender Larven sein, die mit z. T. ganz raffinierten Methoden ihre Beute überwältigen.

Florfliegen und Taghafte

An dem hell erleuchteten Fenster unserer Wohnung haben wir einige der zarten, goldäugigen Florfliegen gefangen. Schon tags darauf bemerken wir an der Behälterwand mehrere grünlichweiße Eier, die wie Luftballons auf langen dünnen Stielen sitzen. Wenn wir ein wenig Geduld

112

aufbringen, werden wir sogar beobachten können, wie das Weibchen dieses Kunststück zustande bringt: Jedesmal, wenn es ein Ei legt, tippt es zunächst mit der Hinterleibsspitze auf die Unterlage und sondert einen kleinen Sekrettropfen ab, der an der Luft rasch erhärtet. Dann hebt es den Hinterleib und zieht die klebrige Masse zu einem Faden aus, an dessen Ende das Ei befestigt wird. Bereits nach einigen Tagen schlüpfen die großköpfigen Larven, die sich mit Blattläusen gut großziehen lassen. Immerzu sind sie auf der Suche nach Beutetieren, die sie mit den langen kräftigen Saugzangen blitzschnell ergreifen und aussaugen, oft bis zu dreißig Stück am Tag. Sie werden deshalb – ebenso wie die Larven der Taghafte – auch »Blattlauslöwen« genannt. Auch ihre weitere Entwicklung, wie das Spinnen des Puppenkokons, der Schlupf der fertigen Florfliegen oder deren spätere Vermehrung bieten manche Gelegenheit zu interessanter Beobachtung.

Auf ähnliche Weise können die nahe verwandten Taghafte (Hemerobiidae) sowie die eigenartig gebauten Kamelhalsfliegen (Raphidiidae) gehalten werden. Wie die Florfliegen leben sie räuberisch und brauchen als Larven und erwachsene Insekten die für sie geeigneten Nahrungstiere.

Haltung: Man verwendet als Behälter am besten Zylinder (Beh.-Typ III a) oder höhere Glasgefäße (Industriegläser), in die ganze blattlausbefallene Pflanzenteile in Stielgläschen eingestellt werden; auch Petrischalen oder Haushaltplastikdosen (für die kleineren Taghafte) sind gut geeignet. Trinkwasser wird in Dochttränken bzw. durch Einlegen eines angefeuchteten Wattebausches gereicht.

Fütterung: Florfliegen und Taghafte (sowohl Imagines als auch deren Larven) erhalten 2- bis 3mal wöchentlich Blattläuse. Allerdings ist eine einseitige Fütterung, z. B. mit der Schwarzen Bohnenblattlaus *(Aphis fabae)*, möglichst zu vermeiden, da diese zu hoher Sterblichkeit der Larven und zu einem Absinken der Fruchtbarkeit führt. Manche Florfliegenarten, unter anderem die sehr häufige Gemeine Florfliege *(Anisochrysa carnea)*, nehmen als Vollinsekten keine Blattläuse an, wir geben ihnen Honigwasser bzw. BT-Teig (siehe S. 46). Den Kamelhalsfliegen werden neben Blattläusen, kleinen Raupen oder Fliegenmaden auch zerschnittene Mehlwürmer gereicht.

Zucht: Je Behälter können mehrere Paare eingesetzt werden. Die Eiablage erfolgt bei den Vertretern der einzelnen Familien unterschiedlich: Während Florfliegen ihre gestielten Eier nahezu überall anheften, bevorzugen Taghafte als Unterlage Blätter (besonders deren Unterseite) oder Nadeln. Kamelhalsfliegen legen im Freien die Eier in Spalten oder unter loser Rinde ab, wir reichen ihnen daher rissige Borkenstücke oder kleine Wellpapperöllchen. Der besseren Beobachtung wegen bringt man die besetzten Unterlagen (die Eier der Florfliegen können einfach abgeschnitten werden) in besondere Aufzuchtgefäße, z. B. Petrischalen, und wartet den Schlupf der Larven ab. Nach der ersten Häutung empfiehlt es sich, sie zu vereinzeln, um größere Verluste durch Kannibalismus zu vermeiden. Die Verpuppung erfolgt in einem Kokon in entsprechenden Verstecken, so zwischen zusammengerollten Blättern, unter Baumrinde oder in den Wellpapperöllchen, bei Florfliegen auch unmittelbar an der Behälterwand. Bei lang andauernder Beleuchtung (täglich 18 Stunden) gelingt es, von manchen Florfliegen und Taghaften mehrere Generationen im Jahr zu züchten.

Gesamtentwicklung Gemeine Florfliege 30 bis 52 Tage (Zeitigungsdauer der Eier 8 bis 10 Tage, Puppenruhe 11 bis 21 Tage); Taghafte 24 bis 35 Tage (Zeitigungsdauer der Eier 6 bis 9 Tage, Puppenruhe 8 bis 14 Tage).

Ameisenlöwen

An vegetationsfreien, trockenen Stellen, besonders an sonnigen Waldrändern und unter vorstehenden Wegböschungen, finden wir oft kleine, trichterförmige Gruben. Wenn wir eine Ameise an den Rand eines solchen Trichters setzen, so gerät der Sand der steilen Böschung unter ihren krabbelnden Füßen ins Rutschen und reißt sie mit in die Tiefe. Dort wird sie auch schon von einem mit gespreizten Kiefern lauernden »Ameisenlöwen«, der Larve eines libellenähnlichen Insekts, ergriffen und danach völlig ausgesaugt. Manchmal gelingt es einer Ameise jedoch, sich wieder zu fangen und emporzuklettern. Dann schleudert ihr der Räuber eine Sandladung nach der anderen hinterher, bis sie schließlich doch in seinen Zangen landet.

Es lohnt sich, diese merkwürdigen Insekten zu Hause etwas eingehender zu beobachten. Mit einem Löffel kann man sie unter der Trichterspitze leicht ausheben, und wir nehmen am besten auch gleich etwas Sand von der Fundstelle mit. Im Vollglasbecken haben sie sich unter ruckartigen Bewegungen rasch im Boden eingegraben und innerhalb kurzer Zeit wieder Fangtrichter gebaut. Jetzt können wir auch Ameisen hineingeben und den Beuteerwerb unserer Pfleglinge aus allernächster Nähe verfolgen.

Ameisenlöwen sind außerordentlich interessante Studienobjekte. Sie reagieren auf Lichteinfall, Bodenbeschaffenheit oder Größe der Beutetiere sehr unterschiedlich und bieten damit stets neue Ansatzpunkte zum Beobachten und Experimentieren. Schließlich können wir auch das Schlüpfen der fertigen Ameisenjungfer noch erleben, die wir draußen in der Natur nur selten einmal zu Gesicht bekommen.

Haltung: Ameisenlöwen können in niedrigen Plastik- oder Glasbecken, die als einzige Einrichtung eine etwa 10 cm hohe Sandschicht erhalten, untergebracht werden (pro 100 cm² maximal zwei Tiere von annähernd gleicher Größe). Zweckmäßiger ist allerdings die Einzelhaltung in entsprechenden Gläsern, z. B. Einweckgläsern, da besonders ältere Larven sich früher oder später gegenseitig aussaugen und am Ende vielfach nur einzelne Tiere übrigbleiben. Ein Strahler (Glühlampe) über den Gefäßen sorgt für die notwendige Oberflächenwärme (25 bis 30 °C). Sobald sie sich zu verpuppen beginnen – sie stellen schon Tage zuvor die Nahrungsaufnahme ein –, sind kleine Äste schräg in den Sand zu stecken, damit die frisch geschlüpften Ameisenjungfern daran emporklettern und ihre Flügel voll entfalten können. Offene Behälter müssen nunmehr abgedeckt werden. Puppenruhe 2 bis 4 Wochen.

Fütterung: Die Larven lassen sich mit Ameisen, aber auch mit anderen kleinen Insekten, wie Fliegen (denen vorher die Flügel beschnitten wurden), Spinnen oder Raupen, leicht aufziehen. Stehen einmal keine lebenden Futtertiere in geeigneter Größe zur Verfügung, kann man zerschnittene Mehlwürmer an einer Pinzette oder einem Holzstäbchen im Trichter hin und her bewegen, worauf sie zumeist angenommen werden. Die Ameisenjungfern sind mit Fliegen oder Mücken zu ernähren. Während Larven nur gelegentlich eine leichte, tauartige Besprühung benötigen, muß den fertigen Insekten stets Trinkwasser zur Verfügung stehen. Sollen Ameisen gleich für mehrere Tage gereicht werden, so sind diese ebenfalls zu tränken.

Zucht: Die geschlüpften Ameisenjungfern sind selbst in einem geräumigen Flugkäfig selten zur Paarung und Eiablage zu bewegen und sollten deshalb in ihren natürlichen Lebensraum zurückgebracht werden.

Skorpionsfliegen

Die schlicht gefärbten Skorpionsfliegen sind den ganzen Sommer über auf Gebüsch, in Hecken und an Waldrändern, wo der Boden nicht zu trocken ist, ziemlich häufig anzutreffen. Sie fallen vor allem durch ihren

Deutscher (wissen-schaftlicher) Name	Größe (mm)	Geographische Verbreitung, Biotop	Haltung	Bemerkungen
Florfliegen (*Chrysopa, Nineta* u. a.)	12–24	h, auf Bäumen u. Sträuchern	Beh.-Typ I–III	ebenso zu halten Taghafte (Hemerobiidae)
»Ameisenlöwen« (*Myrmeleon*)	bis 10	h, in lockeren Sandböden Fangtrichter bauend	Beh.-Typ II, V; T = 25–30 °C	die kurzlebigen Im sind wie Florfliegen zu halten
Kamelhalsfliegen (*Raphidia*)	10–18	h, auf Bäumen u. Sträuchern	Beh.-Typ I–III; zur Eiabl rissige Rindenstücke	
Wasserflorfliegen (*Sialis*)	12–20	h, am Ufer von Gewässern	Beh.-Typ III, V a; zur Eiabl Schilfbl. über Wasserteil	L leben im Wasser
Skorpionsfliegen (*Panorpa*)	14–20	h, auf kraut. Pfl u. niedrigem Gebüsch	Beh.-Typ II, VI, Bodengr	L leben im Boden
Winterhafte (*Boreus*)	3–4	h, im Moos, auch auf Schnee	Beh.-Typ I T = 10–15 °C, Waldlauberde m. aufl. Moospolster	bis zu 20 cm weit springend

unsicher wirkenden Flatterflug auf. Stets legen sie nur kurze Strecken zurück und setzen sich gleich wieder nieder, so daß uns das Einfangen keine große Mühe bereitet. Vor dem birnenförmig angeschwollenen Hinterleibsende der Männchen, das tatsächlich etwas an das Stachelglied der Skorpione erinnert, brauchen wir uns nicht zu fürchten; es dient einzig und allein dem Festhalten des Weibchens während der Begattung.

Wenn wir mehrere Paare in einem größeren Behälter zusammen halten, können wir ein interessantes Paarungsritual beobachten: Das Männchen nähert sich dem begattungsbereiten Weibchen mit ausgebreiteten, schwirrenden Flügeln und überreicht ihm ein »Hochzeitsgeschenk« – einen sofort erhärtenden Tropfen Speicheldrüsensekret von etwa der Größe eines Stecknadelkopfes. Während es noch balzend um seine Liebesspeise herumläuft, beginnt das angelockte Weibchen schon, sie begierig zu verzehren. Diese angenehme Tätigkeit des Fressens lenkt das Weibchen vom Paarungsvorgang ab, und sobald der erste Speicheltropfen aufgebraucht ist, wird schnell ein neuer nachgeliefert. Bis zu einem halben Dutzend solcher Portionen werden von einer Skorpionsfliege während der Begattung, die manchmal mehrere Stunden dauern kann, verspeist.

Haltung: Als Behälter eignen sich Gläser und Haushaltplastikdosen (etwa 1500 cm^3 für einzelne Paare) oder kleinere Flugkäfige (für eine größere Anzahl von Tieren), die mit geschnittenen Pflanzen in Stielgläschen und einer Docht- oder Tellertränke ausgestattet sind. Auf einer kleinen Glasplatte (z. B. einem Objektträger) wird das Futter gereicht.

Fütterung: Skorpionsfliegen und deren Larven sind mit zerschnittenen Mehlwürmern oder anderen toten, zerquetschten Insekten (Fliegen, kleine Raupen u. a.) zu ernähren; lebende, unverletzte Futtertiere werden verschmäht. Auch Leber ist ein günstiges Futter.

Zucht: Zur Eiablage dienen kleine, mit feuchter Erde gefüllte Plastikoder Glasschalen, die zweimal wöchentlich auszuwechseln sind. Die nach 4 bis 6 Tagen ausschlüpfenden Larven werden dann in größere Gläser oder Vollglasbecken mit Lauberde, die stets feucht zu halten ist, umgesetzt. Die kleingeschnittene Nahrung wird einfach auf die Erdoberfläche gelegt. Futterreste sind täglich zu entfernen. Nach etwa 14 Tagen erfolgt die Verpuppung in einer von der Larve gegrabenen Erdhöhle. Wenn die Bedingungen in dieser Phase nicht optimal sind (die Erde soll feucht, aber nicht zu naß sein), versuchen die Tiere, aus dem Zuchtgefäß herauszukriechen. Gesamtentwicklung 52 bis 63 Tage bei Zimmertemperatur.

Schmetterlinge

Die Entwicklung eines Schmetterlings aus der Raupe, das Schlüpfen des Falters und seinen ersten Flug ins Freie zu beobachten, gehört zu den schönsten Erlebnissen eines angehenden Insektenfreundes. Man kann jedem nur empfehlen, es einmal mit ein paar Raupen, etwa des vielerorts noch recht häufigen Tagpfauenauges oder des Kleinen Fuchses, zu versuchen und den geheimnisvollen Werdegang von der Raupe zum

117

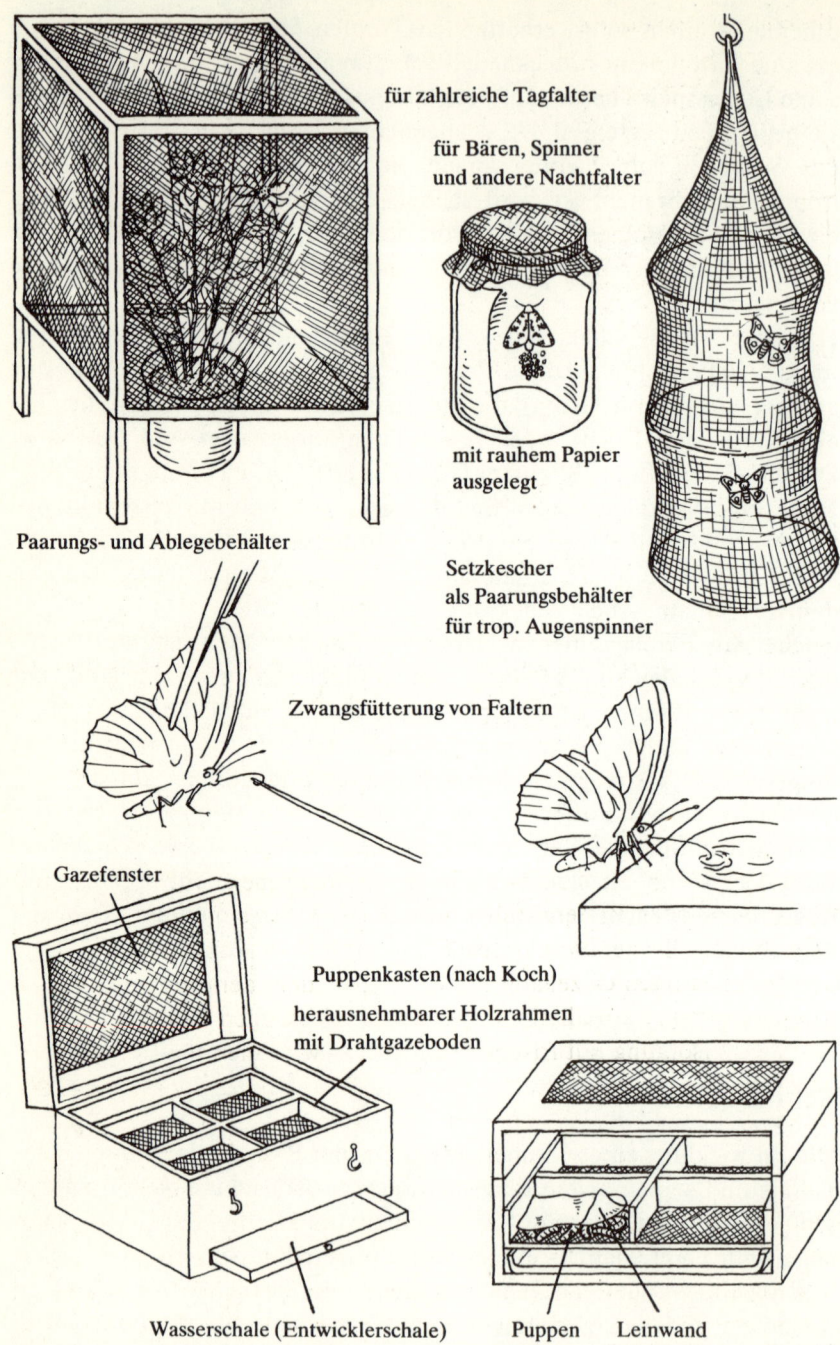

für zahlreiche Tagfalter

für Bären, Spinner
und andere Nachtfalter

mit rauhem Papier
ausgelegt

Paarungs- und Ablegebehälter

Setzkescher
als Paarungsbehälter
für trop. Augenspinner

Zwangsfütterung von Faltern

Gazefenster

Puppenkasten (nach Koch)
herausnehmbarer Holzrahmen
mit Drahtgazeboden

Wasserschale (Entwicklerschale)   Puppen   Leinwand

Überwinterung von Raupen

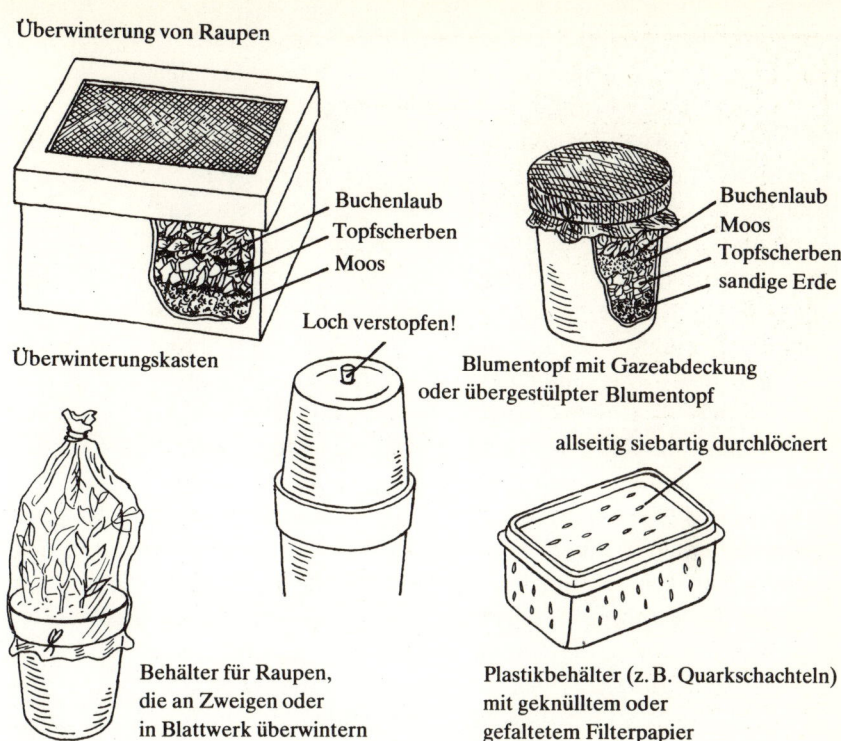

Buchenlaub
Topfscherben
Moos

Loch verstopfen!

Überwinterungskasten

Buchenlaub
Moos
Topfscherben
sandige Erde

Blumentopf mit Gazeabdeckung
oder übergestülpter Blumentopf

allseitig siebartig durchlöchert

Behälter für Raupen,
die an Zweigen oder
in Blattwerk überwintern

Plastikbehälter (z. B. Quarkschachteln)
mit geknülltem oder
gefaltetem Filterpapier

Abb. 25   Spezielle Behälter und Zuchtverfahren bei Schmetterlingen

Schmetterling in allen seinen Phasen mitzuerleben. Wer im Juli an
Wegrändern oder Ruderalstellen die hochwüchsigen Brennesselhorste
aufmerksam absucht, wird schnell zu geeignetem »Zuchtmaterial« gelangen. Im luftigen Gazekäfig macht die Aufzucht der durch ihre eigen-
artige Bedornung auffallenden schwärzlichen Raupen keine Schwierigkeit; die Versorgung mit frischem Futter, das wir ihnen täglich in einem
Gefäß mit Wasser reichen, ist unsere ganze Mühe. Wir müssen nur auf-
passen, daß uns keine Etappe der einzigartigen Umwandlung entgeht,
denn unsere »Brennesselraupen« wachsen rasch heran, und schon nach
wenigen Wochen ist die gesamte Entwicklung abgeschlossen. Die geschlüpften Falter sollten wir in geeigneter Umgebung fliegen lassen, wir
schaffen uns damit einen weiteren erlebnisreichen Höhepunkt.

Nicht alle Schmetterlinge lassen sich so einfach großziehen wie die
beiden erwähnten Tagfalter. Bei vielen gelingt dies nur unter Anwen-

119

dung ganz bestimmter Methoden und Erfahrungen, und eine große Zahl von Arten konnte bisher überhaupt noch nicht in Gefangenschaft vom Ei oder der Raupe bis zum Falter gebracht werden; das ist letztlich auch der Grund, weshalb es den passionierten Schmetterlingsfreund immer wieder reizt, sich gerade mit solchen »heiklen« Arten, die oft in ihrer Biologie fast gänzlich unbekannt sind, näher zu befassen.

Wenn wir auf unseren Exkursionen Raupen eintragen, sollten wir immer darauf achten, auf welcher Pflanze wir sie gefunden haben. Zahlreiche Arten sind auf eine ganz bestimmte Nahrung spezialisiert und nehmen keine andere zu sich. Erhalten wir aber Raupen, deren Futterpflanzen uns unbekannt sind, bieten wir ihnen zunächst verschiedene, im allgemeinen als Universalfutter bekannte Pflanzen gleichzeitig an, von denen dann manchmal eine angenommen wird. Solche Pflanzen sind z. B. Löwenzahn, Schneebeere, Weide, Liguster, Nesseln oder Wegerich.

Kritische Phasen der Aufzucht bilden häufig die Überwinterung und Verpuppung der Raupen. Schon geringe Abweichungen von den Erfordernissen an Temperatur, Feuchtigkeit oder Bodensubstrat können zum Tod der Tiere führen. Überwinternde Puppen, bei denen im nächsten Jahr kein Schlupf erfolgt, brauchen aber nicht unbedingt abgestorben zu sein; ein »Überliegen« über ein oder mehrere Jahre ist bei manchen Arten nicht selten. Stets sollte man den schlüpfenden Faltern Gelegenheit geben, an rauhen Behälterwänden, Zweigen, Gaze- oder Stoffstreifen emporzuklettern, damit sie in hängender Stellung ihre Flügel voll entfalten können.

Die Falter selbst, ob nun aus Raupen gezogen oder draußen mit dem Kescher eingefangen, sind für eine Haltung allerdings wenig geeignet. So verlockend es auch sein mag, farbenfrohe Schmetterlinge unter Heimbedingungen zu pflegen, die meisten Arten flattern sich in einem noch so geräumigen Gazekäfig schnell ab oder sind tagsüber kaum aktiv, so daß ihre ganze Schönheit und Anmut gar nicht zur Geltung kommen. Lediglich einige wenige Tagfalter gewöhnen sich unter bestimmten Voraussetzungen verhältnismäßig rasch ein und zeigen auch im Flugkäfig ihr natürliches Verhalten, das zu manchen reizvollen Beobachtungen Anlaß gibt.

Die Weiterzucht der Schmetterlinge ist schon bei vielen Arten gelungen, nicht wenige lassen sich sogar mit Erfolg über Generationen hinweg vermehren und bilden beliebte Studienobjekte. Sieht man einmal von dem gern angewandten Verfahren ab, im Freiland gefangene Weibchen zu Hause »einfach« ablegen zu lassen, so besteht die Schwierigkeit

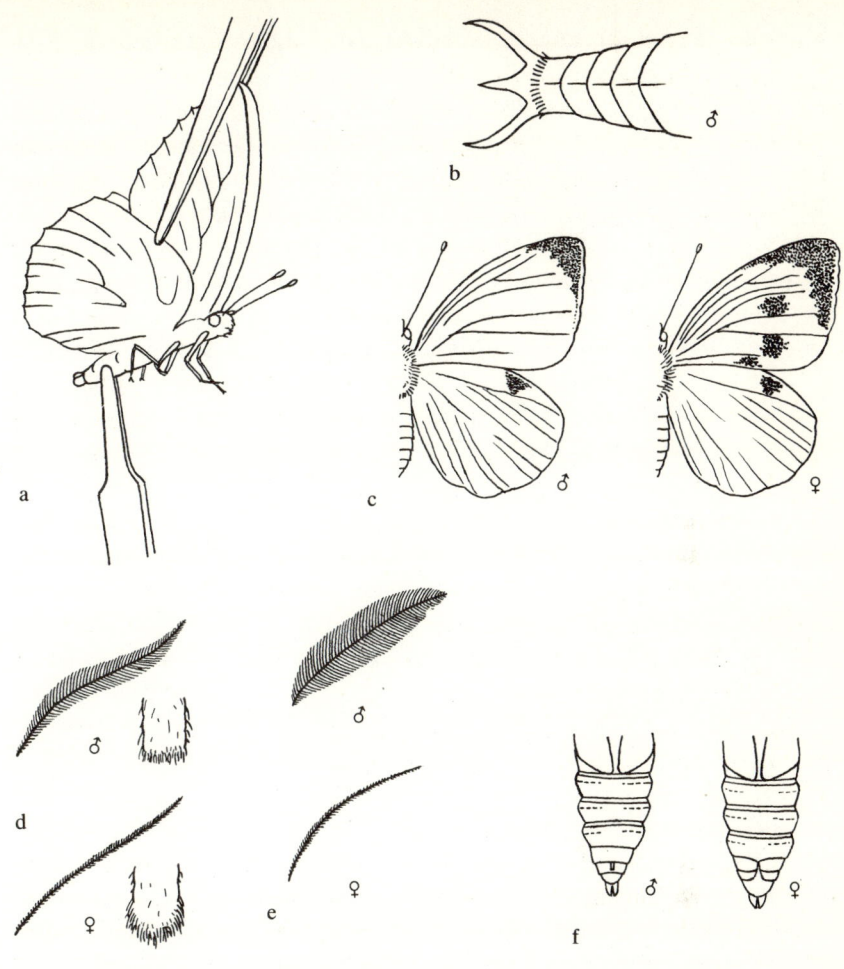

Abb. 26   Geschlechtsunterschiede bei Schmetterlingen

a, b Durch leichten seitlichen Druck im Bereich der letzten Hinterleibssegmente kann in vielen Fällen das Ausstülpen der Geschlechtsorgane erreicht werden. Beim ♂ werden zwei seitliche Klammern (Valven) und ein rückseitiger Haken (Uncus) sichtbar (b)

c Tagfalter: oft unterschiedliche Flügelfärbung oder -zeichnung zwischen ♂ und ♀

d Bären: Fühler und Hinterleibsende beim ♂ und ♀ meist auffallend verschieden

e Spinner: ♂ meist mit stark gekämmten Fühlern

f Puppen von Schwärmern, Spinnern, Eulen: auf Bauchseite zwischen Ende der Flügelscheiden und Markierungen der späteren Geschlechts- und Afteröffnungen beim ♂ vier, beim ♀ drei markierungsfreie Segmente

121

einer Weiterzucht unserer Tiere häufig darin, die in Gefangenschaft geschlüpften Falter zur Paarung bzw. Eiablage zu bewegen. Zahlreiche Arten verlangen dazu die Beigabe der Raupenfutterpflanze, andere einen Behälter, in dem sie fliegen können. Nicht selten kommt es auch vor, daß aus wenigen uns zur Verfügung stehenden Puppen nur einzelne Weibchen schlüpfen und dadurch die Weiterzucht gefährdet ist. Vor allem bei Spinnern und Schwärmern hat sich bewährt, diese Tiere an geeignete Stellen im Freiland in einem sogenannten Anflugkäfig auszusetzen und die Männchen für die Paarung anzulocken. Ein solches Gerät besteht aus einem allseitig mit Gaze bespannten Holzgerüst von etwa $20 \times 15 \times 15$ cm Größe und weist oben eine nach innen gerichtete Reuse auf, durch die anfliegende Männchen leicht ins Innere zu dem Weibchen gelangen. Dieses Verfahren ist auch geeignet, durch Inzucht geschwächte Zuchtstämme wieder aufzufrischen.

Der zur Verfügung stehende Raum und die Fülle an Erkenntnissen und Erfahrungen bei der Haltung und Zucht von Schmetterlingen bringen es zwangsläufig mit sich, daß oft nur zusammenfassende Hinweise gegeben werden können und mehr als bei der Behandlung anderer Insektengruppen auf die am Schluß des Buches angeführte Spezialliteratur verwiesen werden muß.

Tagfalter

Tagfalter erfreuen sich bei allen Schmetterlingsfreunden großer Beliebtheit. Meist sind es Raupen, die von Exkursionen mitgebracht und dann zu Hause weiter aufgezogen werden. Wenn man ihre Futterpflanzen kennt – Bestimmungsbücher geben darüber Auskunft –, kann man sogar gezielt nach ihnen suchen. Trotzdem müssen wir oft noch Ober- und Unterseite der Blätter oder Stengel und Äste gründlich »unter die Lupe nehmen«, denn je nach ihrer Lebensweise halten sich die Raupen an den verschiedensten Pflanzenteilen auf, oder sie sind so hervorragend getarnt, daß sie einem beim flüchtigen Hinschauen einfach entgehen. Hat sich das Auge erst auf Farbe und Form eingestellt, entdeckt man die Tiere zum eigenen Erstaunen wesentlich leichter.

Mit der zunehmenden Veränderung und Zerstörung ihrer Lebensräume werden leider auch viele Schmetterlingsarten – und gewiß nicht nur die leichter zu beobachtenden Tagfalter – immer seltener, manche sind örtlich schon verschwunden oder vom Aussterben bedroht. Die zu ihrem Schutz erlassenen Gesetze und Verordnungen müssen deshalb

Richtschnur eines jeden sein, der Schmetterlinge unter Heimbedingungen halten und pflegen will. Vor allem sollten die geschlüpften Falter, die nicht für eine Weiterzucht vorgesehen sind, möglichst am Originalfundort der Raupen wieder freigelassen werden. Oftmals sind es sogar mehr Tiere, als in der Natur überlebt hätten – eine ideale Möglichkeit, Hobby und Artenschutz aufs schönste miteinander zu verbinden.

Haltung: Die frisch geschlüpften Raupen werden anfangs in kleine, mit Filterpapier ausgelegte Gläser (z. B. Petrischalen) oder Haushaltplastikdosen gebracht (mit feinem, leicht angefeuchtetem Pinsel übertragen!). Bei der Reinigung der Gefäße und beim Umsetzen auf das frische Futter sollte man möglichst mit einer Kopflupe arbeiten, da sonst bei noch so intensivem Suchen viele der oft winzigen Tiere übersehen und mit den Futterresten weggeworfen werden. Mit dem Heranwachsen der Raupen sind größere Behälter zu wählen (eventuell Aufteilung auf mehrere Gefäße), später können entsprechend den spezifischen Ansprüchen der einzelnen Arten weitlumige Gläser (Einkoch-, Gurkengläser), die man oben einfach mit Stoff abbindet, kleine bis mittelgroße Aquarien (mit aufgelegtem Drahtgazerahmen) oder luftige Gazekäfige (Beh.-Typ VI a, b) Verwendung finden. Am Boden ausgelegtes Papier erleichtert die Reinigung wesentlich. Die Aufzucht mancher Arten erfolgt besser in Zylindern (Beh.-Typ III) an der eingetopften Futterpflanze oder durch Ausbinden im Freien (siehe S. 29). Die verpuppungsreifen Raupen – man erkennt sie am Einstellen der Nahrungsaufnahme und an der Verfärbung – können in den meisten Fällen im Aufzuchtbehälter verbleiben. Werden Gläser benutzt, sind Äste, Zweige oder Rindenstücke einzustellen; für Arten, die sich frei aufhängen (z. B. Tagpfauenauge, Kleiner Fuchs), sind Gefäße mit abnehmbarem Deckel ungeeignet, da Störungen während der Verpuppungsphase dann kaum vermieden werden können. Raupen, die sich erst im Frühjahr verpuppen, werden entweder auf der eingetopften Futterpflanze belassen (z. B. Baumweißling, Eisvogel), oder man setzt sie in mit geknülltem Filterpapier und trockenen Nahrungsblättern angefüllte Plastikschachteln, die mit einer Nadel siebartig durchlöchert wurden (z. B. Gelblinge, Scheckenfalter). An einem kühlen, nicht zu trockenen Standort (Garten oder Balkon) können sie überwintern, ebenso im Kühlschrank, wenn ständig für entsprechende Luftfeuchtigkeit gesorgt wird.

Die Falter mancher Arten (z. B. Weißlinge, Tagpfauenauge, Landkärtchen) lassen sich in geräumigen Flugkäfigen (Beh.-Typ VI a) halten. Werden regelmäßig frische Blüten eingestellt (die den Raum nicht allzu-

123

sehr einschränken dürfen), geben die Schmetterlinge ihre ungestümen Versuche, zu entweichen, meist auf und gewöhnen sich im Behälter bald ein. Wichtig ist auch eine diffuse, aber helle Beleuchtung, weil sonst die Tiere bei der kleinsten Beunruhigung zur Lichtquelle fliegen und hier nicht selten bis zur Ermattung herumflattern. Ausreichende Fütterung, gelegentliches Aufstellen der Behälter im Freien und Wärme (25 bis 30 °C) sind weitere Vorbedingungen für eine erfolgreiche Haltung.

Fütterung: Zahlreiche Raupen sind auf einige oder ganz bestimmte Pflanzen spezialisiert, andere zeigen sich weniger wählerisch (vgl. Tab.). In den meisten Fällen wird in Wasser gestelltes Futter gut vertragen (Raum zwischen Gefäßwand und Pflanzenstielen mit Zellstoff sorgfältig verstopfen bzw. Lochdeckel verwenden). Manche Arten können nur an der lebenden Pflanze aufgezogen werden. Den Faltern wird als Grundfutter Honigwasser im Verhältnis 1:8 in Klettertränken gereicht, daneben Sträuße frischer Blüten (z. B. Skabiosen, Sommerflieder, Disteln), die täglich zu wechseln sind. Tränken mit Wasser, besonders bei großer Hitze, ist unerläßlich. Während eine Reihe von Arten (z. B. Weißlinge, Landkärtchen) diese Nahrungsquellen von selbst aufsuchen, müssen zahlreiche andere zwangsweise gefüttert werden (je nach Temperatur und Flugaktivität 1- bis 3mal täglich). Dazu wird der Falter an den zusammengeklappten Flügeln ergriffen, der spiralig gerollte Rüssel mit einer feinen Präpariernadel ausgezogen und seine Spitze in eine mit dünnem Honig gefüllte flache Schale dirigiert, bis er ruhig saugt (Abb. 25). Ein stark abgedunkelter Raum erleichtert die Fütterung wesentlich. Ehe man das Tier wieder zurücksetzt, taucht man seine Beine kurze Zeit in lauwarmes Wasser, damit sich eventuell anhaftende Zukkerreste auflösen.

Zucht: Um Tagfalter zur Paarung zu bewegen, sind in der Regel kleinere Flugkäfige (Beh.-Typ VI a, etwa $80 \times 60 \times 60$ cm) erforderlich, in die Sträuße von Blüten (täglich erneuern) und Triebe der Raupenfutterpflanze eingestellt werden. Ausreichende Nahrungsaufnahme und Aufstellen im Freien (Garten, auch Fenstersims oder Balkon; pralles Sonnenlicht ist zu vermeiden) sind vielfach Voraussetzungen für den Erfolg. Die Eiablage, die sich über mehrere Tage oder gar Wochen hinziehen kann, erfolgt zumeist im selben Behälter oder in Zylindern an der eingetopften Futterpflanze. Manche Arten (z. B. Landkärtchen, Augenfalter) legen auch bereitwillig in größeren Haushaltplastikdosen ab.

124

Raupenentwicklung beim Tagpfauenauge und Großen Kohlweißling 15 bis 21 Tage, beim Schwalbenschwanz 30 bis 36 Tage bei Zimmertemperatur.

Bären

Sehr auffällig und jedem Naturfreund gut bekannt sind die großen, lang- und dichtbehaarten Bärenraupen, die im Herbst oft so eilig über den Weg laufen. Wenn man sie in die Hand nimmt, rollen sie sich wie ein Igel ein. Die meisten Arten lassen sich ohne größeren Aufwand bis zum Falterstadium großziehen und bei wenig Platzbedarf teilweise auch über Generationen hinweg weiterzüchten.

Die vielfach sehr bunt gefärbten Schmetterlinge leben recht verborgen und sind schwer zu finden, doch kommen einige Arten regelmäßig und gelegentlich in größerer Anzahl ans Lampenlicht. Angeflogene Weibchen, die fast immer befruchtet sind, kann man in mit Papier ausgelegte Gläser setzen, in denen sie meist bereitwillig ihre Eier ablegen.

Haltung: Die Aufzucht der Raupen ist in vielen Fällen unkompliziert und leicht, sie kann anfangs in kleinen Gläsern (z. B. Petrischalen) oder Haushaltplastikdosen, später in Glasbecken, Gazekäfigen (Beh.-Typ VI) oder in Zylindern an der eingetopften Futterpflanze erfolgen. Manche Arten lieben tagsüber Wärme und gedämpftes Sonnenlicht. Mit Beginn der kalten Jahreszeit setzt man die Raupen in Blumentöpfe, die mit sandiger Erde, zerzupftem Moos und einer Lage Tonscherben gefüllt und danach mit Gaze gut verschlossen werden (Aufstellen z. B. auf Balkon oder Dachboden). Wichtig dabei ist, etwas Futter (Kohlstrünke, Brombeerblätter) mit beizugeben, da bei mildem Winterwetter die Tiere häufig wieder zu fressen beginnen. Die im Frühjahr erwachsenen Raupen sind einen Tag lang bei 25 bis 30 °C in »gespannter« Luft zu halten (dicht schließendes Glas mit nassem Moos verwenden) und können anschließend weiter aufgezogen werden. Das häufig empfohlene Baden der Tiere in warmem Wasser schwächt sie sehr. Sind die Raupen verpuppungsreif (am anhaltenden, hastigen Umherlaufen erkenntlich), werden sie am besten in gesonderten Behältern (auch einzeln in Streichholzschachteln oder entsprechend großen, mit Watte verschlossenen Pappröllchen) untergebracht, wo sie ungestört ihr Gespinst anfertigen können. Manche Puppen (z. B. Brauner Bär) dürfen in ihrer Lage nicht verändert werden. Bei vielen Arten läßt sich die Winterruhe der Raupen durch künstliche Wärmezufuhr (28 bis 30 °C) ausschalten (»Treibzucht«, siehe S. 49), doch sind solche Tiere für eine Weiterzucht wenig geeignet.

Fütterung: Bärenraupen fressen vorwiegend an lebenden Pflanzen (vgl. Tab.). Sie sind in ihrer Ernährung sehr vielseitig und nehmen ohne weiteres auch Kohlarten (Wirsing, Rot-, Weiß-, Blumenkohl, Kohlrabi), Salat oder Endivien, selbst Äpfel gern an, was eine Weiterzucht in den Wintermonaten wesentlich erleichtert. Das Futter darf nicht naß oder feucht sein (auf keinen Fall in Wasser einstellen!), saftreiche Pflanzenteile (z. B. bei Endiviensalat) sind vorher herauszutrennen. Beim Futterwechsel ist auf versteckte Jungraupen in vertrockneten eingerollten Blättern zu achten. Eine Aufzucht mancher Arten (z. B. Brauner Bär) mit synthetischem Futter ist möglich. Die meisten Falter haben verkümmerte Mundwerkzeuge und brauchen nicht gefüttert zu werden, doch sollte durch Sprühen (vor allem während der Eiablage) für eine höhere Luftfeuchte gesorgt werden.

Zucht: Viele Arten lassen sich in relativ engen Behältern (Schachteln, Haushaltplastikdosen oder Gläsern) verpaaren, bei einigen sind dazu kleinere Flugkäfige (Beh.-Typ VI a) erforderlich. Die Weibchen setzen ihre Eier in großen, zusammenhängenden »Spiegeln« auf jeder verfügbaren Unterlage ab. Werden die Behälter mit rauhem Papier ausgelegt, können die darauf angekitteten Gelege mit der Schere ausgeschnitten und bequem in Aufzuchtgläser umgesetzt werden.

Raupenentwicklung 30 bis 45 Tage (Brauner Bär) bei Zimmertemperatur.

Schwärmer

Schwärmerraupen sind infolge ihrer Größe und Färbung recht imposante Insekten. Mit dem so wehrhaft aussehenden Horn am Hinterende des Körpers, das aber vollkommen harmlos ist, sind sie unverwechselbar. Bei Störungen nehmen manche eine eigentümliche Drohstellung ein (Bild 66), die ein wenig an eine ägyptische Sphinx erinnert, was ihnen wohl auch den lateinischen Namen Sphingidae einbrachte. Es ist gar nicht so leicht, sie trotz der beachtlichen Größe im Gelände zu finden, denn sie sind durch Körperfarbe und -zeichnung der Umgebung hervorragend angepaßt. In Vorstadtgärten mit ihren vielen Ligusterhecken und Fliederbüschen verraten manchmal die schon erwachsenen Raupen ihre Anwesenheit durch die großen schwarzen Kotballen, die auf Asphalt- oder Betonwegen besonders auffallen. Die knallig bunten

Wolfsmilchschwärmer-Raupen dagegen sitzen scheinbar völlig ungetarnt an ihrer Futterpflanze und sind schon leichter zu entdecken.

Wegen ihrer Schönheit und der zumeist einfachen Aufzucht zählen Schwärmerraupen von jeher zu den begehrten Objekten eines jeden Schmetterlingsfreundes. Die Falter selbst sind rasante Flieger und lassen sich im Insektarium kaum artgerecht halten, am Licht erbeutete Weibchen kann man für die Zeit der Eiablage in eine Schachtel sperren.

Haltung: Zur Unterbringung der Raupen eignen sich die bei den Tagfaltern (siehe S. 123) aufgeführten Behälter. Manche Arten sind anfangs möglichst an der eingetopften Futterpflanze zu halten, später bereitet die Aufzucht der meisten kaum noch Probleme, sofern Gazekäfige (Beh.-Typ VI a, b) Verwendung finden. Raupen, die sich gerade häuten  (sie sitzen dann meist festgesponnen an irgendeiner Unterlage), dürfen nicht gestört werden. Sind die Tiere verpuppungsreif geworden (erkennbar durch unruhiges Umherlaufen und oft auffallende Verfärbung der Haut), setzt man sie in mit Stoff oder Gaze gut verschlossene Gläser oder Aquarien (auch Eimer, alte Töpfe) um, die entsprechend den jeweiligen Ansprüchen der einzelnen Arten eine unterschiedlich hohe, lockere Bodenschicht aus Torf und Sägespänen oder zerzupftem Moos enthalten. In zu engen Behältern kommt es nicht selten zu gegenseitigen Störungen; die Folge sind abgestorbene Raupen und Krüppelpuppen.

Frühestens zwei Wochen, nachdem sich alle Tiere verkrochen haben, kann man die Puppen entnehmen. Dazu wird der Inhalt des Behälters vorsichtig auf einem größeren Sieb entsprechender Maschenweite ausgeschüttet. Die abgelesenen Puppen werden, zwischen Leinenläppchen gelegt, in einem Puppenkasten (Abb. 25) auf dem Balkon oder Dachboden überwintert.

Fütterung: Die jungen Raupen müssen nach dem Schlüpfen gleich Nahrung vorfinden und dürfen sich gegenseitig beim Fressen nicht stören. Die Futterpflanzen (vgl. Tab.) können den meisten Arten später in wassergefüllten Gläsern gereicht werden (Raum zwischen Pflanzenstielen und Gefäßwand gut abdichten). Größere Raupen sitzen häufig sehr fest an Stengeln und Blattrippen und sind beim Futterwechsel mit der Unterlage auszuschneiden, gewaltsames Lösen führt leicht zu Verletzungen der Tiere. Ein Teil der Falter (z. B. Ligusterschwärmer, Wolfsmilchschwärmer) ist zur Nahrungsaufnahme befähigt und muß gefüttert werden (Kunstblumen mit Honigfüllung einstellen), mitunter kann eine Zwangsfütterung (siehe Tagfalter) erforderlich sein.

Zucht: Für die Paarung verwendet man am besten Flugkäfige (Beh.-Typ VI a, etwa 80 × 80 × 80 cm), die möglichst mit mehreren Falterpaaren besetzt werden sollten. Wärme (mindestens 17 °C), ausreichende Fütterung (soweit es sich um saugende Arten handelt) und halbschattiges Aufstellen im Freien (Garten, ebenso Fenstersims oder Balkon) sind für das Gelingen förderlich. Mitunter führen erst besondere Kniffe (z.B. geringfügige Rumbeigabe zum Honigwasser!) zum Ziel. Die Eiablage erfolgt zumeist an der eingestellten Raupenfutterpflanze, vielfach auch an Gaze- und Holzteilen der Behälter selbst. Bei einigen Arten (auch den im Freiland eingefangenen) genügen bereits Pappschachteln oder mit rauhfaserigem Papier ausgelegte Gläser, die Eier lassen sich dann leicht herausnehmen und ausschneiden.

Raupenentwicklung 28 bis 35 Tage (Ligusterschwärmer) bei Zimmertemperatur.

Spinner

Auch unter den Spinnern – einer systematisch sehr uneinheitlichen Schmetterlingsgruppe – gibt es eine ganze Reihe recht stattlicher und interessanter Raupenformen, die den Liebhaber begeistern können. Viele sind schön gefärbt und gezeichnet, bei anderen ist auch noch der Körper grotesk, geradezu abenteuerlich gestaltet, mit Warzen, Dornen und Erhebungen verschiedenster Art versehen oder mit Haaren dicht bedeckt. Nicht wenige Arten produzieren große Mengen dünner Seidenfäden zur Herstellung der Kokons und Gespinste, in denen sie sich zur Puppe verwandeln; der Echte Seidenspinner ist das bekannteste Beispiel.

Besonders beliebt sind die prächtigen, großen Augenspinner (Saturniidae) aus Nordamerika und Ostasien, die in verschiedenen, zumeist einfach zu haltenden Arten regelmäßig angeboten werden. Ihre Raupen lassen sich durchaus auch mit den uns zur Verfügung stehenden Futterpflanzen großziehen. Im Sommer vertragen manche ohne weiteres unser Klima, so daß man an Aufzuchten im Freiland sehr interessante Beobachtungen machen kann und mit dem Füttern keine Mühe hat. Selbst ohne Behälter lassen sich die trägen Raupen heranziehen, wenn man einige Zweige der betreffenden Futterpflanze in einem Glas auf das Fensterbrett stellt und die Tiere daraufsetzt. Solange die Raupen dort frisches Futter vorfinden, werden sie von ihrem »Strauß« kaum abwandern.

Für eine Weiterzucht sollte man möglichst eine ganze Anzahl von Puppen zur Verfügung haben, damit die Wahrscheinlichkeit möglichst groß ist, daß die Falter in kurzer Folge schlüpfen und sich paaren können.
Haltung: Nach dem Schlüpfen sind manche Raupen bis zur ersten Futteraufnahme dunkel zu stellen, da sie sich gern an der dem Licht zugewandten Seite des Behälters sammeln, hier unruhig herumlaufen und sich vielfach gegenseitig mit Spinnfäden überziehen. Die Aufzucht erfolgt im allgemeinen wie bereits bei den Tagfaltern angegeben (siehe S. 123), doch sind zahlreiche Arten gegenüber höherer Luftfeuchtigkeit recht empfindlich; sie sollten nicht in Gläsern, sondern in luftigen Gazekäfigen (Beh.-Typ VI a, b) gehalten werden. Raupen, die vor der Verpuppung stehen (sie setzen dann auffallend flüssigen bzw. schleimigen Kot ab), sind entsprechend ihren Gewohnheiten (vgl. Tab.) geeignete Rindenstücke, Äste, Laub oder eine Bodenschicht aus einem Torf-Sägespäne-Gemisch beizugeben. Hält man zu viele Tiere auf engem Raum beisammen, kommt es nicht selten vor, daß die Gespinste dicht übereinandergeschichtet angelegt werden, was das Schlüpfen der Falter sehr beeinträchtigt. Die Puppen sind, zwischen Leinenläppchen gelegt, in einem Puppenkasten (Abb. 25) aufzubewahren. Die Überwinterung von Raupen, die sich an Bäumen oder Sträuchern festsetzen (z. B. Kupferglucke, Goldafter), erfolgt am besten in luftigen Gazekästen mit eingestellten Zweigen, auf dem Balkon oder im Garten an einem Ast aufgehängt (Behälter vor direkter Sonneneinstrahlung schützen!). Sich in den Boden begebende Arten können in den für Bären (siehe S. 125) empfohlenen Blumentöpfen gut durchgebracht werden.

Fütterung: Die Futterpflanzen (vgl. Tab.) sollten den Raupen möglichst nicht in Wasser eingestellt gereicht oder zumindest täglich erneuert werden, da es sonst leicht zu Darminfektionen kommen kann; von einzelnen Arten (z. B. Mondvogel, Nagelfleck) wird jedoch auch »gewässertes« Futter gut vertragen. In manchen Fällen gelingt die Aufzucht der Raupen besser durch Ausbinden an der lebenden Futterpflanze im Freien (z. B. Gabelschwanz, Ringelspinner, verschiedene nordamerikanische Augenspinner). Die zur Weiterzucht ausgewählten Falter brauchen nicht gefüttert zu werden, denn sie besitzen verkümmerte Mundwerkzeuge und sind zur Nahrungsaufnahme nicht fähig.
Zucht: Von allen Schmetterlingen lassen sich Spinner am leichtesten zur Paarung und Eiablage bringen. Oft kommt es dazu bereits im engen Puppenkasten kurz nach dem Schlüpfen der Falter. Als Behälter sind Pappschachteln, Gläser oder Haushaltplastikdosen, möglichst mit Pa-

piereinlage versehen (die darauf abgelegten Eier können dann herausgeschnitten werden), gleichermaßen gut geeignet. Eine Beigabe der Raupenfutterpflanze ist im allgemeinen nicht erforderlich.

Raupenentwicklung 30 bis 50 Tage (Echter Seidenspinner), 55 bis 70 Tage (Eichenseidenspinner), 70 bis 90 Tage (Streckfuß) bei Zimmertemperatur.

Eulenfalter und Spanner

Wenn spät abends ein Schmetterling in engen Spiralen fortgesetzt die Zimmerlampe umkreist und dann plötzlich irgendwo zum Sitzen kommt, handelt es sich mit großer Sicherheit um einen Eulenfalter. Die Anziehungskraft, die das Licht auf zahlreiche Insekten ausübt, haben sich die Schmetterlingsfreunde zunutze gemacht: Mit speziellen Geräten »leuchten« sie an warmen, windstillen Abenden im Freien und erbeuten auf diese Weise eine Vielzahl von Eulenfaltern und Spannern, ebenso verschiedene Bären und Schwärmer. Doch auch einsame Straßenlaternen oder eine helle Schaufensterbeleuchtung fliegen Falter an, und es lohnt sich, diese Lichtquellen daraufhin zu kontrollieren. Eingefangene Weibchen lassen sich im engen Glas oder einer Schachtel leicht zur Eiablage bringen. Wichtig ist allerdings, daß man weiß, um welche Art es sich handelt, damit man für die später schlüpfenden Raupen zu Hause auch das richtige Futter beschaffen kann. Eine Bestimmung ist aber oft gar nicht so einfach – immerhin gibt es bei uns nahezu 900 verschiedene Eulen- und Spannerarten – und erfordert schon einige Spezialkenntnisse. Es ist daher besser, die Raupen draußen unmittelbar an ihren Futterpflanzen aufzuspüren, ein Botanikbuch leistet dabei gute Dienste.

Die Beschäftigung mit Eulenfaltern und Spannern war bisher meist Sache von Spezialisten. Das ist um so bedauerlicher, als eine ganze Reihe von Arten leicht aufgezogen und auch weiter vermehrt werden kann. Noch mehr Arten aber sind in ihrer Biologie noch nahezu unbekannt – ein weites Feld sinnvoller Freizeitbeschäftigung, das sich uns hier eröffnet.

Haltung: Eulen- und Spannerraupen können anfangs in kleinen Gläsern (z. B. Petrischalen) oder Haushaltplastikdosen, später in entsprechend größeren Behältern (vgl. Bären, S. 125) aufgezogen werden. Arten, die nachtaktiv sind (z. B. zahlreiche Eulen) müssen Gelegenheit haben, sich tagsüber verbergen zu können (z. B. Wellpappestücke als Versteckmöglichkeiten einlegen). Die Verpuppung erfolgt in den meisten Fällen in oder auf der Erde, weshalb man in den Behälter eine mehrere Zentimeter hohe Schicht aus Torf/Sand und aufgestreutem Moos und Laub einbringt. Manche Eulenraupen ruhen oft noch monatelang in ihrer Erdhöhle, bevor sie sich verpuppen; sie dürfen während dieser Zeit keinesfalls gestört werden. Überwinternde Puppen sind am besten in einem Puppenkasten (Abb. 25) unterzubringen. Raupen, die im Herbst das Fressen einstellen und sich erst im Frühjahr weiterentwickeln, kann man wie die von Bärenfaltern (siehe S. 125) überwintern (gegebenenfalls Futterpflanze eintopfen und Gazezylinder darüberstülpen).

Fütterung: Viele Raupen, vor allem solche, die an niederer Vegetation leben, zeigen sich wenig wählerisch und nehmen teilweise auch leicht Ersatzfutter an (z. B. Salat, Kohl, Löwenzahn, Möhrenscheiben), eine beachtliche Anzahl ist jedoch auf einige wenige oder bestimmte Pflanzen spezialisiert. In Wasser frischgehaltenes Futter ist für manche Arten (z. B. Ordensbänder) nicht empfehlenswert. Die Ernährung der Falter erfolgt am einfachsten mit einem in Honigwasser (1:8) getauchten, kleinen Schwämmchen, das an der Gaze des Behälters befestigt wird; nasser Zellstoff dient als Trinkgelegenheit.

Zucht: Die Paarung ist bei zahlreichen Arten in Zylindern an der eingetopften Raupenfutterpflanze oder kleinen Flugkäfigen (Eulenfalter) bzw. in Gläsern oder Haushaltplastikdosen (Spanner) möglich. Spanner legen hier auch bereitwillig ihre Eier ab, bei Eulenfaltern sind dazu manchmal einige Kniffe erforderlich (z. B. Honigwasser mit einem Tropfen Rum versetzen, halbschattiges Aufstellen der Behälter im Freien). Die Beigabe der Raupenfutterpflanze ist oft günstig.

Raupenentwicklung 35 bis 45 Tage (Frostspanner), 60 bis 70 Tage (Brauner Mönch) bei Zimmertemperatur.

Haltung heimischer Schmetterlinge (Raupen) im Überblick

Deutscher (wissenschaftlicher) Name	Raupenzeit	Futterpflanze	Verpuppung	Überwinterung als	Bemerkungen
Tagfalter					
Schwalbenschwanz (Papilio machaon)	6 u. 8–9	Möhre, Dill, Bibernell, Petersilie	an Beh.- Wänden od. dürren Zweigen	P	R fressen auch Blüten, Samen u. Stengel d. Futterpfl

131

Deutscher (wissenschaftlicher) Name	Raupenzeit	Futterpflanze	Verpuppung	Überwinterung als	Bemerkungen
Großer Kohlweißling (Pieris brassicae)	6 u. 8–10	Kohlarten, Radieschen, Kresse, Raps	wie oben	P	ebenso aufzuziehen Kleiner Kohlw. (P. rapae), Heckenw. (P. napi)
Aurorafalter (Anthocharis cardamines)	6–7	Wiesenschaumkraut, Lauchkraut, Gänsekresse	in Beh.-Ecken od. an dürren Stengeln	P	bei zu enger Haltung mitunter Kannibalismus
Zitronenfalter (Gonepteryx rhamni)	6–7	Faulbaum	bes. auf Blattunterseite od. an Zweigen	F	während der P.-Ruhe nicht zu trocken halten
Gemeiner Heufalter (Colias hyale)	6–7 u. 9–W–4	Luzerne, Rotklee, Weißklee	bes. an Beh.-Wänden	R	ebenso aufzuziehen Postillion (C. crocea)
Augenfalter (Erebia, Satyrus u. a.)	7–W–5	Gräser	meist frei am Boden	R	Überw möglichst an d. eingetopften Futterpfl
Großer Schillerfalter (Apatura iris)	8–W–6	Weide, auch Pappel	auf Blattunterseite	R	ab Anfang Sept. auf eingetopfter Futterpfl im Freien halten
Großer Eisvogel (Limenitis populi)	8–W–5	Espe	bes. auf Oberseite an besponnenen Blättern	R	Aufzucht der Jung-R an lebender Futterpfl
Tagpfauenauge (Inachis io)	5–7	Brennessel	an Beh.-Decke	F	ebenso aufzuziehen Kleiner Fuchs (Aglais urticae)
Großer Fuchs (Nymphalis polychloros)	5–7	Kirsche, Ulme, Weide	wie oben	F	
Trauermantel (Nymphalis antiopa)	6–7	Birke, Pappel, Salweide, Ulme	an Beh.-Decke	F	R luftig und nicht zu kühl halten

132

Deutscher (wissen-schaftlicher) Name	Raupen-zeit	Futter-pflanze	Verpuppung	Über-winte-rung als	Bemerkungen
Landkärtchen (*Araschnia levana*)	6–9	Brennessel	an Futterpfl od. Beh.-Decke	P	Dauerzucht bei tägl. 18 Std. un-unterbrochener Beleuchtung er-gibt Sommerform der F
Scheckenfalter (*Melitaea* u. a.)	7–W–6	Wegerich, Wachtelwei-zen, Ehren-preis u. a.	bes. an Decke u. Wänden des Beh.	R	Aufzucht mög-lichst an einge-topfter Futterpfl, viel Wärme u. Sonne nötig
Perlmutterfalter (*Argynnis* u. a.)	7–W–6	Veilchen-arten, auch Gartenstief-mütterchen	an Wänden u. Decke des Beh.	R	Aufzucht mög-lichst an einge-topfter Futterpfl
Kleiner Feuerfalter (*Lycaena phlaeas*)	6–7 u. 9–W–7	Sauer-ampfer	an Beh.-Wänden, auf Blättern u. Zweigen der Futterpfl	R	Aufzucht u. Überw in kleine-ren Plastikdosen
Gemeiner Bläuling (*Polyommatus icarus*)	6–7 u. 9–W–5	Klee, Hau-hechel, Fär-berginster	wie oben	R	wie oben, Beh. nur mit wenigen Tieren besetzen (Kannibalismus!)

Bären

Deutscher (wissen-schaftlicher) Name	Raupen-zeit	Futter-pflanze	Verpuppung	Über-winte-rung als	Bemerkungen
Zimtbär (*Phragmatobia fuliginosa*)	6–7 u. 9–W–4	Löwenzahn, Wegerich, Ampfer u. a. nied. Pfl, auch Schneebeere	in Gespinst am Boden	R	Treibzucht mög-lich
Wegerichbär (*Parasemia plantaginis*)	8–W–5	Saueramp-fer, Löwen-zahn, Spitz-wegerich u. a. nied. Pfl	in Gespinst in Beh.-ek-ken u. zw. zerknülltem Papier	R	Zimmertempera-tur reicht aus, um Winterruhe der R auszuschalten

133

Deutscher (wissenschaftlicher) Name	Raupenzeit	Futterpflanze	Verpuppung	Überwinterung als	Bemerkungen
Weiße Tigermotte (Spilosoma menthastri)	6–9	Löwenzahn, Brenn- u. Taubnessel, Ampfer u. a. nied. Pfl	in Gespinst zw. Blättern od. am Boden	P	ebenso aufzuziehen Gelbe Tigermotte (Spilarctia lubricipeda)
Brauner Bär (Arctia caja)	9–W–5	viele nied. Pfl, auch Kohlarten, Salat, Apfel	in Gespinst, bes. zw. zerknülltem Papier	R	Treib- u. Dauerzucht möglich
Schönbär (Panaxia dominula)	8–W–5	Brennessel, Taubnessel u. a. nied. Pfl, auch Weide, Himbeere	in Gespinst am Boden	R	R vertragen auch sehr saftreiches Futter. F müssen gefüttert werden.

Schwärmer

Deutscher (wissenschaftlicher) Name	Raupenzeit	Futterpflanze	Verpuppung	Überwinterung als	Bemerkungen
Ligusterschwärmer (Sphinx ligustri)	7–9	Liguster, Esche, Flieder, Schneeball u. a.	meist mehr als 10 cm tief im Boden	P	P überliegt mitunter
Kiefernschwärmer (Hyloicus pinastri)	7–9	Kiefer, Fichte, auch Lärche	unter Moos am Boden	P	Jung-R keine harzenden Zweige reichen (Schnittstellen abdecken!)
Lindenschwärmer (Mimas tiliae)	6–8	Linde, Birke, Ulme, Kirsche, Eberesche	in Gespinst meist dicht unter Bodenoberfl	P	P überliegt mitunter
Abendpfauenauge (Smerinthus ocellatus)	7–9	Weide, Pappel, Apfel	tief im Boden	P	R brauchen Sonne, zur Verpuppung etwa 15 cm hohe Bodenschicht
Pappelschwärmer (Laothoë populi)	6–10	Weide, Pappel	meist tief im Boden	P	Bodenschicht mind. 15 cm

134

Deutscher (wissenschaftlicher) Name	Raupenzeit	Futterpflanze	Verpuppung	Überwinterung als	Bemerkungen
Wolfsmilchschwärmer (*Hyles euphorbiae*)	7–9	Zypressenwolfsmilch	unter u. zw. Moos am Boden	P	P kann mehrmals überliegen
Spinner					
Streckfuß, Rotschwanz (*Dasychira pudibunda*)	7–10	Buche, Eiche, Birke	in Gespinst zw. Moos od. Papier	P	
Pappelspinner (*Leucoma salicis*)	5–6	Pappel, Weide	in Gespinst zw. Blättern	junge R, auch als Ei	
Schwammspinner (*Lymantria dispar*)	5–7	Eiche, Pappel, Weide, Obstlaub, gelegentl. Nadelholz	unter Gespinstfäden in Beh.-Ecken	Ei	R vertragen »gewässertes« Futter
Nonne (*Lymantria monacha*)	4–6	Fichte, Kiefer, Lärche, Eiche, Buche u. a.	wie oben	Ei	R vertragen »gewässertes« Futter
Goldafter (*Euproctis chrysorrhoea*)	9–W–6	Eiche, Weißdorn, Apfel, Kirsche u. a.	in Gespinst zw. Blättern od. Papier	R	Aufzucht bes. nach der Überw leicht, Vorsicht, R nesseln stark!
Ringelspinner (*Malacosoma neustria*)	5–6	Eiche, Apfel, Pflaume, Kirsche u. a.	in Gespinst an od. zw. Blättern	Ei	R leben bis zur letzten Häutung in gemeinsamem Nest
Eichenspinner (*Lasiocampa quercus*)	9–W–5	Heidekraut, Himbeere, Brombeere	in Gespinst zw. Blättern od. am Boden	R	als Winterfutter Brombeere, Efeu, Liguster
Brombeerspinner (*Macrothylacia rubi*)	8–W–4	nied. Pfl, Himbeere, Brombeere, Eiche u. a.	in röhrenförmigem Gespinst	R	R nach Überw in ein Glas mit nassem Moos setzen (bei 30 °C)

Deutscher (wissen-schaftlicher) Name	Raupen-zeit	Futter-pflanze	Verpuppung	Über-winte-rung als	Bemerkungen
Kupferglucke (Gastropacha quercifolia)	9–W–6	Weide, Schlehe, Kirsche, Pflaume, Apfel u. a.	in Gespinst	R	Überw am besten in Beutel im Freien
Kleines Nachtpfauen-auge (Eudia pavonia)	5–7	Weide, Schlehe, Heidekraut, Himbeere, Brombeere u. a.	in Kokon in Beh.-ecken, auch in Moos	P	R vertragen »ge-wässertes« Futter, P überliegen gele-gentl.
Nagelfleck (Aglia tau)	5–8	Buche, Eiche, Linde, Weide, Schlehe, Apfel u. a.	in Gespinst in der Erde	P	R brauchen hohe Luftfeuchtigkeit
Großer Gabelschwanz (Cerura vinula)	6–9	Weide, Pap-pel, Espe	in mit Holz- u. Rindentei-len ver-mischtem Kokon in Beh.-ecken	P	Aufzucht in mög-lichst luftigen Beh. (z. B. Aus-binden im Freien)
Mondvogel (Phalera bucephala)	7–8	Weide, Pap-pel, Eiche, Linde u. a.	in Erdhöhle	P	R leben gesellig, Ausbinden im Freien zweck-mäßig

Eulenfalter und Spanner

Kohleule (Mamestra brassicae)	7–10	Blumen- u. Rosenkohl-blätter, nied. Pfl	in Erdkokon im Boden	P	Massenzuchten über Generatio-nen möglich
Brauner Mönch (Cucullia verbasci)	5–7	Königs-kerze, Braunwurz	in Gespinst-kokon am Boden	P	kleinere Beh. nur mit wenigen R besetzen
Achateule (Phlogophora meticulosa)	5–11	Brennessel, Weißklee, Gräser	am Boden	R	größere R auch Löwenzahn, Obst-laub

136

Deutscher (wissenschaftlicher) Name	Raupenzeit	Futterpflanze	Verpuppung	Überwinterung als	Bemerkungen
Ordensbänder (Catocala)	5–7	vor allem Pappel, Weide	in Gespinst zw. Blättern	Ei	kleinere Beh. nur mit wenigen Tieren besetzen
Holunderspanner (Ourapteryx sambucaria)	8–W–6	Holunder, Pappel, Johannisbeere, Stachelb., Flieder u. a.	in Gespinst an Zweigen, auch in Futterresten	R	als Winterfutter Efeu
Großer Frostspanner (Erannis defoliaria)	5–7	Eiche, Buche, Birke, Obstlaub, Schlehe u. a.	im Boden	Ei	
Birkenspanner (Biston betularia)	7–10	Weide, Esche, Pappel, Birke u.a.	wie oben	P	in Dauerzuchten Farbvarianten auftretend

Haltung fremdländischer Spinner (Raupen) im Überblick

Deutscher (wissenschaftlicher) Name	Geographische Verbreitung	Futterpflanze	Bemerkungen
Echter Seidenspinner (Bombyx mori)	China	Maulbeerbaum, Schwarzwurzel	Schwarzwurzel führt zur Verzögerung d. Entwicklung
Amurglucke (Taragama plagifera)	Amurgebiet	Pappel, Eiche, Flieder	Winterzucht mit Liguster mögl.
Brahmafalter (Brahmaea japonica)	Japan, Korea	Liguster, Esche, Flieder	P in frostfreien Räumen überwintern
Europäischer Mondspinner (Graellsia isabellae)	Spanien	Kiefer, auch Fichte	P überwintert

Deutscher (wissen- schaftlicher) Name	Geographische Verbreitung	Futterpflanze	Bemerkungen
Eichen-Seidenspinner *(Antheraea pernyi)*	China	Eiche, Buche	ebenso aufzuziehen *Telea polyphemus*
Ailantus-Spinner *(Philosoma cynthia)*	China, Indien, in Nordamerika u. Südeuropa eingeschleppt	Götterbaum, Flieder u. a.	ebenso aufzuziehen Atlas- spinner, *Attacus atlas* (auch Liguster), R benötigen hohe Luftfeuchte
Mondfalter *(Actias luna)*	Nordamerika	Walnuß	ebenso aufzuziehen *A. selene* (auch Weide, Rhododen- dron)
Amerik. Seidenspinner *(Samia cecropia)*	Nordamerika	Obstlaub, Schlehe, Weide	
Wiener Nachtpfauen- auge *(Saturnia pyri)*	Südeuropa	Obstlaub, Schlehe, Weide	R gegen Luftfeuchtigkeit empfindlich, P überliegen häufig
Amerik. Nagelfleck *(Automeris io)*	Nordamerika	Eiche, Weide u. a.	Rückendornen können auf der Haut heftiges Brennen hervorrufen

Spinnen

Kaum eine andere Tiergruppe stößt auf so viel Ablehnung bei den Menschen wie die Spinnen. Allein schon das Wort löst in manchem von uns eine gewisse Abscheu, wenn nicht gar Widerwillen aus, und damit zeigt sich eine über Generationen hinweg verankerte emotionale Reaktion. Wer aber einmal seine Voreingenommenheit überwindet und sich ein wenig näher mit diesen Tieren befaßt, muß bald erkennen, daß gerade Spinnen mit vielen interessanten und teilweise einmaligen Lebens- und Verhaltensweisen überraschen. Nirgendwo unter den Gliederfüßern finden sich so ungewöhnliche und verschiedene Arten des Beuteerwerbs, so sonderbare Paarungsgewohnheiten und faszinierende Brutpflegeverhalten wie bei den Spinnen.

Wer sich darüber hinaus dazu entschließen kann, die eine oder andere Art einmal für einige Zeit im Terrarium zu halten, wird manche sonst nur schwer sichtbare Verhaltensabläufe aus nächster Nähe beobachten können. Voraussetzung hierfür ist eine weitgehend naturgemäße Einrichtung der Behälter. Nur wenn sich unsere Pfleglinge in ihrer Umgebung »wohlfühlen«, werden sie in ungezwungener Weise ihren Lebensverrichtungen nachgehen – eine in ein leeres Glas gesperrte Kreuzspinne z. B. vermag an den glatten Wänden nicht emporzuklettern und wird ohne Gespinst auf dem Boden des Gefäßes jede Nahrung verweigern. Außerdem verlangt die Beobachtung von Spinnen ein gerütteltes Maß an Geduld, denn man darf von seinen Tieren nicht ständig irgendwelche Handlungen erwarten. Vor allem die seßhaften Arten verharren oft tagelang in völliger Unbeweglichkeit. Erst der Beutefang, der Netzbau oder die Paarung – worauf Kokonbau und evtl. Brutpflege folgen können – bringen Leben in unser Terrarium.

Der Anfänger tut daher gut daran, sich zunächst mit Spinnenarten zu beschäftigen, die mehr in Aktion sind, wie etwa die tagaktiven Wolf- und Springspinnen, oder, der häufigen Netzbautätigkeit wegen, unsere Kreuzspinnen.

Radnetzspinnen

Wer ist nicht schon voll Bewunderung am Netz einer Kreuzspinne stehengeblieben, hat vielleicht ein Insekt hineingeworfen und zugesehen, wie sich die Bewohnerin ihrer Beute bemächtigt. Man kann sich des Eindrucks kaum entziehen, daß ein solch kunstvolles Radnetz wohl die vollendetste Lösung darstellt, sich bei eigener Unbeweglichkeit die Nahrung aus der Luft zu greifen. Oft sind diese Bauwerke so charakteristisch, daß man schon anhand des Netzes sagen kann, um welche Art es sich handelt.

Auch in Gefangenschaft stellen viele unserer heimischen Radnetz- oder Kreuzspinnen, ebenso wie manche Strecker- und Kräuselradnetzspinnen, ihre typischen Fanggewebe her, wenngleich nicht immer in solcher Größe und Regelmäßigkeit wie im Freien. Sie benötigen geräumige und passend eingerichtete Terrarien, doch auch schon in einem etwas engeren Behälter kann man das Beutefangverhalten mancher Arten gut beobachten und reife Weibchen (erkennbar an dem angeschwollenen Hinterleib) ohne größere Schwierigkeiten zur Herstellung des Eikokons veranlassen. Mit einigem Aufwand und etwas Geschick gelingt es sogar, die eines Tages geschlüpften winzigen Jungspinnen aufzuziehen; man darf nur nicht versäumen, rechtzeitig eine Vereinzelung der Tiere vorzunehmen.

Von den tropischen Vertretern werden vor allem Seidenspinnen *(Nephila)* und Opuntienspinnen *(Cyrtophora)* immer wieder gern gehalten, weil sie große, attraktive Netze bauen und sich unter entsprechenden Voraussetzungen auch regelmäßig vermehren.

Haltung: Man muß den Spinnen genügend Raum geben, um normale Fanggewebe zu erhalten. In zu kleinen Behältern werden in der Regel nur schlecht ausgebildete, radienarme Netze gebaut. Zur Unterbringung eignen sich größere Glasbecken oder Flugkäfige (Beh.-Typ V, VI), wenigstens $50 \times 50 \times 60$ cm, die zur Anlage des Netzes mit einigen Zweigen ausgestattet sind. Eine kleine Öffnung (mit Korken verschließbar) dient dem Einlassen der Futtertiere.

Manche Arten (z. B. Sektorspinne, Gartenkreuzspinne) lassen sich auch in aufgestellten Holzrahmen ansiedeln und bauen dann Radnetze von großer Regelmäßigkeit. Ein solches Beobachtungsgestell (etwa 50 cm $\times 50$ cm) besteht aus senkrechten, in einem Grundbett verzapften

Abb. 27   Spezielle Behälter zur Haltung von Spinnen

140

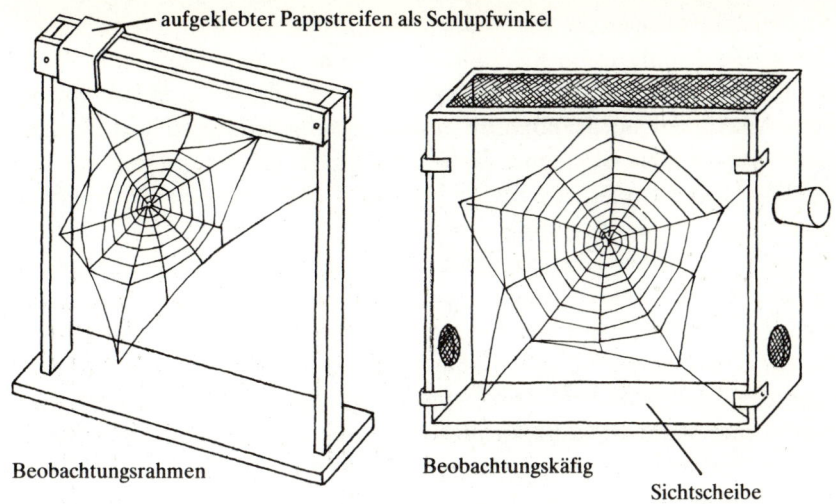

aufgeklebter Pappstreifen als Schlupfwinkel

Beobachtungsrahmen

Beobachtungskäfig

Sichtscheibe

Radnetzspinnen

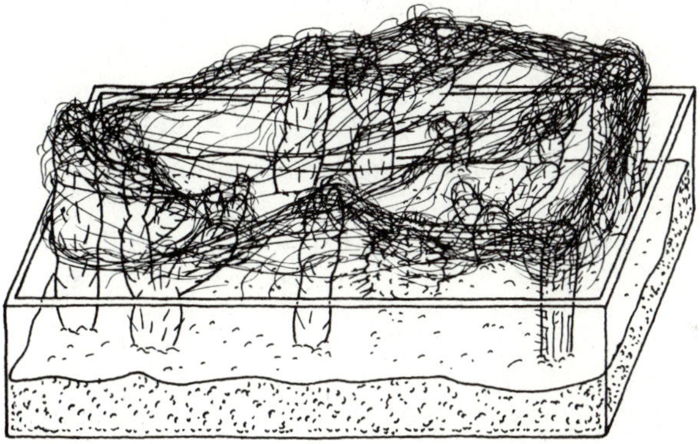

Opuntienspinnen

Blumensteckmasse

Krabbenspinnen

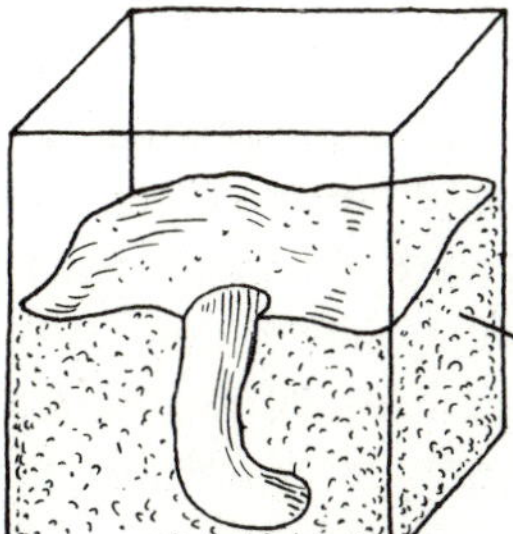

Erdfüllung oder
vorgefertigter Gipsblock

Taranteln

141

Stäben und waagerecht dagegengenagelten Leisten (Abb. 27), zwischen denen die Spinne ihren Schlupfwinkel wählt. Durch aufgeklebte Pappstreifen verdunkelte Stellen werden bevorzugt angenommen. Man kann eine Anzahl solcher Rahmen in einem entsprechend großen Gazekäfig unterbringen, was die gemeinsame Haltung mehrerer Spinnen erleichtert. Nach diesem Prinzip lassen sich auch aus schmalen Holzrahmen leicht spezielle Beobachtungsbehälter herstellen (Abb. 27).

Opuntienspinnen, die umfangreiche Raumnetze anlegen, können in größeren, mit Kakteen oder Christusdorn besetzten Glasbecken (Beh.-Typ V c) untergebracht werden. Besonders attraktiv ist es, die Spinnen  frei in einem Pflanzentrog zu halten (die Tiere verlassen ihr Netz nie) und diesen im richtigen Winkel mit einem Punktstrahler zu beleuchten.

Fütterung: Voraussetzung für die Ernährung radnetzbauender Spinnen ist das Vorhandensein eines Fanggewebes, ohne das die meisten Arten überhaupt kein Futter annehmen. Als Beutetiere eignen sich vor allem fliegende und springende Insekten entsprechender Größe (Essig- und Stubenfliegen, Bremsen, Schmetterlinge, Heuschrecken, Zikaden u. a.), die in den Behälter eingesetzt werden. Mit etwas Geschick kann man auch Bodentiere, wie kleine Grillen, weichhäutige Käfer, Raupen oder Mehlwürmer, direkt in das Gewebe werfen (ein gläsernes Blasrohr leistet oft gute Dienste). Bei zu reichlicher Fütterung erneuern manche Arten ihre Netze weniger oft (z. B. Sektorspinne), längeres Hungern führt wieder zu normalen Fangbauten. Täglich ist mit einem Zerstäuber für Trinkgelegenheit zu sorgen.

Zucht: Für einen Zuchtversuch wird ein reifes Männchen vorsichtig am Rande des Behälters zu dem Weibchen gesetzt, so daß es sich der Partnerin in dem ihm eigenen Bewegungsmodus nähern kann. Macht es keine Anstalten, dem Weibchen auf einem zum Netz gespannten Balzfaden Zupfsignale zu geben (unreife Artgenossinnen bleiben unbeachtet), wird es wieder in seinen Behälter zurückgesetzt. Mitunter vermindert die Beschäftigung des Weibchens mit einer Beute die Gefahr, daß das Männchen selbst als solche behandelt wird.

Die geschlüpften Jungspinnen werden, sobald sie sich zu zerstreuen beginnen, zur Einzelhaltung in mit Gaze verschlossene Glasröhren, kleine Haushaltplastikdosen u. a. umgesetzt und zunächst mit Springschwänzen oder Blattläusen, dann mit Essigfliegen gefüttert. Eikokons, aus denen die Spinnen erst im folgenden Frühjahr schlüpfen (z. B. Zebraspinne, verschiedene andere Kreuzspinnen), sind an einem kühlen Ort (z. B. Dachboden, Balkon) zu überwintern.

142

Deutscher (wissen-schaftlicher) Name	Größe (mm)	Geographische Verbreitung, Biotop	Haltung	Bemerkungen
Echte Radnetzspinnen oder Kreuzspinnen				
Gartenkreuzspinne (*Araneus diadematus*)	8–12	h, N meist in Augenhöhe zw. Bäumen u. Sträuchern	Beh.-Typ V od. Beobach-tungsrahmen	meist frei im N sitzend
Vierfleck-Kreuzspinne (*Araneus quadratus*)	6–13	h, N zw. hohen Gräsern u. Stauden	wie oben	tagsüber sich im Schlupfwinkel aufhaltend
Zebraspinne (*Argiope bruennichi*)	4–15	h, N in Bodennähe zw. nied. Pfl	wie oben	frei im N sitzend
Herbstspinne (*Meta segmentata*)	5–8	h, N zw. Gräsern u. Kräutern	wie oben	tagsüber sich meist im Schlupf-winkel aufhaltend
Sektorspinne (*Zygiella x-notata*)	5–7	h, N bes. in Nähe von Gebäuden, an Zäunen u. a.	wie oben	wie oben
Seidenspinnen (*Nephila*)	bis 25	trop. u. subtrop. Gebiete	wie oben	meist frei im N sitzend
Opuntienspinnen (*Cyrtophora citricola* u. a.)	10–15	südl. Mittelmeer-raum u. warme Trockengebiete Asiens	Beh.-Typ V c m. Christus-dorn, Kak-teen, $T = 20{-}25\ ^\circ C$	wie oben
Stachelspinnen (*Gasteracantha, Micra-thena* u. a.)	8–14	trop. u. subtrop. Gebiete	Beh.-Typ V b, $T = 22{-}30\ ^\circ C$	frei im N sitzend
Dickkiefer- oder Streckerspinnen				
Eigentliche Strecker-spinnen (*Tetragnatha*)	6–11	h, N oft an Ufern von Gewässern, auch an Bäumen	Beh.-Typ V c m. dünnen Zweigen	in od. neben dem N sitzend
Kräuselradnetzspinnen				
Dreiecksspinne (*Hyptiotes paradoxus*)	4–6	h, N in Augenhöhe, an Fichten	Beh.-Typ V c od. frei an Fichtenzwei-gen	sich außerhalb des N aufhaltend

Weitere Netzspinnen

Außer den »klassischen« Radnetzen begegnen uns vielfach noch ganz andere Fangbauten. Da sind dichte, horizontale Gewebedecken mit einem Gewirr von Stolperfäden, lockere Haubennetze, die von Spannseilen gehalten werden, oder einfache, in den Boden führende Röhren mit fächerförmig ausgelegten Fußangeln. Manche mögen uns vielleicht als etwas unregelmäßige, wenn nicht gar chaotische Gespinste anmuten.

Doch handelt es sich keineswegs um noch unfertige Fanggewebe irgendwelcher Radnetzspinnen, sondern um raffinierte Netzkonstruktionen von Vertretern ganz anderer Spinnenfamilien, wie den Baldachinspinnen, Kugelspinnen oder den Trichterspinnen. Auch sie stellen eine Reihe interessanter Arten, die sich zu Hause über kürzere oder längere Zeit halten lassen.

Recht ausdauernde Pfleglinge sind vor allem die bekannten Haus- oder Winkelspinnen *(Tegenaria)*, die sich namentlich bei den Hausfrauen dadurch unbeliebt machen, daß sie unsere Zimmerecken mit ihren staubfangenden Trichternetzen »verzieren«. Man kann sie abends beim Einschalten des Lichtes leicht einfangen, manchmal begegnen sie uns auch morgens in der Badewanne, wo sie an den glatten Wänden nicht hochzuklettern vermögen. Reife Weibchen fertigen selbst im engen Glas bald ihren Eikokon an, und es ist äußerst reizvoll, die Jungen aufzuziehen.

Interessante Beobachtungsobjekte sind auch die Kugel- oder Haubennetzspinnen (Theridiidae), von denen viele eine intensive Brutpflege betreiben. Vom Juni an finden wir häufig an sonnigen Wegrändern zwischen höheren Gräsern ein glockenförmiges Gespinst, in dem eine kleine Kugelspinne, *Theridion sisyphium,* ihren bläulichen Eikokon bewacht oder die bereits geschlüpften Jungen betreut. Es ist zweckmäßig, das ganze Grasbüschel, zwischen dessen Halmen die Spinne ihren Schlupfwinkel gesponnen hat, auszugraben und zu Hause in einen Blumentopf zu setzen. Auf diese Weise läßt sich mühelos das Beutefangverhalten des Weibchens beobachten und mit Hilfe einer starken Lupe vielleicht sogar erkennen, wie die winzigen Spinnen von der Mutter regelrecht »von Mund zu Mund« gefüttert werden.

Zu den Kugelspinnen gehören auch die berüchtigten Schwarzen Witwen *(Latrodectus),* von denen Vertreter gelegentlich von Reisen aus Südeuropa oder Mittelasien mitgebracht werden und die ebenso wie unsere heimischen Arten zu halten sind. Allerdings sollte der Umgang mit die-

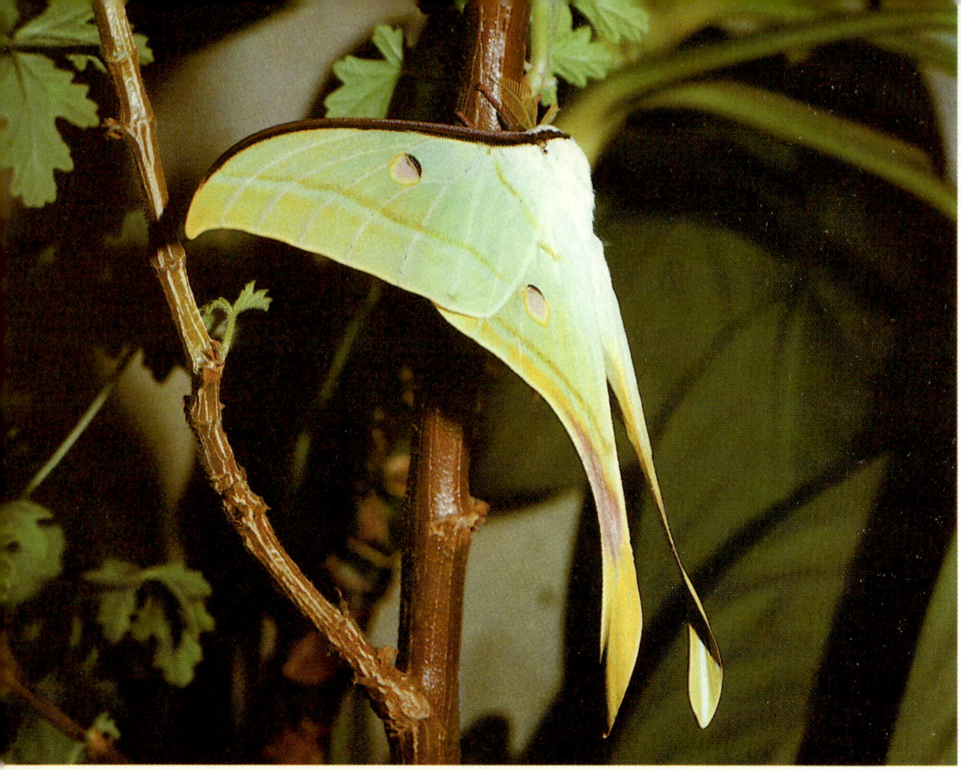

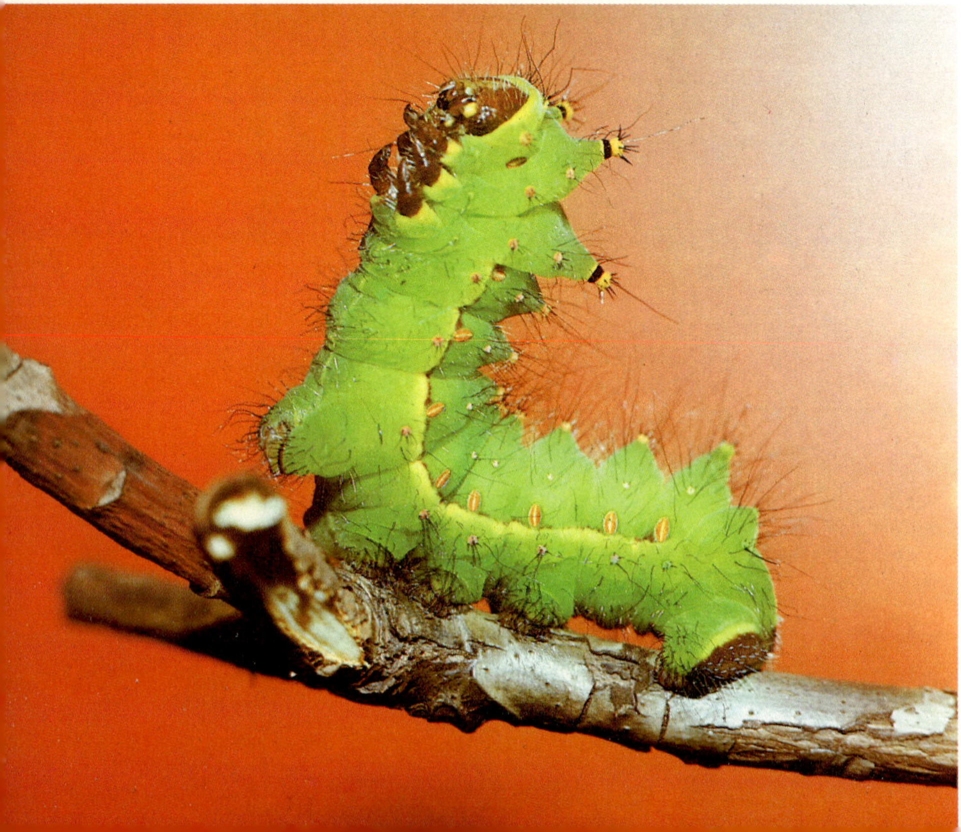

Vorhergehende Seite:
64 Wolfsmilchschwärmer,
Celerio euphorbiae, leben auf
trockenen Ödländereien. Als
Raupe haben sie dieses
bunte, warnende Farbkleid.

65 Bei den Augenspinnern
ist die Unterscheidung der
Geschlechter sehr einfach.
Solche federartige Fühler
besitzen nur die Männchen.

66 Die typische, an eine
Sphinx erinnernde Abwehr-
haltung, wie sie hier eine
Totenkopfschwärmerraupe
(Acherontia atropos) zeigt,
führte zur wissenschaftlichen Bezeichnung „Sphin-
gidae" für die Familie.

Linke Seite:
67 Mit einem Segler ver-
gleichbar, erwartet die
Mondgöttin *(Actias selene)*
nach ihrem Schlupf die
Dämmerung.

68 Ihre auch Rhododendron
fressenden Raupen bringen
uns einen exotischen Zauber
ins Zimmer.

Rechte Seite:
69 Als Falter benötigen
nicht alle Schwärmerarten
Nahrung. Den heimischen
Ligusterschwärmern füttert
man dünne Honiglösung.

70 Unter den Ligusterhecken künden oft nur die
Kotballen vom Fraß der
erwachsenen und gut
getarnten Ligusterschwär-
merraupen, *Sphinx ligustri.*

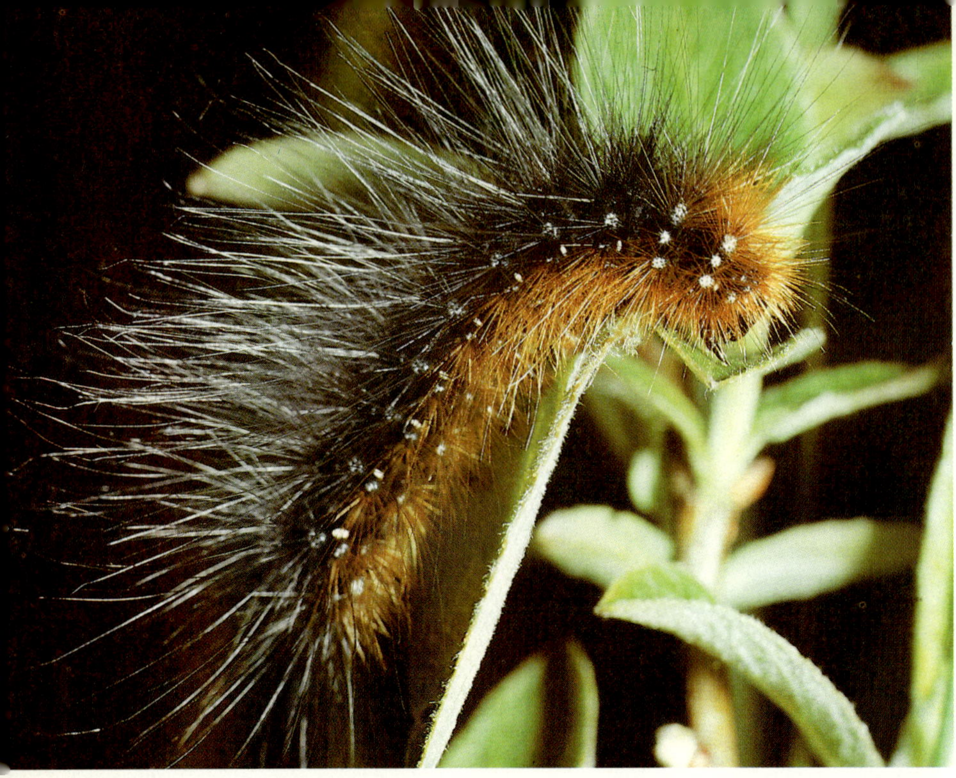

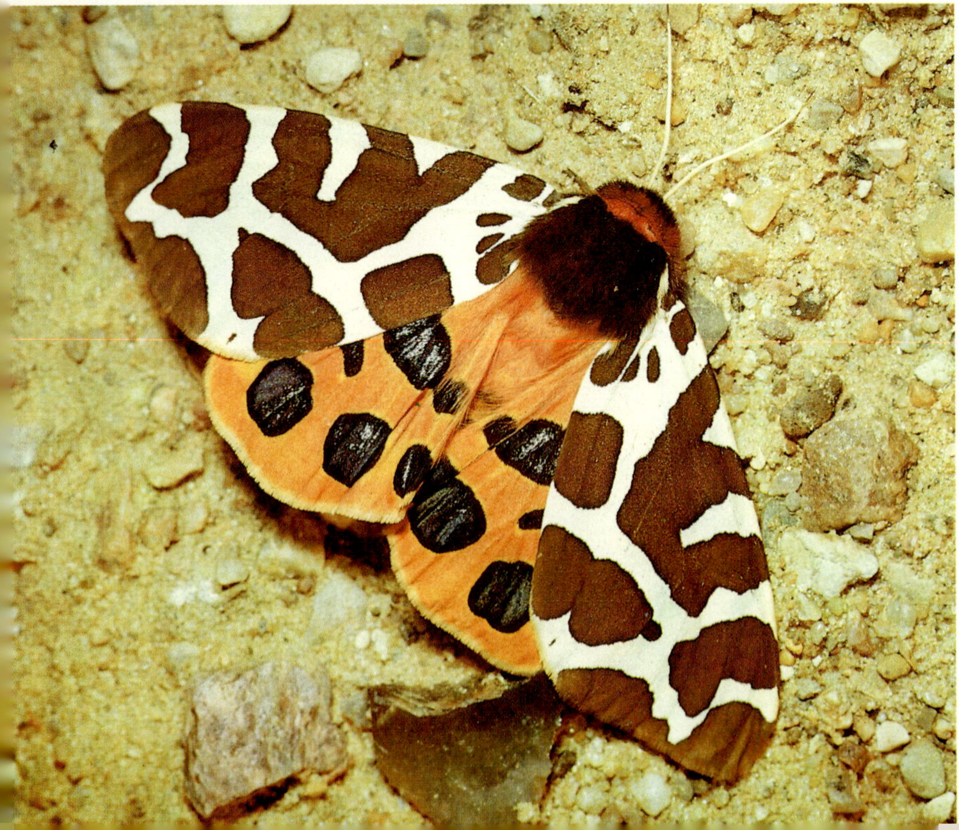

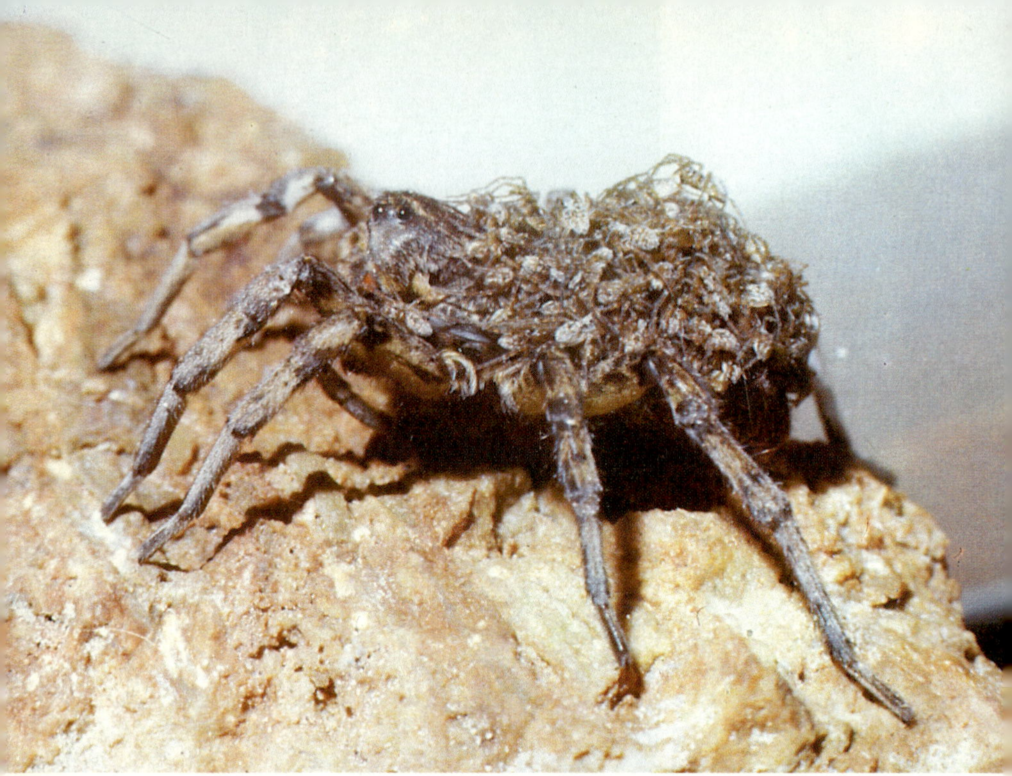
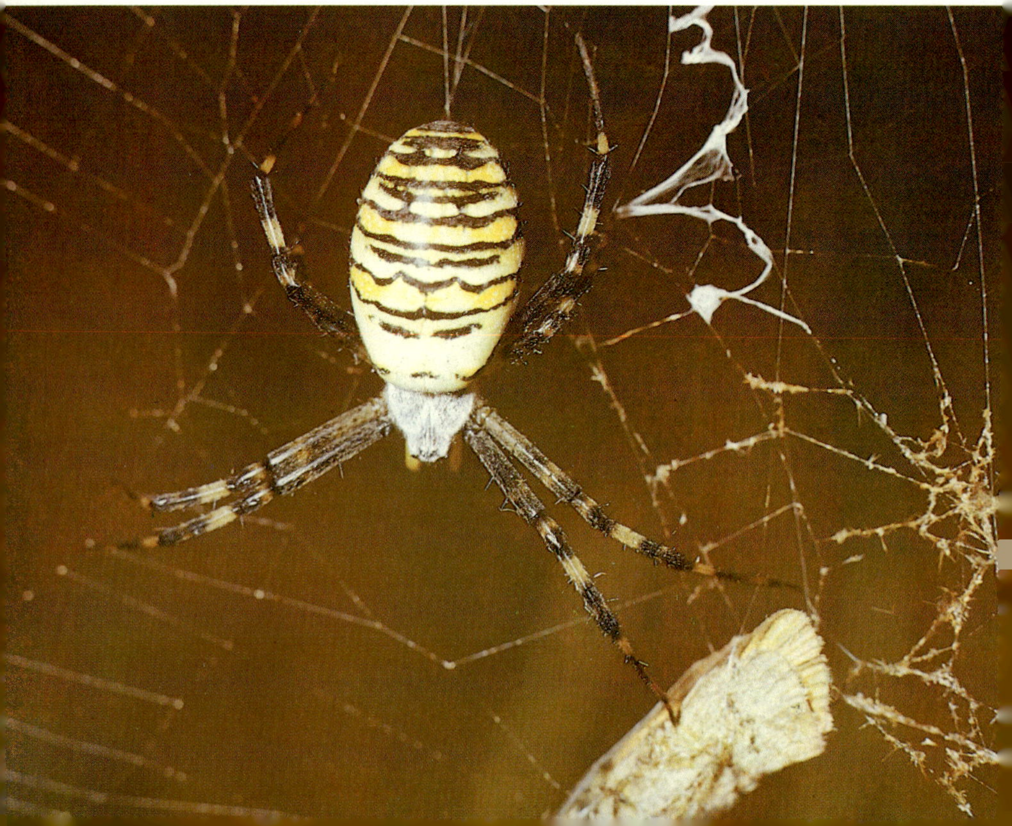

Linke Seite:
75 Nachdem die jungen Wolfspinnen geschlüpft sind, erklettern sie den Rücken ihrer Mutter und verbleiben dort bis zur nächsten Häutung.

76 *Argiope bruennichi*, die Zebraspinne, gehört zu den farbenprächtigsten heimischen Radnetzspinnen. Das im Bild zu sehende zickzackförmige Gespinstband über und unterhalb der Netznabe ist für diese Art charakteristisch.

Rechte Seite:
77 Die tropische Jagdspinne *Heteropoda venatoria* ist die häufigste „Bananenspinne" in Schiffsfrachten. In Mitteleuropa kommt sie zuweilen auch in Tierhäusern der zoologischen Gärten vor.

78 Wenn etwa vier Wochen nach der Eiablage die seitliche Naht des Kokons reißt, gelangen die Jungen ins Freie.

Linke Seite:
79 Auch Südostasien ist die Heimat verschiedener im Boden grabender Vogelspinnen (Gattung *Seleno-cosmia* u. a.). Schon bei der geringsten Störung kommen sie blitzschnell aus ihrem Versteck und können dann äußerst aggressiv sein.

80/83 (rechte Seite, unten) Die mattglänzende *Avicularia metallica* ist ein Baumbewohner Südamerikas. Wie die meisten Vogelspinnen kann auch diese Art viele Jahre im Terrarium gepflegt werden.

81 In einem kleinen Behälter vollendete diese heimische Kreuzspinne soeben ihren Eikokon. Wenig später stirbt das Weibchen, während das Gespinst die neue Generation schützend umhüllt.

Rechte Seite:
82 Mehr als einen Meter Durchmesser erreichen die Radnetze der tropischen Seidenspinnen *(Nephila)*, deren Fäden früher eine textile Verwendung fanden.

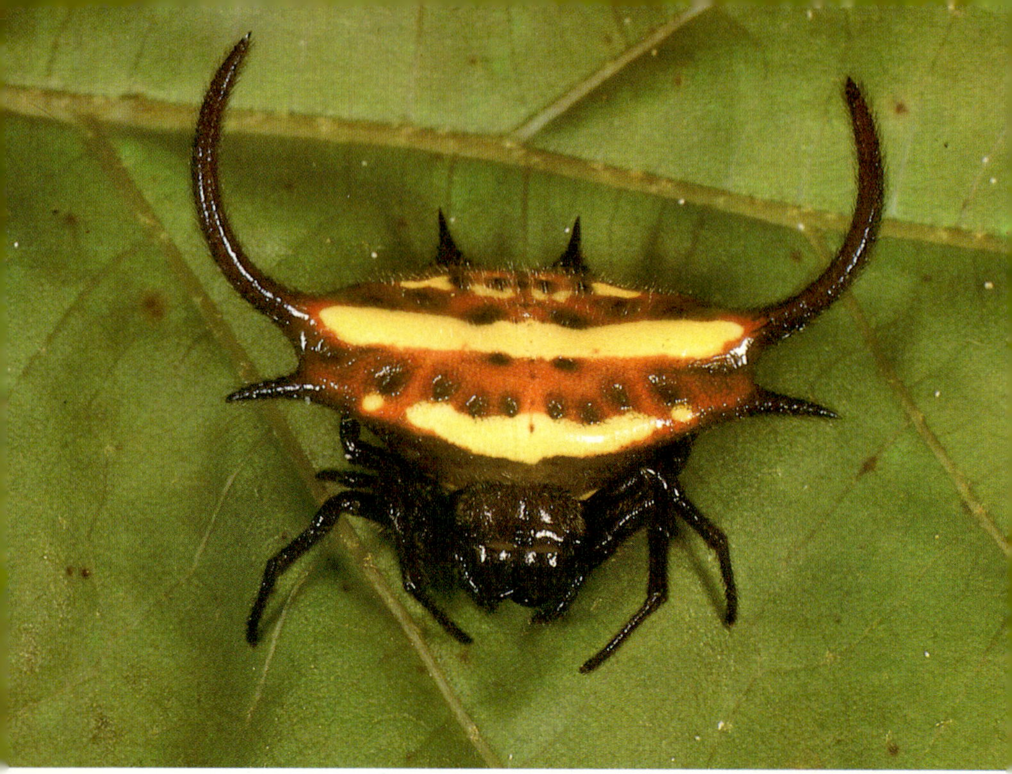
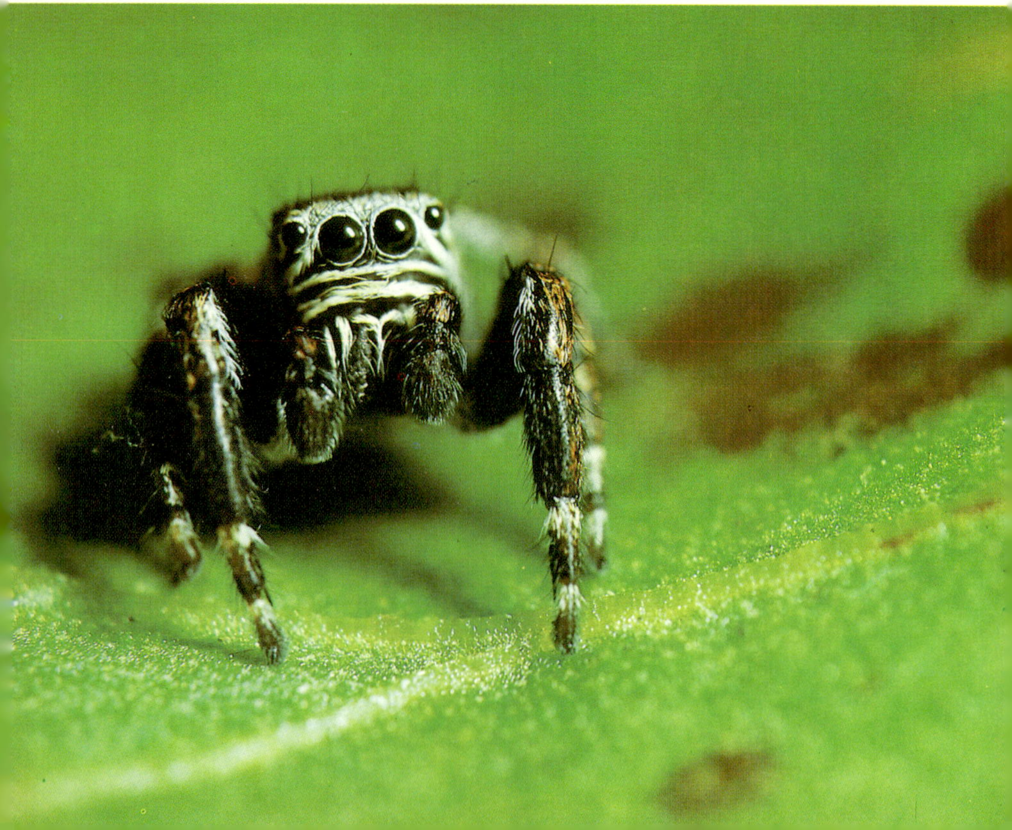

Linke Seite:

84 Recht wehrhaft erscheinen uns die mit den Kreuzspinnen verwandten exotischen Stachelspinnen.

85 Ständig absprungbereite Räuber sind die Springspinnen (Salticidae). Will man ihr Beutefang- und Balzverhalten richtig beobachten, darf der Behälter nicht zu klein sein.

Rechte Seite:

86 Kanker oder Weberknechte bilden eine eigene Ordnung der Spinnentiere. Die im Bild gezeigte *Leiobunum*-Art ist zum Herbst hin nicht selten in Häusern anzutreffen.

87 Sehr interessant, doch oft nur recht kurzlebig sind die Vertreter der Walzenspinnen (Solifugae). Ihre kräftigen Cheliceren reißen zwar schmerzhafte Wunden, stehen aber nicht mit einer Giftdrüse in Verbindung.

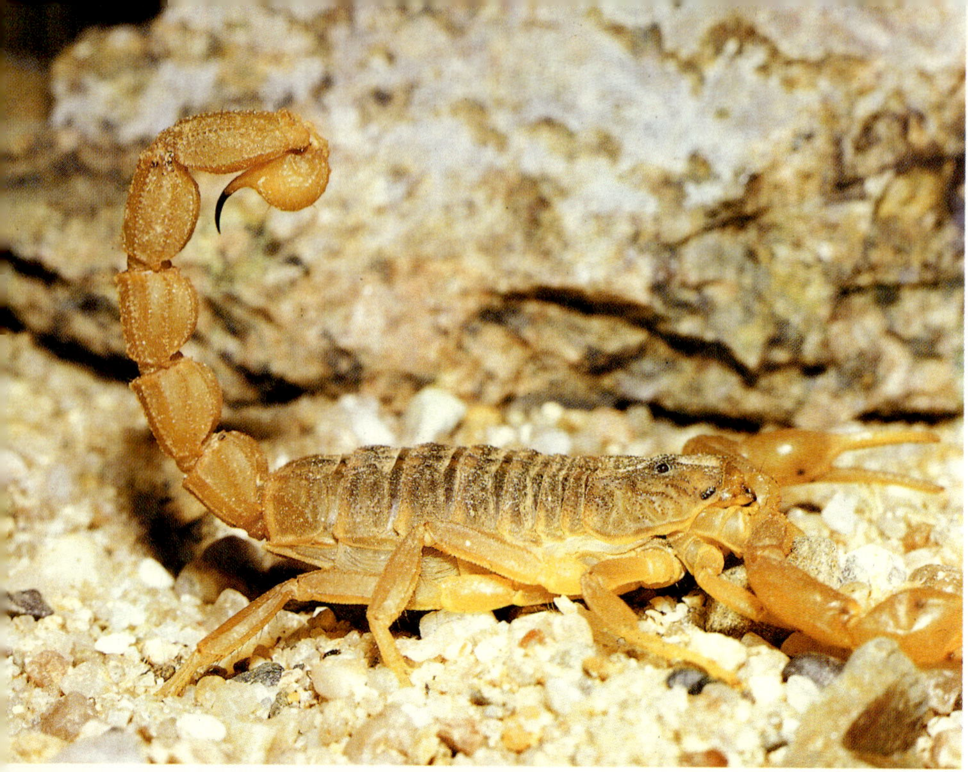

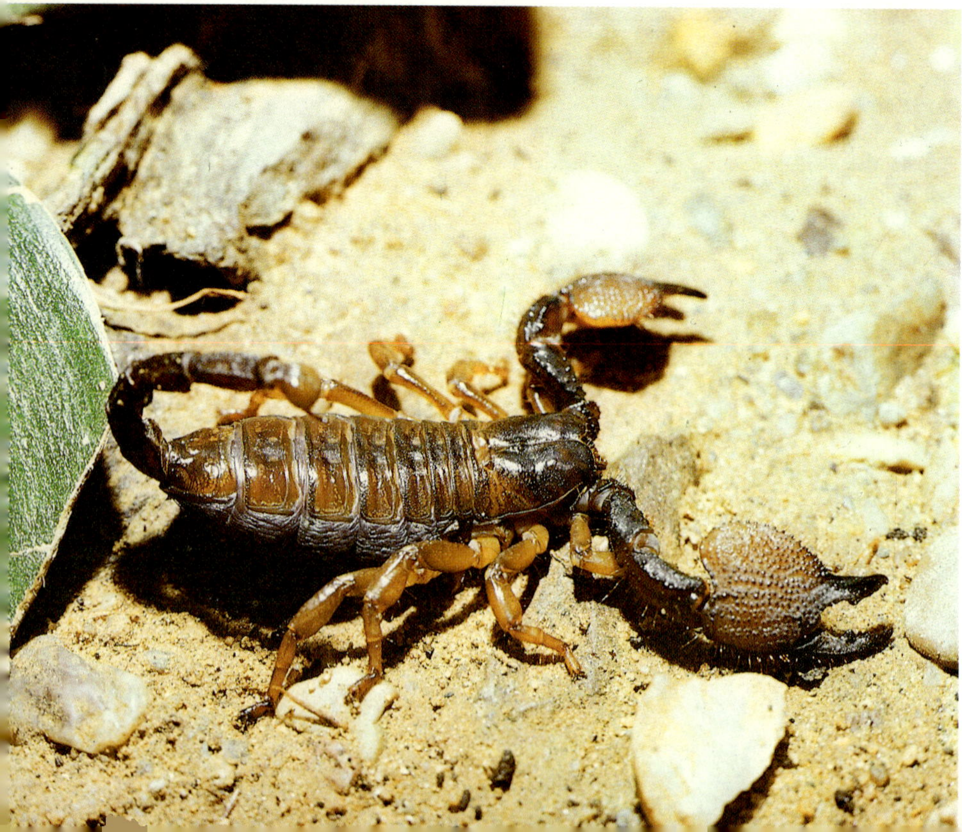

Linke Seite:
88 Skorpione gehören zu
den beliebten und einfach
zu pflegenden Gliederfü-
ßern. Der abgebildete *Buthus
gibbosus* ist jedoch mit Vorsicht zu behandeln.

89 Feuchtigkeitsliebender
sind die dunkel gefärbten
Waldskorpione. *Pandinus
pallidus* ist im Inneren
Afrikas beheimatet.

Rechte Seite:
90/91/92 Reizvoll ist die
Nachzucht von Skorpionen.
Dichtgedrängt sitzen die
noch weißen Jungtiere bis
zur ersten Häutung auf dem
Rücken des Muttertieres.

Nachfolgende Seite:
93 Im gesamten südlichen
Europa ist der Brutpflege
treibende Gürtelskolo-
pender, *Scolopendra cingu-
lata*, beheimatet.

94 Tieren aus der Urzeit
gleichen tropische Riesen-
schnurfüßer *(Spirobolus).*

95 Manche Tausendfüßer
rollen sich bei Störungen
kugelig zusammen, wie
diese Art aus Thailand.

96 Asseln werden mitunter
als Futtertiere gezüchtet.

97 Die Männchen der Winkerkrabben *(Uca)* haben auf
einer Seite eine besonders
große, oft bunte Schere.

Rechte Seite:
98 Krabben sind wahre Kletterkünstler und oft genug in Staunen versetzende Ausreißer. *Potamon ibericum* aus den Bächen Bulgariens zählt zu den wenigen im Süßwasser vorkommenden Arten.

99 Landeinsiedlerkrebse, hier im Bild *Coenobita clypeata,* sind faszinierende Terrarientiere. Ist das Haus zu klein geworden, wird es gegen ein neues, größeres ausgetauscht.

Nachfolgende Seite:
100 Die Haltung von Schnecken erfordert viel Sauberkeit und ständig frisches Futter. Besonders die großen Achatschnecken benötigen abwechslungsreiche Kost.

101 Weinbergschnecken können sehr alt werden. Bei durchdachter Hälterung sind sie interessante Beobachtungsobjekte.

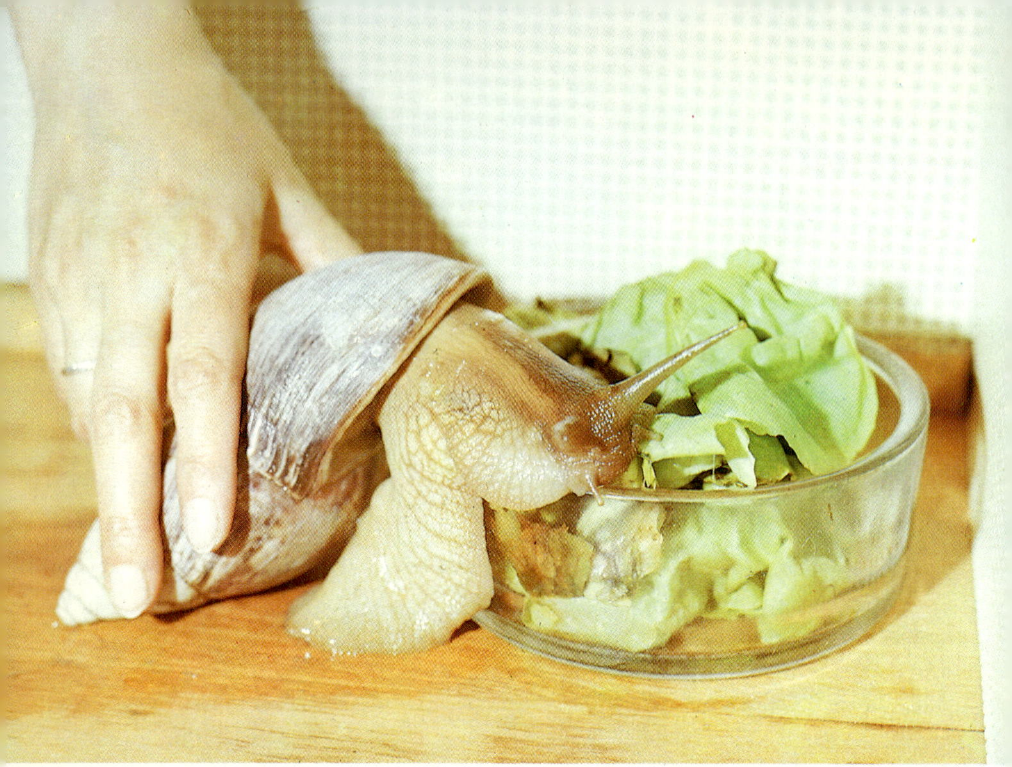
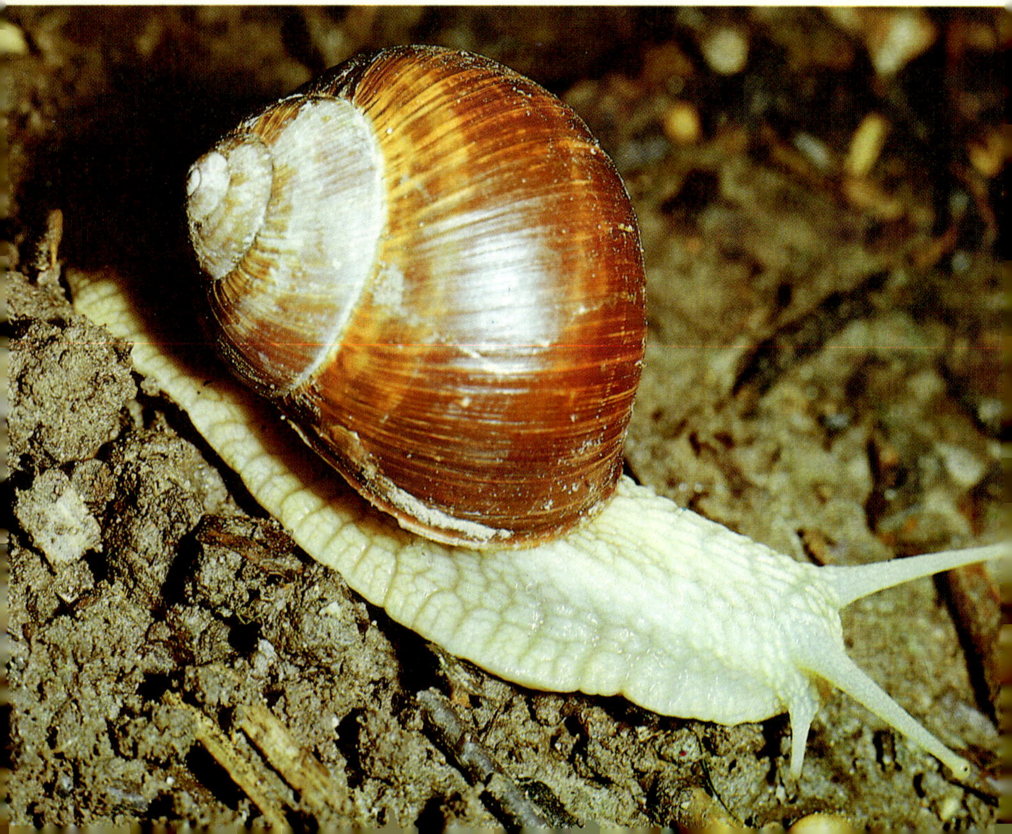

sen für den Menschen gefährlichen Spinnen dem erfahrenen Liebhaber vorbehalten bleiben, zumal kein spezifisches Antiserum zur Verfügung steht.

Haltung: Zur Unterbringung von Spinnen, die ausladende Netzdecken herstellen (z. B. zahlreiche Baldachinspinnen), können die für Radnetzspinnen aufgeführten Behälter verwendet werden. Andere Arten (z. B. Kugelspinnen) hält man, der besseren Beobachtung wegen, in kleineren Gefäßen (Haushaltplastikdosen, Marmeladengläser u. a.). Zur Anlage des Fanggewebes genügen einige dünne Zweige, trockene Heidekraut- oder Grasbüschel (bei grünen Pflanzenteilen beschlagen die Glaswände). Vielfach wird das Gespinst in Nähe des Deckels angelegt; eine durch Korken verschließbare Öffnung ermöglicht das Zuführen der Futtertiere, ohne daß ständig die Netze gestört werden. Trichterspinnen, die Fanggewebe mit anschließender Gespinströhre bauen, hält man zweckmäßig in Behältern mit Löchern in den Wänden. Durch diese Löcher werden Reagenz- oder Tablettengläser gesteckt, deren Öffnung mit der Innenfläche der Behälterwand bündig abschließt (außerhalb der Beobachtungszeit Papphülse über Röhrchen stülpen).

Die Haltung von Schwarzen Witwen darf nur unter entsprechenden Vorsichtsmaßnahmen erfolgen. Die Tiere müssen in ausbruchsicheren Behältern (Deckel stets mit Heftpflaster zukleben), die zugleich vor dem Zugriff Unbefugter (Kinder!) gut zu verwahren sind, untergebracht werden. Kann eine entwichene Spinne nicht wieder eingefangen werden, ist ohne Zögern das ganze Zimmer mit einem Insektenbekämpfungsmittel auszusprühen.

Fütterung: Die Bewegungen der Beute im Netz sind in der Regel auch für Vertreter dieser Spinnengruppen der das Fangverhalten auslösende Reiz, doch wird vielfach das Futter auch ohne ein Gewebe angenommen (z. B. Winkelspinnen, Zitterspinnen). Als Nahrung können die bereits bei den Radnetzspinnen aufgeführten Futtertiere dienen. Tägliches Sprühen ist hier ebenfalls unerläßlich; Ausnahmen bilden in Häusern lebende Arten, die meist nur ein geringes Trinkbedürfnis haben.

Zucht: Die Paarung findet in der Regel im Netz statt – dabei sind die für Radnetzspinnen gegebenen Hinweise zu beachten –, doch begatten sich manche Arten in Gefangenschaft gelegentlich auch ohne typisches Fanggewebe (z. B. Winkelspinnen, verschiedene Baldachinspinnen). Relativ unkompliziert ist das Zusammenführen der Geschlechter bei zahlreichen Baldachinspinnen, die während der Paarungszeit ohnehin gemeinsam im gleichen Netz leben.

Die Aufzucht der Jungspinnen erfolgt wie die der Radnetzspinnen. Bei Brutpflege treibenden Arten (z. B. zahlreichen Kugelspinnen) sind sie nicht zu zeitig zu vereinzeln. Sie leben oft noch einige Zeit gemeinsam mit der Mutterspinne und werden teilweise sogar von ihr gefüttert.

Haltung weiterer Netzspinnen im Überblick

Deutscher (wissenschaftlicher) Name	Größe (mm)	Geographische Verbreitung, Biotop	Haltung	Bemerkungen
Trichterspinnen				
Winkelspinnen (*Tegenaria*)	8–20	h, N in Ecken von Kellerräumen u. Zimmern	Beh.-Typ II, V c	Lebensdauer mehrere Jahre
Labyrinthspinne (*Agelena labyrinthica*)	9–14	h, N in Bodennähe zw. Pfl	wie oben	
Kugelspinnen oder Haubennetzspinnen				
Bunte Kugelspinne (*Theridion sisyphium*)	3–4	h, N in Sträuchern u. nied. Vegetation	Beh.-Typ II	
Steinkugelspinne (*Achaearanea saxatile*)	3–4	h, N an trockenen Stellen in Bodennähe	wie oben	Hauptnahrung: Ameisen
Fettspinne (*Steatoda bipunctata*)	4–7	h, N bes. in Häusern, im Freien an Baumrinde u. Felsen	wie oben	♂ erzeugt Zirptöne
Schwarze Witwen (*Latrodectus*)	5–15	trop. u. subtrop. Gebiete, auch Nordamerika	Beh.-Typ II, V c, T = 20–25 °C	Biß für den Menschen gefährlich
Baldachinspinnen				
Eigentliche Baldachinspinnen (*Linyphia*)	4–6	h, N zw. nied. Pfl od. auf Gebüsch	Beh.-Typ V, VI	♂ u. ♀ mancher Arten während Paarungszeit in gemeinsamem N lebend
Zitterspinnen				
Zitterspinne (*Pholcus phalangioides*)	8–11	h, in Häusern, bes. an Kellerdecken	Beh.-Typ II, V c	

Wolfspinnen, Springspinnen und Krabbenspinnen

Längst nicht alle Spinnen sind Fallensteller. Viele Arten schleichen oder springen ihre Beute an oder lauern gut getarnt in einem Versteck. Da sie meist tagsüber aktiv sind, kann man im Terrarium das interessante Beutefangverhalten oder ihre Paarungs- und Brutpflegesitten gut beobachten.

Am augenfälligsten sind wohl die Wolfspinnen (Lycosidae), die wir am Boden in niedrigem Pflanzenwuchs nahezu überall antreffen. Schon im zeitigen Frühling macht uns leises Rascheln im trockenen Laub auf sie aufmerksam. Wochen danach tragen viele der Tiere am Hinterleib angeheftet eine blaugrüne Eikugel mit sich herum. Versucht man, einem Wolfspinnenweibchen den Kokon wegzunehmen, wehrt es sich heftig; ein verlorenes Eipaket wird stundenlang gesucht. Später kann man dann beobachten, wie die Spinnenmutter die ganze Schar ihrer Jungen auf dem Hinterleib herumträgt.

Gelegentlich werden von Reisen Taranteln *(Lycosa)* mitgebracht. Diese großen Wolfspinnen leben in selbstgegrabenen Erdröhren und lauern am Eingang auf vorbeikommende Beutetiere. In Gefangenschaft muß man ihnen zur Anlage solcher Fangbauten Gelegenheit geben. Entgegen einer weitverbreiteten Meinung ist ihr Biß vollkommen ungefährlich.

Springspinnen (Salticidae) wird man mit ein wenig Glück an besonnten Mauern und Hauswänden entdecken, wo sie in kurzen, ruckartigen Sätzen auf und ab laufen und kleine Insekten erbeuten. Durch Überstülpen eines Glases kann man eine solche Spinne – meist handelt es sich um die Zebra-Springspinne *(Salticus scenicus)* – leicht einfangen und zu Hause das Fangverhalten in aller Ruhe beobachten: Sobald wir eine Fliege oder Mücke in den Behälter eingelassen haben, dreht die Spinne ihren Körper so weit herum, daß das Insekt in den Sehbereich ihrer großen, scheinwerferähnlichen Stirnaugen gerät. Dann läuft sie auf das Beutetier zu, im Abstand von wenigen Zentimetern mit größter Vorsicht sich regelrecht anschleichend, um blitzschnell auf das Opfer zu springen.

Eine ganz andere Fangtechnik entwickeln Krabbenspinnen (Thomisidae). Es sind Ansitzjäger, die oft auf Blüten lauern. Man muß aber schon genau hinsehen, um sie zu entdecken, denn vielfach ist ihre Körperfarbe dem jeweiligen Untergrund erstaunlich gut angepaßt. Da sie meist tage- oder gar wochenlang auf »ihrer« Blüte verharren, kann man

Deutscher (wissen-schaftlicher) Name	Größe (mm)	Geographische Verbreitung, Biotop	Haltung	Bemerkungen
Wolfspinnen				
Eigentliche Wolfspinnen (*Pardosa*)	5–8	h, am Boden od. in nied. Pfl.-Wuchs	Beh.-Typ II, V b, c	sonnen sich gern
Wasserjäger (*Pirata piraticus*)	4–9	h, am Ufer von Gewässern	Beh.-Typ V a	bei Störungen untertauchend
Taranteln (*Lycosa*)	7–27	h, in Erdröhren an warmen, trockenen Orten, bes. südl. Europa	Beh.-Typ II, V m. hohem Bodengr	hauptsächl. nachtaktiv
Springspinnen				
Zebra-Springspinne (*Salticus scenicus*)	5–7	h, an besonnten Hauswänden, Zäunen, Felsen	Beh.-Typ V c m. Baumrinde, ○	sonnenliebend
Springspinne (*Marpissa radiata*)	3–5	h, am Boden in Gewässernähe, im Schilf	wie oben	wie oben
Nordamerik. Springspinnen (*Phidippus*)	8–18	Nordamerika	wie oben T = 20–25 °C	wie oben
Raubspinnen				
Listspinne (*Dolomedes fimbriatus*)	12–22	h, am Ufer von Gewässern	wie Wasserjäger	bei Störungen untertauchend
Raubspinne (*Pisaura mirabilis*)	12–15	h, auf Stauden u. niedr. Sträuchern	Beh.-Typ V b	sich mit weit ausgestreckten Beinen sonnend
Jagdspinnen				
Grüne Huschspinne (*Micromata rosea*)	8–15	h, auf Sträuchern u. Stauden	Beh.-Typ V b	sonnenliebend, hauptsächl. tagaktiv
Krabbenspinnen				
Krabbenspinnen (*Thomisus, Misumena*)	4–10	h, auf Blüten	Beh.-Typ III, V m. Blüten	manche Arten zu Farbwechsel fähig
Grüne Krabbenspinne (*Diaea dorsata*)	4–6	h, auf Blättern, bes. Eiche	Beh.-Typ II, V	

148

ohne weiteres mehrere in einem entsprechend eingerichteten Terrarium unterbringen.

Andere Spinnen wieder faszinieren durch ungewöhnliches Paarungsverhalten. So übergibt das Männchen der Raubspinne *Pisaura mirabilis* der auserwählten Partnerin eine eingesponnene Fliege als »Brautgeschenk«. Das Werbezeremoniell läßt sich unter Gefangenschaftsbedingungen leicht beobachten, wenn man im Juni ein reifes Raubspinnenweibchen (erkennbar an dem angeschwollenen Hinterleib) und ein Männchen (schlanker Hinterleib, kolbenartig verdickte Kiefertaster) zusammen in einem entsprechenden Behälter unterbringt und ein paar Fliegen dazusetzt.

Haltung: Die Behälter sind sehr sorgfältig entsprechend den spezifischen Ansprüchen der einzelnen Arten einzurichten. In unzweckmäßig oder falsch ausgestatteten Gefäßen verweigern die Tiere vielfach die Nahrungsaufnahme. Kleinere Wolfspinnen lassen sich zu mehreren in Vollglasbecken, Haushaltplastikdosen oder Einweckgläsern unterbringen, die mit Erde, Laub, Borkenstücken oder ähnlichem ausgestaltet sind. Taranteln, ebenso wie größere heimische Arten, benötigen zur Anlage ihrer Wohnröhren eine 10 bis 15 cm hohe Bodenschicht aus lockerer Erde (mit Bleistift Gänge vorbohren), zur besseren Beobachtung kann auch ein vorgefertigter Gipsblock (Abb. 27) Verwendung finden. Amphibisch lebende Arten (Piratenspinnen, Listspinne) werden in gut bepflanzten Aquaterrarien (Beh.-Typ V a) gehalten. Für Springspinnen sollte der Behälter nicht kleiner als 30 × 20 × 20 cm sein (ausreichend für etwa zehn Tiere), will man Beutefang- und Balzverhalten ungezwungen beobachten. Ein bis zum Gazedeckel reichendes breites Stück trockener Baumrinde dient den Spinnen zum Bau ihrer Wohn- und Eigespinste. Krabbenspinnen werden in Zylindern (Beh.-Typ III) oder höheren Glasgefäßen (z.B. umgestülpten Industriegläsern) untergebracht, die als einzige Einrichtung einige in Steckmasse befestigte Blüten (auch Trockenblumen) enthalten; für Arten, die auf Blättern leben, sind die Behälter entsprechend zu modifizieren.

Ausreichende Beleuchtung (schwache Glühlampe) ist für tagaktive Arten unerläßlich. Manche Spinnen, vor allem kokontragende Weibchen, sind ausgesprochen sonnenliebend (vgl. Tab.); sie sollten gelegentlich direktem Sonnenlicht ausgesetzt werden (auf Fensterbrett oder Balkon, Vorsicht vor Überhitzung des Behälters!).

Fütterung: Die meisten Spinnen vermögen nur Futtertiere zu überwältigen, die kleiner als sie selbst sind. Es werden Insekten geeigneter Größe,

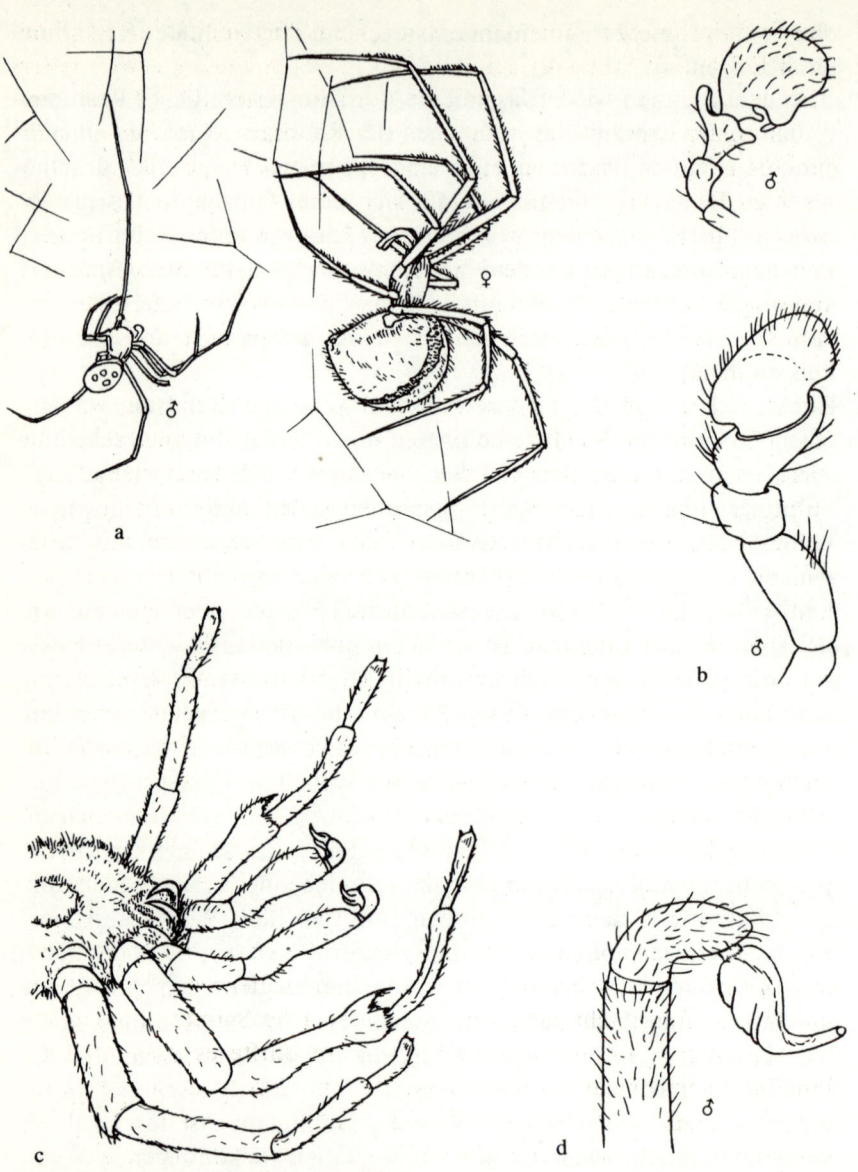

Abb. 28 Geschlechtsunterschiede bei Spinnen
a vielfach auffälliger Größenunterschied zwischen ♂ und ♀
b Radnetzspinnen, Wolfspinnen, Springspinnen u. a.: ♂ mit meist stark keulig oder kugelig
verdicktem Endglied der Kiefertaster
c, d Vogelspinnen: ♂ mit blasenförmigem Anhang am Endglied der Kiefertaster (d), oft auch
Schienbeinhaken am 1. Beinpaar vorhanden

150

wie Springschwänze, junge Grillen und Heuschrecken, kleine Raupen, auch Essig- und Stubenfliegen, gereicht. Listspinnen kann man außerdem Wassertiere (aquatile Insektenlarven) anbieten, die sie bei ihren Tauchgängen fangen. Größere Arten haben vielfach einen hohen Nahrungsbedarf, ein Listspinnen-Weibchen benötigt beispielsweise täglich 6 bis 8 große Fliegen. Kokontragende List- und Raubspinnen brauchen nicht gefüttert zu werden. Vorwiegend Fluginsekten erhalten Spring- und Krabbenspinnen. Letztere sind sogar in der Lage, bemerkenswert große und wehrhafte Insekten, wie Bienen und Wespen, zu erbeuten. Alle Arten wollen regelmäßig trinken (Tellertränken aufstellen bzw. täglich sprühen).

Zucht: Bei den meisten Arten findet die Paarung dort statt, wo sich Männchen und Weibchen gerade begegnen. Die Bedingungen für das Zusammenführen der Geschlechter sind somit viel leichter herzustellen als bei den netzbauenden Spinnen. Es genügt, die Partner in einen möglichst großen, gut eingerichteten Behälter zu setzen; von manchen Arten können sogar mehrere Paare zusammen untergebracht werden (z. B. Springspinnen, Wolfspinnen). Nach dem Schlüpfen der Jungen (bei Wolfspinnen nach dem Verlassen der Mutter) sind die Elterntiere zu entfernen. Als Anfangsfutter eignen sich vor allem Springschwänze oder Blattläuse, für Krabbenspinnen auch Essigfliegen. Später, wenn die Jungspinnen größer und infolge von Kannibalismus nicht mehr so zahlreich sind, kann man sie vereinzeln.

Spinnen wärmerer Länder

Es reizt natürlich, neben heimischen Spinnenarten auch Vertreter subtropischer und tropischer Gebiete näher kennenzulernen. Allerdings ist ihre Beschaffung nicht ganz einfach, denn solche Spinnen werden selten angeboten, und nur wenigen Liebhabern dürfte es vergönnt sein, ihre Tiere unmittelbar aus den Heimatländern zu beschaffen. Gelegentlich werden aber größere, attraktive Arten als blinde Passagiere mit Bananensendungen und anderen Frucht- bzw. Holztransporten bei uns eingeschleppt. Wir erhalten dann die Möglichkeit, Spinnen fremder Länder über einige Zeit im Terrarium zu beobachten.

Neben Vogelspinnen, denen ein besonderes Kapitel gewidmet ist, sind es vor allem Jagdspinnen (Sparassidae) und Kammspinnen (Ctenidae), die auf diese Weise immer wieder einmal in unsere Hände gelangen. Auch Vertreter der Raubspinnen (Pisauridae) und der Zoropsidae, einer Spinnenfamilie, für die es keine deutsche Bezeichnung gibt, finden sich nicht selten unter diesen Tieren.

Unterbringung und Pflege der meisten Arten bereiten keinerlei Schwierigkeiten, wie überhaupt tropische Spinnen oft weit einfacher zu halten sind als manche heimische Vertreter. Ein besonderer Glücksumstand ist es natürlich, wenn man ein befruchtetes Weibchen erhält, das nach einiger Zeit ihr Eigespinst anfertigt. Dann bietet sich nämlich Gelegenheit zu interessanten Beobachtungen über das Brutpflegeverhalten der Tiere. Vielleicht gelingt es sogar, einige von den geschlüpften Jungspinnen großzuziehen und später einen Zuchtversuch zu wagen.

Haltung: Die Vertreter der genannten Spinnenfamilien können wie Vogelspinnen untergebracht werden (vgl. S. 153). Da manche Arten ihre Wohngespinste gern in Deckelnähe anlegen, sollte der Behälter eine Futterluke (durch Korken verschließbar) am Boden oder an der Seite aufweisen.

Der Umgang mit den Tieren sollte stets mit größter Umsicht erfolgen. Viele Arten sind sehr flüchtig – sie vermögen selbst an Glaswänden hochzulaufen –, und ehe man sich versieht, sind sie aus dem Behälter entwichen. Kammspinnen erweisen sich außerdem als leicht reizbar. Oft genügt schon ein bloßes Herantreten an den Behälter, daß die Tiere ihre typische Abwehrstellung einnehmen. Unter ihnen finden sich auch einige für den Menschen giftige Arten, die durchaus einmal nach Europa gelangen können. Es gelten hier die schon bei Schwarzen Witwen genannten Vorsichtsmaßnahmen. Da die meisten Spinnen von Laien nur schwer zu unterscheiden sind, sollte man zunächst immer einen Fachmann zu Rate ziehen, um sicherzugehen, auch keine Spinnen zu pflegen, die womöglich gefährlich werden könnten.

Fütterung: Die Spinnen können mit Fliegen aller Art, Grillen, Schaben, Heuschrecken, Mehlwürmern, auch hartschaligen Insekten, wie Käfern u. a., gefüttert werden (kleine Wirbeltiere sind unnötig). Manche Arten (z. B. Kammspinnen) spinnen große Beutetiere nach dem Ergreifen und Töten ein, bevor sie sie verzehren.

Zucht: Zuchtversuche mit exotischen Spinnen sind bisher kaum unternommen worden. Sie scheitern wohl in erster Linie am Fehlen eines entsprechenden Geschlechtspartners. Die Zusammenstellung der Paare ist am ehesten noch bei der tropischen Jagdspinne *Heteropoda venatoria,* der sogenannten Bananenspinne, erreichbar, die vielfach auch in zoologischen Gärten in Tierhäusern frei lebt und mit Unterstützung der dort

152

beschäftigten Mitarbeiter leicht zu beschaffen ist. Ihre Paarung gelingt in größeren Behältern (Beh.-Typ V, VI), etwa 80 × 80 × 100 cm, die mit zahlreichen Versteckmöglichkeiten auszustatten sind. Die Weibchen spinnen einen flachen Eikokon, den sie bis zum Schlüpfen der Jungen ständig mit sich herumtragen.

Vogelspinnen

Der Traum eines jeden Spinnenliebhabers ist es wohl, einmal eine Vogelspinne zu pflegen. Diese zottig behaarten Riesen unter den Spinnen gehören zweifellos zu den attraktivsten Bewohnern eines Terrariums.

Meist handelt es sich um Vertreter der eigentlichen Vogel- oder Buschspinnen (Theraphosidae), die man in den Terrarien der Liebhaber antrifft. Zu ihnen zählen auch die bei weitem größten und langlebigsten Spinnen überhaupt. Körperlängen von 6 bis 8 cm sind keine Seltenheit, und die Weibchen mancher Arten können in Gefangenschaft über 20 Jahre alt werden.

Vogelspinnen sind anspruchslos und gewöhnen sich im allgemeinen schnell ein; manche Arten (aber nur manche!) werden zuweilen so zahm, daß man sie – bei entsprechender Vorsicht – ohne weiteres einmal auf die Hand nehmen kann. Überhaupt sind es sehr interessante und dankbare Pfleglinge, deren Lebensgewohnheiten jedermann begeistern und zu einer Fülle reizvoller Beobachtungen veranlassen.

Weniger bekannt ist, daß Vogelspinnen im weiteren Sinne auch bei uns heimisch sind. Es handelt sich um drei Arten der Tapezierspinnen (Atypidae), die an wärmebegünstigten Stellen in mit Gespinst ausgekleideten Erdröhren leben und wie Taranteln (vgl. S. 149) gehalten werden können.

Haltung: Zur Unterbringung von Vogelspinnen, selbst der großen Vertreter, genügen Glasbecken in den Abmessungen 30 × 30 × 25 cm. Eine fest schließende Abdeckung aus Gaze ist unerläßlich, denn viele Arten laufen ohne weiteres an den Wänden empor. Als Bodensubstrat dient eine höhere Schicht eines lockeren Erde-Torf-Gemisches (für in Erdröhren lebende Arten mindestens 15 cm hoch, in den etwas festgestampften Boden Gänge mit Rundholz vorbohren). Völlig ungeeignet ist feinkörniger Sand, der sich an den Haaren anheftet und die dort befindlichen Sinnesorgane außer Funktion setzt. Versteckmöglichkeiten aus Rindenstücken und Steinen (für Lauf-Vogelspinnen) bzw. einige Äste mit

Zweigen (für Kletter-Vogelspinnen) ergänzen die Einrichtung. Die Behälter, die täglich mit temperiertem Wasser zu besprühen sind, sollen warm stehen (22 bis 26 °C sind optimal) und nur mäßig beleuchtet sein. Die Tiere sind grundsätzlich einzeln zu halten.

Entgegen einer weitverbreiteten Ansicht erweisen sich die meisten Buschspinnen als recht harmlos, gerade die großen und am häufigsten gehaltenen Arten sind relativ ungefährlich. Die wenigen für uns gefährlichen Arten gelangen höchst selten – wenn überhaupt einmal – mit Frachten nach Europa. Dennoch ist im Umgang mit Vogelspinnen stets Vorsicht geboten, denn sie können mit ihren Mundwerkzeugen kräftig zubeißen und tiefe Wunden hervorrufen. Man tut deshalb gut daran, nicht jede Vogelspinne, die man erhält, sogleich auf der Hand herumlaufen zu lassen! Manche Arten haben außerdem die unangenehme Eigenschaft, bei Beunruhigung ihren Haarpelz mit den Hinterbeinen zu bebürsten. Dabei werden feine, mit Widerhaken versehene Härchen abgelöst, die in der Luft schweben und bei empfindlichen Menschen Hautentzündungen, zumindest recht störenden Juckreiz, hervorrufen können.

Fütterung: Vogelspinnen sind möglichst abwechslungsreich zu ernähren. Als Futtertiere kommen hauptsächlich Insekten, wie Grillen, Heuschrecken, Schaben, dickleibige Nachtfalter u. a., in Frage, auch neugeborene Mäuse werden oft angenommen. Große Arten fressen sogar behaarte Mäusebabys, selbst kleine Eidechsen oder Frösche (nestjunge Vögel sind gänzlich unnötig!). Beutetiere, die über Nacht nicht getötet wurden, sind am nächsten Tag aus dem Behälter zu entfernen. Manche Vogelspinnen nehmen schon nach kurzer Zeit das Futter direkt von der Pinzette ab. Es empfiehlt sich, die Nahrung in regelmäßigen Abständen mit Vitaminen und Mineralstoffen in Pulverform anzureichern (Futterinsekten kurz vor dem Verfüttern mit einer kleinen Menge Pulver bestäuben). Längere Fastenperioden sind keine Seltenheit. Wasser sollte in Tellertränken immer zur Verfügung stehen.

Zucht: Vogelspinnen werden je nach Art im Alter von 3 bis 6 Jahren geschlechtsreif. Die Männchen sind dann an den birnenförmig-blasigen Anhängen der Kiefertaster zu erkennen. Für einen Zuchtversuch sind die Partner vorsichtig zusammenzusetzen und ihr Verhalten aufmerksam zu beobachten. Eine Begattung ist dann zu erwarten, wenn beide Tiere in Paarungsstimmung sind. Anderenfalls stürzt sich das Weibchen in der Regel sofort auf das Männchen (Glas zum Überstülpen bereithalten!), und der Versuch ist Stunden oder Tage später zu wiederholen. Nach erfolgter Paarung sind die Tiere gleich wieder zu trennen.

154

Wenige Wochen danach stellt das Weibchen an einem versteckten Ort – zumeist ist es das Wohngespinst – einen rundlichen Eikokon her, der je nach Art bis zu 800 (!) Eier enthalten kann. Die geschlüpften Spinnen, die gewöhnlich noch mehrere Wochen im Kokon verbleiben, werden anfangs mit kleinsten Insekten (z. B. Essigfliegen) gefüttert und sind möglichst bald zur Einzelhaltung in mit Gaze verschlossene Gläser umzusetzen. Junge Vogelspinnen häuten sich in Abhängigkeit von der aufgenommenen Nahrungsmenge, der Feuchtigkeit und Temperatur fast jeden Monat, später bis zur Geschlechtsreife nur noch 2- bis 5mal im Jahr. Die Tiere drehen sich dabei auf den Rücken und dürfen keinesfalls gestört werden. Einige Tage vor und nach der Häutung wird kein Futter angenommen.

Haltung von Vogelspinnen im Überblick

Deutscher (wissenschaftlicher) Name	Größe (mm)	Geographische Verbreitung, Biotop	Haltung	Bemerkungen
Eigentliche Vogelspinnen oder Buschspinnen				
Lauf-Vogelspinnen (*Grammostola, Brachypelma* u. a.)	bis 90	trop. u. subtrop. Gebiete, bes. Südamerika	Beh.-Typ V b, T = 22–26 °C LF	sich vorwiegend am Boden aufhaltend
Kletter-Vogelspinnen (*Avicularia, Psalmopoeus* u. a.)	bis 90	wie oben	wie oben, Kletteräste	Baumbewohner, Wohngespinst über dem Boden
Falltürspinnen				
Falltürspinnen (*Cteniza, Nemesia*)	14–25	Mittelmeergebiet	Beh.-Typ V c m. hohem Bodengr T = 20–25 °C	sich ständig in Erdröhre aufhaltend
Tapezierspinnen				
Tapezierspinnen (*Atypus*)	8–15	h, in Erdröhren, bes. an trock. Hängen, am Rande von Kiefernwäldern	Beh.-Typ II, V c, m. hohem Bodengr	sich ständig in Erdröhre bzw. Fangschlauch aufhaltend

Weberknechte

Um es vorweg zu nehmen: Die jedermann bekannten Weberknechte, häufig auch Kanker oder Schneider genannt, gehören nicht zu den Spinnen im engeren Sinne, sondern bilden eine eigenständige Ordnung innerhalb der großen Klasse der Spinnentiere. Sie sollen jedoch aus rein praktischen Erwägungen unmittelbar hier angefügt werden.

Man kann Weberknechte nahezu überall antreffen – auf den verschiedensten Pflanzen, in Fallaub oder unter morschem Holz, selbst mitten in der Großstadt an Mauern und Hauswänden. Oft laufen sie einem förmlich über den Weg. Will man sie einfangen, muß man behutsam zu Werke gehen, denn sehr leicht werden die Beine abgeworfen.

In Gefangenschaft erweisen sich Weberknechte als recht ausdauernde und interessante Pfleglinge, die leider nur selten einmal gehalten werden.

Haltung: Als Behälter werden größere Glasbecken (in den Abmessungen 30 × 30 × 50 cm für etwa zehn Tiere ausreichend) verwendet, die mit einer Humusschicht sowie verwitterten Holzstücken, Baumrinde und geeigneten Pflanzen auszustatten sind. Die meisten Weberknechte benötigen hohe Luftfeuchtigkeit (regelmäßiges Anfeuchten des Bodensubstrates bzw. Sprühen erforderlich), weniger anspruchsvoll sind an Gebäuden und Mauern vorkommende, z. T. tagaktive Arten, die gelegentlich auch direktem Sonnenlicht ausgesetzt werden sollten. Brett- und Schneckenkanker sind schwer zu pflegen, sie können in flachen Glasschalen(z. B. Petrischalen) oder kleinen Haushaltplastikdosen gehalten werden; eine geringe Erdschicht und ein paar Rindenstücken als Schlupfwinkel sind völlig ausreichend.

Fütterung: Weberknechte leben überwiegend räuberisch. Man füttert sie mit kleinen lebenden Insekten und Spinnen (gut geeignet ist »Wiesenplankton«), daneben werden auch gern frischtote Kleintiere (zerschnittene Fliegen, Mehlwürmer, Mücken, Schnecken u. a.) sowie pflanzliche Stoffe (z. B. faulendes Obst, rohe und gekochte Möhren) angenommen. Viele Arten lassen sich mit eingeweichtem Brot längere Zeit am Leben erhalten. Brett- und Schneckenkanker sind Nahrungsspezialisten, die sich überwiegend von Gehäuseschnecken ernähren. Fast alle Weberknechte trinken regelmäßig, das Wasser ist in Tellertränken zu reichen.

Zucht: Die Weibchen legen ihre Eier in den Erdboden, auch unter feuchte Holzteile, Steine usw. ab (Brettkanker in leere Schneckenge-

156

häuse). Die Gelege werden in kleine, mit feuchtem Filterpapier ausgelegte Behälter (z. B. Petrischalen) umgesetzt und die geschlüpften Jungtiere anfangs mit Milben, Urinsekten oder Blattläusen gefüttert. Um Kannibalismus einzuschränken, ist für genügend Versteckmöglichkeiten zu sorgen.

Gesamtentwicklung Weberknecht *Phalangium opilio* 54 bis 70 Tage (Zeitigungsdauer der Eier 25 bis 30 Tage) bei 20 bis 25 °C.

Haltung von Weberknechten im Überblick

Deutscher (wissenschaftlicher) Name	Größe (mm)	Geographische Verbreitung, Biotop	Haltung	Bemerkungen
Echte Weberknechte, Schneider *(Phalangium, Opilio)*	5–8	h, bes. Kulturbiotope, auch an Mauern u. Hauswänden	Beh.-Typ V b m. Bodengr	manche Arten tagaktiv, sonnenliebend
Brettkanker *(Trogulus)*	5–12	h, unter Steinen, Moos, Laub	Beh.-Typ I m. Bodenschicht, LF	Lebensdauer 2–3 Jahre
Schneckenkanker *(Ischyropsalis)*	5–8	h, auf Laub, an Baumstümpfen, unter Steinen	wie oben T = 10–18 °C	Lebensdauer bis 7 Monate

Skorpione, Skolopender und Tausendfüßer

Wer im zoologischen System nur einigermaßen Bescheid weiß, wird sofort feststellen, daß die Überschrift nicht ganz korrekt ist. Während wir in den vorangegangenen Kapiteln stets nur Vertreter einer einzigen Klasse der Gliederfüßer kennenlernten, werden nun hier gleich drei ganz unterschiedliche Tiergruppen vorgestellt. Bekanntlich zählen Skorpione zu den Spinnentieren und stellen dort eine selbständige Ordnung dar, Skolopender und Tausendfüßer gehören völlig anderen Tierklassen an. Ähnliche Lebensweisen und demzufolge annähernd gleiche Haltungsansprüche rechtfertigen jedoch ihre gemeinsame Behandlung als Heimtiere.

Skorpione und Skolopender

Neben Insekten sind Skorpione und Skolopender die häufigsten in Terrarien gehaltenen Gliederfüßer, denn es ist schon recht verführerisch, von einem Urlaub in südlichen Regionen ein paar dieser attraktiven Tiere für seinen Heimzoo mitzubringen. Aber auch zu Hause werden sie hin und wieder angeboten, so daß ihrer Haltung meist nichts im Wege steht. Leider sind die leicht beschaffbaren heimischen Steinkriecher – die ebenso wie die Skolopender zu den Hundertfüßern zählen – nur höchst selten einmal in den Becken der Liebhaber zu finden.

Die meisten Arten erweisen sich als recht anspruchslose Pfleglinge, die bei sachgemäßer Haltung oft jahrelang im Terrarium ausdauern. Ihre Lebensgewohnheiten geben vielerlei Möglichkeiten zu interessanten Beobachtungen.

Besonders faszinierend ist es natürlich, das Fangverhalten der Tiere aus nächster Nähe zu erleben. Ein hungriger Skorpion läuft meist mit etwas erhobenen und geöffneten Scheren im Behälter umher. Sobald er auf ein Beutetier stößt, greift er blitzschnell zu. Es geschieht mit einem wahrhaft bestaunenswerten Geschick – selbst recht lebhafte und bewegliche Insekten, wie etwa eine Fliege, werden meist sicher erfaßt. Nur wenn das Opfer heftigen Widerstand leistet, tritt auch der Giftstachel in Aktion. Dann krümmt der Skorpion den »Schwanz« über den Rücken nach vorn und sticht ein- oder mehrmals zu. Ganz anders die Fangtechnik eines Skolopenders: Nach erstem Berührungsreiz wird die Beute verfolgt, mit den vorderen Beinpaaren ergriffen und durch Zubeißen mit den Kieferfüßen gelähmt oder getötet.

Wenn wir Glück haben, befindet sich unter unseren Skorpionen ein trächtiges Weibchen, das eines Tages eine ganze Anzahl Junge zur Welt bringt. Es ist außerordentlich reizvoll, das Muttertier bei der Brutpflege zu beobachten: Dichtgedrängt sitzen die jungen Skorpione auf seinem Rücken und werden noch eine Zeitlang umhergetragen.

Ähnlich wie die Skorpione und Skolopender lassen sich auch Walzenspinnen (Solifugae) halten, die eine eigene Ordnung innerhalb der Spinnentiere darstellen. Unter ihnen gibt es recht stattliche, zuweilen sehr ansprechend gefärbte Arten, doch leider gelangen diese attraktiven Tiere nur selten einmal in unsere Hände.

Haltung: Zur Unterbringung von Skorpionen, Skolopendern und Walzenspinnen eignen sich am besten Glasbecken (Beh.-Typ V, etwa 30 × 20 × 20 cm oder kleiner), in die eine möglichst dicke Schicht sandiger Erde eingebracht wird. Als Versteckplätze dienen flache Steine, Holzteile oder Rindenstücke. Die meisten Arten wollen immer unmittelbar über sich Schutz (Deckenkontakt) haben, deshalb sind größere Hohlräume bildende Schlupfwinkel (z. B. Tonscherben) ungünstig. Bei Walzenspinnen und Skolopendern, die im Boden gern Gänge anlegen, darf der Sand nie ganz trocken werden, da sonst seine Haftfähigkeit völlig verlorengeht (das Substrat regelmäßig in einer Ecke des Behälters anfeuchten!). Ein Abdecken niedriger Behälter ist unerläßlich, da manche Arten ohne weiteres in der Lage sind, sich im Winkel der Becken hochzustemmen (Skolopender!); Walzenspinnen vermögen sogar an den Glaswänden emporzuklettern.

Zur Haltung heimischer Hundertfüßer (z. B. Steinkriecher) wähle man der besseren Beobachtung wegen möglichst kleine Behälter, wie Haushaltplastikdosen oder Petrischalen; als Einrichtung sind eine Erdschicht und ein paar Rindenstückchen völlig ausreichend. Erdläufer *(Geophilus)*, die sich überwiegend im Boden aufhalten, werden zweckmäßigerweise in schmalen Glasküvetten untergebracht. Man füllt diese bis zu Zweidrittel ihrer Höhe mit einem Sand-Erde-Gemisch, ein Stück

Pappe dient zum Abdecken der Sichtscheibe außerhalb der Beobachtungszeit.

Nahezu alle Arten sind dämmerungs- und nachtaktiv, direkte Sonnenbestrahlung und die damit verbundene Aufheizung sind zu vermeiden. Die Temperatur sollte selbst für Bewohner trockenheißer Klimate (Walzenspinnen, viele Skorpione) nicht über 26 bis 28 °C ansteigen. In der Natur haben die Tiere immer die Möglichkeit, der Tageshitze durch tieferes Eingraben in den Boden zu entfliehen. Zweckmäßig ist eine lokale Anordnung der Wärmequelle (Glühlampe), wodurch im Becken ein Temperaturgefälle entsteht; unsere Pfleglinge können dann den ihnen zusagenden Bereich selbst wählen. Bodenheizung ist ungünstig, da sich  die meisten Arten bei Wärmeüberschuß naturgemäß in den kühleren Wüstenboden zurückziehen wollen. Skorpione, die aus tropischen Waldgebieten stammen (sogenannte Waldskorpione), benötigen außerdem ständig eine gewisse Luftfeuchtigkeit. Es ist daher erforderlich, die Behälter dieser Arten täglich zu besprühen. Ebensolche Ansprüche stellen Hundertfüßer (Skolopender, Spinnenläufer, Steinkriecher u. a.), die nur einen verhältnismäßig geringen Verdunstungsschutz besitzen.

Infolge der räuberischen Lebensweise ist in der Regel Einzelhaltung angebracht. Allerdings können manche Arten (z. B. *Euscorpius*-Arten, Feldskorpion, Gürtelskolopender) auch in mehreren Exemplaren zusammen untergebracht werden, sofern die Behälter groß genug, mindestens 80 × 60 × 30 cm, gewählt wurden und genügend Versteckmöglichkeiten vorhanden sind (jedes Tier muß einen eigenen Schlupfwinkel finden). Auch dürfen sich die Tiere in der Größe nicht sehr unterscheiden, da sonst die kleineren Exemplare als Beute betrachtet werden. Dennoch sind Verluste nie ganz auszuschließen.

Im Umgang mit den Tieren ist stets Vorsicht geboten. Einige Skorpione (vor allem Arten aus der Familie Buthidae) sind für den Menschen durchaus gefährlich, ihr Stich kann neben heftigen Schmerzen auch Lähmungen, in einzelnen Fällen sogar den Tod hervorrufen. Der Biß großer Skolopender ist sehr schmerzhaft und hat nicht selten starke Schwellungen zur Folge. Walzenspinnen besitzen zwar keine Giftdrüsen, können aber mit ihren Mundwerkzeugen kraftvoll zubeißen und tiefe Wunden erzeugen, die oft nur schwer heilen.

Beim Umsetzen ergreife man daher die Tiere stets nur mit einer langen Pinzette; sie sollte an ihren Enden möglichst noch mit weichem Stoff überzogen sein, um Verletzungen zu vermeiden. Auch versteht es sich von selbst, daß unsere Pfleglinge in ausbruchsicheren Behältern un-

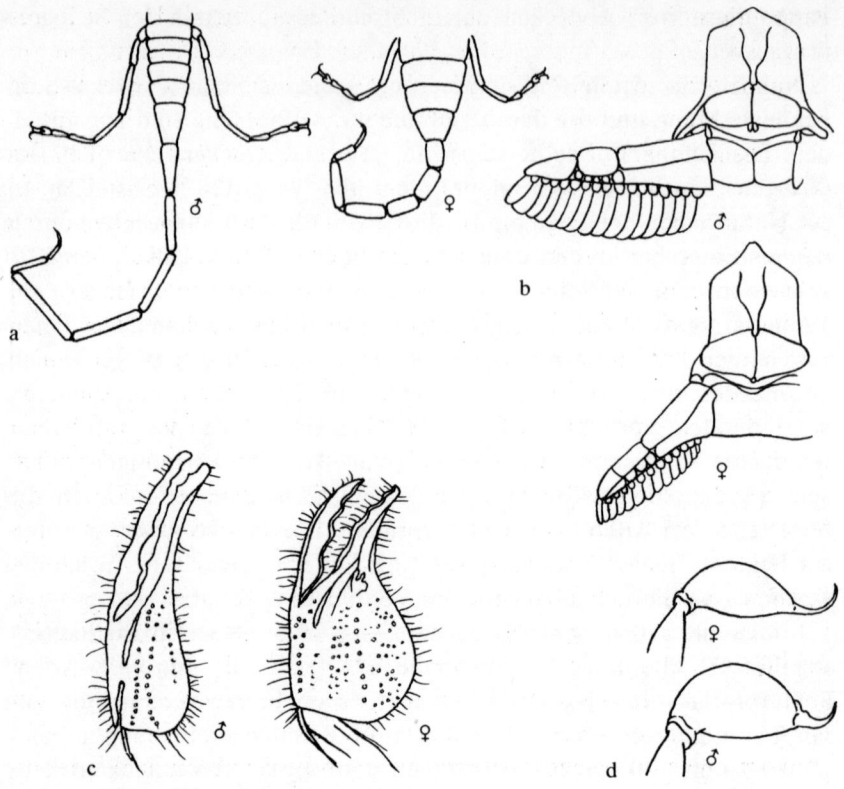

Abb. 29   Geschlechtsunterschiede bei Skorpionen. Beispiele häufiger männlicher Geschlechtsmerkmale (von Art zu Art oft wechselnd):
a schwanzartiger Hinterleib länger und oftmals schlanker
b größere Zahl und stärkere Ausbildung der Kammzähne
c Scherenhände länger und schlanker
d Stachelglied stärker blasig aufgetrieben

tergebracht und vor dem Zugriff Unbefugter (Kinder!) gut verwahrt werden.

Fütterung: Als Futtertiere eignen sich die verschiedensten Insekten (Grillen, Schaben, Heuschrecken, weichhäutige Käfer, Fliegen, deren Flügel beschnitten wurden, u. a.), außerdem Asseln, Spinnen und Tausendfüßer. Größere Skorpione und Walzenspinnen fressen auch nestjunge Mäuse. Erdläufer ernähren sich vorwiegend von Regenwürmern und Enchyträen; Spinnenläufer bevorzugen Fliegen. Selbst frisch getötete Beutetiere werden vielfach angenommen. Alle Arten sind so abwechslungsreich wie möglich zu ernähren. Bei einseitiger Kost, z.B. ausschließlich Mehlwürmern, treten zuweilen Entwicklungsstörungen auf. Normalerweise genügt es, die Tiere 1- bis 2mal wöchentlich zu füttern. Manche Arten vermögen lange zu hungern, verzehren aber bei reichlichem Angebot ganz beachtliche Mengen (Skorpione verlieren dann ihre charakteristische Körperform und wirken stark aufgetrieben). Danach bleiben sie oft wochenlang in ihren Verstecken, und man bekommt sie nur selten zu Gesicht. Wasser sollte in flachen Tellertränken selbst für ausgesprochene Wüstenbewohner jederzeit zur Verfügung stehen.

Zucht: Über die Vermehrung von Skorpionen und Skolopendern liegen erst wenige Erfahrungen vor. Voraussetzung sind möglichst geräumige, dem Vorkommen der Tiere entsprechend eingerichtete Terrarien. Besonders erfolgversprechend für einen Zuchtversuch dürften untereinander relativ verträgliche Arten sein, die in mehreren Exemplaren eingesetzt werden können. Interessante Paarungsgewohnheiten (»Tänze« der Skorpione, »Betrillern« der Skolopender) und das Brutpflegeverhalten bieten dem Pfleger viel Reizvolles. Um die lichtscheuen Tiere während ihrer meist nächtlichen Aktivitätsperiode besser beobachten zu können, ist Beleuchtung mit einem schwachen Rotlicht zweckmäßig (die rotblinden Tiere verhalten sich dann wie in der Dunkelheit).

Häufiger kommt es vor, daß man bereits begattete Weibchen erhält, die uns dann mit einem Eigelege oder Jungtieren überraschen.

Skorpione sind lebendgebärend (nur Familie Scorpionidae), oder die Eier sind bereits so weit entwickelt, daß die Jungen sofort nach der Ablage schlüpfen. Der Geburtsakt erfolgt meist nachts, so daß wir die kleinen Skorpione in der Regel am nächsten Morgen schon auf dem Rücken der Mutter vorfinden (Bilder 90–92). Hier verbleiben sie im allgemeinen bis zur ersten Häutung, die je nach Art nach 6 bis 14 Tagen erfolgt. Wenige Tage später fressen sie bereits wie die Elterntiere oder (andere Arten) nehmen zunächst noch an den Mahlzeiten der Mutter teil.

Auch Skolopender betreiben Brutpflege. Beim Gürtelskolopender z.B. erstreckt sich diese über einen Zeitraum von mehreren Monaten. Das Weibchen umschlingt mit seinem Körper das Eipaket und verharrt in dieser Lage mehrere Wochen ohne zu fressen, auch nach dem Schlüpfen der Jungen. Während der Brutpflege sollten die Tiere möglichst wenig gestört werden (verlassene Eier verschimmeln binnen weniger Tage). Erst nach der dritten Häutung verlassen die kleinen Skolopender die Mutter und beginnen, Nahrung aufzunehmen.

Die Schwierigkeit der Aufzucht besteht vielfach darin, die Jungen zum richtigen Zeitpunkt von der Mutter zu trennen – noch bevor der Brutpflegeinstinkt erlischt und sie womöglich als Beutetiere angesehen werden. Allzuoft geschieht es auch, daß das Weibchen unmittelbar nach dem Geburtsakt bzw. nach dem Schlüpfen ihren Nachwuchs zu verzehren beginnt. Bei Skorpionen kann man gelegentlich erleben, daß sich die Weibchen die Jungen gegenseitig vom Rücken fressen (brutpflegende Muttertiere müssen deshalb sofort aus dem Zuchtbecken entfernt und in Einzelbehältern untergebracht werden). Nach dem »Absetzen«

sind die Jungtiere möglichst getrennt aufzuziehen, um Verluste durch Kannibalismus (oft schon bedingt durch das unterschiedliche Wachstum der Tiere) zu vermeiden. Als Anfangsfutter dienen kleine, etwas angedrückte Insekten wie Essigfliegen, frisch geschlüpfte Grillen, winzige Mehlwürmer u. a., später können auch unversehrte Futtertiere entsprechender Größe gereicht werden.

Relativ einfach dagegen lassen sich unsere heimischen Steinkriecher vermehren. Die Weibchen legen ihre Eier einfach im Bodensubstrat ab. Die frisch geschlüpften Jungen werden zunächst mit Springschwänzen gefüttert.

Tausendfüßer

Tausend Füße haben sie nicht, aber einhundert oder zweihundert sind auch schon genug. Es ist interessant zu beobachten, wie diese Tiere mit den vielen Beinen zurechtkommen: Ein laufender Tausendfuß zeigt uns, daß die einzelnen Beine mit geringer zeitlicher Verzögerung nacheinander gesetzt werden. Dabei beschreibt jedes Beinpaar eine Pendelbewegung, wodurch an der ganzen Körperlinie eine einzige, unausgesetzt von hinten nach vorn fließende wellenförmige Bewegung entsteht – alles gleicht mehr einem Dahingleiten als einem Laufen.

Tausendfüßer – nach der Zweizahl der Beinpaare an den einzelnen Körpersegmenten auch »Doppelfüßer« genannt – finden wir überall dort, wo es nur ein wenig feucht ist: Unter Steinen und altem Holz, zwischen Fallaub und im Mulm vermodernder Stubben oder abgestorbener Baumstämme, selbst beim Graben oder Hacken im eigenen Garten können wir ihnen gelegentlich begegnen. Wenn man sie anfaßt, rollen sie sich wie eine Uhrfeder zusammen, den Kopf in der Mitte und die zarten Beine nach innen gekehrt. Als einzige Abwehr sondern sie allenfalls aus ihren Wehrdrüsen eine unangenehm riechende Flüssigkeit ab. Zu

Hause zeigen sich viele unserer heimischen Tausendfüßer als recht ausdauernde Pfleglinge. Man hält sie in nicht zu großen Behältern.

Besonders attraktiv sind natürlich subtropische oder tropische Arten, die gelegentlich auch zu uns gelangen und teilweise eine ganz beachtliche Größe aufweisen. Ein lackschwarzer Riesentausendfuß, der allabendlich lautlos und langsam durch das Becken gleitet, ist schon eine recht interessante Erscheinung.

Haltung: Als Behälter können die verschiedensten Glasgefäße, wie Einweck- oder Gurkengläser und Glasbecken (Beh.-Typ V b), auch Plastikwannen, Verwendung finden; die Größe richtet sich nach Art und Anzahl der zu pflegenden Tausendfüßer. Die heimischen Vertreter hält man besser in kleineren Haushaltplastikdosen oder Petrischalen (letztere sind vor allem zur kurzzeitigen Beobachtung gut geeignet). Wichtig  für das Wohlbefinden der Tiere ist, einen möglichst hohen Bodengrund aus Baummulm und Torf einzubringen, worauf etwas Fallaub, modernde Holzteile und einige flache Steine oder Rindenstücke gegeben werden. Das Bodensubstrat darf niemals austrocknen, aber auch nicht zu feucht sein (Behälter täglich sprühen, Scheibe auflegen). Tausendfüßer verschiedener Arten lassen sich miteinander vergesellschaften.

Fütterung: Tausendfüßer ernähren sich überwiegend von abgestorbenen, zerfallenden Pflanzenteilen. Besonders Holzmulm und moderndes Laub (z. B. von Ahorn, Buche, Erle, Haselnuß) werden von allen Arten gern genommen; letzteres wird geradezu skelettiert, so daß nur noch die harten Blattadern übrigbleiben. Daneben gebe man Salat, geriebene Möhren und weiches, überreifes Obst (vor allem für die großen tropischen Arten). Auch etwas rohes geschabtes Fleisch, zerquetschte Fliegen usw. werden gelegentlich verzehrt; Eiweißmangel kann dazu führen, daß sich die Tiere gegenseitig die Beine an- bzw. abfressen. Um Schimmelbildung zu verhindern, ist das Futter auf einer kleinen Glasplatte zu reichen und die verbliebenen Reste anderentags zu entfernen.

Zucht: Die Weibchen legen in der Regel ihre Eier in kleine, glockenförmige Brutkammern im Bodengrund ab (Ausnahme: Saftkugler, die ihre Eier einzeln deponieren und mit einer schützenden Erdkruste versehen). Um ihre Entwicklung nicht zu stören, sollte ein Wühlen im Substrat möglichst unterbleiben. Die frisch geschlüpften Larven besitzen lediglich drei Beinpaare; mit jeder Häutung kommen neue Rumpfringe einschließlich der Beine hinzu, die den Körper der Tiere allmählich verlängern. Die jungen Tausendfüßer können zusammen mit den Elterntieren gehalten und wie diese ernährt werden.

Deutscher (wissenschaftlicher) Name	Größe (mm)	Geographische Verbreitung, Biotop	Haltung	Bemerkungen
Skorpione				
Europäische Skorpione (*Euscorpius*)	25–40	südl. Europa	Beh.-Typ II, V b, LF	Stich harmlos
Feldskorpion (*Buthus occitanus*)	45–70	westl. Mittelmeerländer	Beh.-Typ II, V c, T = 24–28 °C	sehr friedlich untereinander
Dickschwanzskorpione (*Androctonus*)	75–100	trop. u. subtrop. Trockengebiete	wie oben	ebenso zu halten andere Sk. aus Wüsten- und Steppengebieten
trop. Waldskorpione (*Pandinus, Heterometrus* u. a.)	bis 180	trop. Waldgebiete	Beh.-Typ II, V b, T = 24–28 °C, LF	
Walzenspinnen				
Walzenspinnen (*Galeodes* u. a.)	15–70	trop. u. subtrop. Trockengebiete	Beh.-Typ II, V c, T = 24–28 °C	manche Arten auch tagaktiv
Hundertfüßer				
Steinkriecher (*Lithobius forficatus*)	20–32	h, unter Steinen u. Rinde	Beh.-Typ I, II, LF	Biß harmlos
Gemeiner Erdläufer (*Geophilus longicornis*)	20–40	h, unter Steinen od. in Gartenerde	wie oben, auch Beobachtungsküv.	wie oben, sehr lichtscheu
Gürtelskolopender (*Scolopendra cingulata*)	110–140	südl. Europa	Beh.-Typ II, V b, T = 20–26 °C, LF	ebenso zu halten andere trop. Skolopender
Spinnenläufer (*Scutigera coleoptrata*)	18–26	wie oben	wie oben	sehr flüchtig (bis 50 cm/s!)
Tausendfüßer				
Saftkugler (*Glomeris*)	6–20	h, in Baummulm, unter Fallaub u. Steinen	Beh.-Typ I, II, LF	rollen sich bei Störung kugelig zusammen (Name!)

166

Deutscher (wissenschaftlicher) Name	Größe (mm)	Geographische Verbreitung, Biotop	Haltung	Bemerkungen
Bandfüßer (*Polydesmus* u. a.)	8–28	wie oben	wie oben	
Schnurfüßer (*Iulus, Schizophyllum* u. a.)	15–48	wie oben, auch in Komposthaufen u. a.	wie oben	erwachsene ♂♂ sind von Häutung zu Häutung abwechselnd kopulationsfähig, dann wieder nicht usw. (Schaltmännchen)
Riesentausendfüßer (*Spirobolus, Graphidostreptus* u. a.)	bis 280	trop. u. subtrop. Waldgebiete	Beh.-Typ II, V b, T = 20–25 °C, LF	manche Arten z. l. auch tagsüber aktiv

Krebstiere

Man möchte es zunächst nicht glauben, aber auch Krebstiere lassen sich in einem Terrarium halten. Allzu leicht sind wir geneigt, Vertreter dieser Tierklasse ausschließlich im nassen Element zu suchen, doch dabei übersehen wir, daß eine ganze Reihe von Arten im Verlauf ihrer stammesgeschichtlichen Entwicklung zum zeitweiligen oder ständigen Leben auf dem Lande übergegangen ist. Wer eine Kellerassel laufen sieht, denkt wohl kaum daran, daß er einen Krebs vor sich hat. Mögen uns die Anpassungen an das Landleben auch noch so perfekt erscheinen, ihre Herkunft von im Wasser lebenden Vorfahren können diese Tiere kaum verleugnen: Sie sind noch immer weitgehend auf mehr oder weniger feuchte Lebensräume angewiesen, denn ihrem Hautpanzer fehlt wie allen Krebsen ein wirksamer Verdunstungsschutz. Will man Krebstiere im Terrarium pflegen – und es gibt auch unter ihnen eine ganze Reihe interessanter Arten –, ist vor allem streng darauf zu achten, daß die Luft im Behälter nicht zu trocken wird und unsere Pfleglinge durch zu hohen Wasserverlust womöglich Schaden erleiden.

Asseln

Mit Landasseln ist sicher jeder schon einmal in Berührung gekommen – jenen kleinen, grau gefärbten Tieren, denen wir im Keller am Grunde der Kartoffelkiste oder im Garten beim Umwenden des Komposthaufens begegnen. Auch unter Steinen, moderndem Holz und Fallaub oder hinter der Rinde abgestorbener Bäume findet man sie in oft großer Anzahl. Doch erst nachts, wenn mit sinkender Temperatur die Luftfeuchtigkeit steigt, verlassen sie ihre Verstecke und laufen frei umher. Manche Arten können sich zu einer Kugel einrollen, sie sind von allen Asseln am besten dem Landleben angepaßt und zeigen sich nicht selten schon am hellichten Tage.

Asseln zählen gewiß nicht zu den häufig gehaltenen Bewohnern eines Terrariums, dazu sind sie wohl auch nicht »attraktiv« genug. Wem es aber darum geht, sich mehr im Verborgenen abspielende Lebensäußerungen aufzuspüren, wird in ihnen dankbare Beobachtungsobjekte haben.

Haltung: Asseln können in jedem größeren Glas- oder Plastikbehälter (z. B. Einweckglas, Haushaltplastikdose, Vollglasbecken) untergebracht werden. Für die feuchtigkeitsliebenden Keller- und Mauerasseln deckt man den Behälter bis auf einen Spalt mit einer Glasscheibe ab, für die mehr Trockenheit bevorzugenden Rollasseln ist eine solche Abdeckung nicht erforderlich (Asseln vermögen an glatten Wänden nicht emporzuklettern). Als Bodensubstrat dient eine 3 bis 5 cm hohe Schicht Gartenerde, die überschüssiges Wasser gut aufnimmt. Einige übereinandergeschichtete Steine, modernde Holz- oder Rindenstücke und etwas Fallaub, das weich und möglichst schon etwas zersetzt sein sollte, vervollständigen die Einrichtung. Für Rollasseln sind Erde und Laub mit feinem, kalkhaltigem Grus zu versetzen. Lebende Pflanzen (am besten Tradeskantien oder Moosfarn) sind vorteilhaft und werden abgeweidet. Wichtig ist, durch regelmäßiges Sprühen für eine stets mäßige Feuchtigkeit (keine Staunässe!) des Bodensubstrates zu sorgen; bereits kurzzeitiges Austrocknen kann verhängnisvoll werden, da die Atmungsorgane der Asseln nur in angefeuchtetem Zustand funktionieren.

Fütterung: Die Nahrung der Asseln besteht vorwiegend aus weichen, zerfallenden Pflanzenteilen, besonders sich zersetzendes Fallaub und Holzmulm werden von vielen Arten gern genommen. Daneben gebe man in Scheiben geschnittene Kartoffeln oder Äpfel, geriebene Möhren, Salat, Haferflocken usw., gelegentlich auch einmal etwas geschabtes rohes Fleisch. Wegen Gefahr der Schimmelbildung alles auf kleiner Glasplatte reichen und die verbliebenen Futterreste am anderen Tage entfernen. Etwas Kreide oder pulverisierte Eierschalen dienen als Kalkspender.

Zucht: Asseln lassen sich ohne größeres Zutun leicht vermehren. Die Weibchen legen ihre Eier in einem besonderen Brutbeutel ab, in dem sich die Entwicklung der Embryonen bis zum Schlüpfen vollzieht. Die jungen Asseln können gemeinsam mit den Elterntieren aufwachsen, Kannibalismus ist wenig ausgeprägt. Dauerzuchten (etwa für Futterzwecke) sind vielfach nur unter Langtagbedingungen (16 Stunden Licht täglich) erfolgversprechend. Gesamtentwicklung der Mauerasseln 105 bis 120 Tage (Zeitigungsdauer der Eier 45 bis 50 Tage) bei Zimmertemperatur, die erwachsenen Tiere können 3 bis 4 Jahre alt werden.

170

Landeinsiedlerkrebse und Krabben

Landeinsiedler sind nicht alltägliche Terrarientiere. Staksig durchqueren sie auf zwei Schreitbeinenpaaren ihren Behälter, immer ein Schneckengehäuse mit sich herumschleppend, das förmlich mit ihnen verwachsen zu sein scheint – ein faszinierender Anblick, den man eigentlich nur aus der Unterwasserwelt eines Meeresaquariums gewohnt ist. Ist das Haus zu klein geworden, wird es gegen ein neues, größeres ausgetauscht. Zuvor werden alle erreichbaren Gehäuse eingehend begutachtet, bis schließlich das richtige gefunden ist. Der Krebs dreht es dann so, daß die Öffnung nach oben weist, und wechselt den Wohnraum innerhalb weniger Sekunden, denn in der Natur ist sein weicher Hinterleib eine gute Angriffsfläche für Feinde.

Landeinsiedlerkrebse haben sich – ebenso wie die recht selten gehaltenen Landkrabben – dem Luftleben extrem angepaßt, so daß man sie fast schon als reine Landtiere bezeichnen kann. Nur zur Fortpflanzung müssen sie stets noch zum Meer zurück, um ihre Larven abzustreifen.

Gelegentlich gelangen aus subtropischen und tropischen Ländern auch mehr oder weniger amphibisch lebende Krabben zu uns. Diese lebhaften, oft recht farbigen Tiere sind in einem entsprechend eingerichteten Aquaterrarium im allgemeinen gut haltbar und zeigen nicht selten ein hochinteressantes Verhalten. Von besonderem Reiz ist die Pflege von Winkerkrabben, die ihrem Namen alle Ehre machen: Die Männchen haben auf einer Seite eine besonders große, oft bunte Schere, die sie beim Drohen und Balzen auffällig winkend hin- und herschwenken. Wie die Landeinsiedler lassen sich auch Winkerkrabben gut mit ihresgleichen vergesellschaften, was natürlich ein Becken besonders anziehend macht.

Haltung: Die Unterbringung erfolgt am zweckmäßigsten in einem Aquaterrarium (flacher Wasserteil, ausreichend großer Landteil), das entsprechend dem Lebensraum der einzelnen Arten einzurichten ist. Den landbewohnenden Krebsen (Landeinsiedler, Palmendieb, viele Landkrabben) genügt ein relativ kleiner Wasserteil, gegebenenfalls einfach eine mit Süßwasser gefüllte Schale (die Tiere müssen nur die Möglichkeit haben, darin unterzutauchen). Für amphibisch lebende Krabben ist dafür mindestens die Hälfte der gesamten Fläche des Behälters vorzusehen (optimale Wassertiefe je nach Art 5 bis 25 cm); das Wasser (Seewasser, Ausnahme: Süßwasserkrabben) sollte nach Möglichkeit gefiltert werden, alle 6 bis 10 Wochen ist ein teilweiser Wasserwechsel vor-

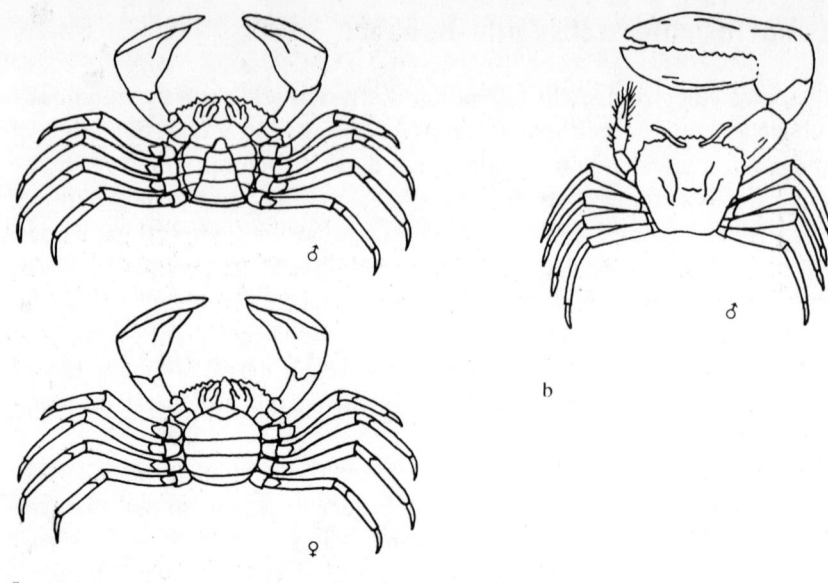

Abb. 30 Geschlechtsunterschiede bei Krabben
a der bauchwärts eingeschlagene Hinterleib beim ♂ schmaler als beim ♀
b ♂ der Winkerkrabbe mit einer riesig vergrößerten Winkschere, die dem ♀ fehlt

zunehmen (Filter dabei gründlich reinigen!). Der Landteil besteht für Süßwasserkrabben am zweckmäßigsten aus einem Sand-Erde-Gemisch; einige übereinandergeschichtete Steine, Borkenstücke und etwas Moos bieten hinreichend Versteck- und Unterschlupfmöglichkeiten. Gleiches gilt für Landeinsiedler, die sich gern unter Moos und Rinde verbergen und im Boden (Häutung!) eingraben. Tiere der Gezeitenzone (z.B. Winkerkrabben, Reiterkrabben) brauchen einen Behälter mit großer Grundfläche und hoher Sandschicht, in der sie ihre Wohnröhren bauen (60 × 100 cm sind ausreichend für etwa 8 bis 10 Exemplare). Größere Steinaufbauten (z. B. für Bewohner von Felsküsten) müssen stets fest auf dem Boden des Behälters stehen (keinesfalls auf Sand), ansonsten werden sie durch die Wühltätigkeit der Tiere schnell zum Einsturz gebracht.

Wichtig ist, den Behälter oben gut abzudecken, um ständig feuchte bzw. feuchtwarme (gespannte) Luft darin zu haben. Darüber hinaus muß man bedenken, daß die meisten Krabben über beachtliche Kräfte verfügen und geschickte Kletterer sind, die bei ihren Ausbruchversuchen das Unglaublichste zuwege bringen (Deckscheibe beschweren!). Für tropische Arten ist nicht nur das Wasser, sondern zusätzlich auch der Luftraum zu erwärmen (am besten mit Glühlampen entsprechender Wattzahl). Wassertemperatur 20 bis 28 °C. Winkerkrabben verlangen tagsüber außerdem starke Bestrahlung (bis 35 °C) und werden dann sehr lebhaft.

Die meisten Arten sind aufgrund ihrer räuberischen Lebensweise recht unverträglich, besonders untereinander. Sie sind daher stets einzeln zu halten. Dagegen lassen sich Landeinsiedler und manche Krabben (z. B. Winkerkrabben, Reiterkrabben) unbesorgt mit ihresgleichen vergesellschaften, erst in Gemeinschaft zeigen diese Tiere ihr ganzes Verhaltensrepertoire. Man muß nur für genügend Versteckmöglichkeiten sorgen, damit sie sich ungestört häuten können.

Fütterung: Landeinsiedlerkrebse ernähren sich überwiegend vegetarisch; man füttert sie hauptsächlich mit reifen Früchten, Salat oder geschabten Möhren (Palmendieb auch gekochten Reis, weichen eingewässerten Kohl), sie nehmen aber gelegentlich auch gern etwas Fisch- oder Rindfleisch, hartgekochtes Hühnereigelb und anderes. Als Futter für Krabben dienen kleine, auch tote Fische, Regenwürmer, Tubifex, Wasserschnecken, Insekten und deren Larven (z. B. Mehlwürmer), ebenso rohes und gekochtes Fleisch usw. Zahlreiche Arten verzehren darüber hinaus auch Salat oder zarte Blätter (besonders von Wasserpflanzen). Wasserlinsen werden geschickt von der Wasseroberfläche abgefischt. Nach Überwindung anfänglicher Scheu wird das Futter vielfach von der Pinzette mit den Scheren abgenommen.

Winkerkrabben sind Bodenfiltrierer und benötigen zu ihrer Ernährung eine Schlickfläche, aus der sie die ihnen zusagenden organischen Bestandteile heraussieben (im Landteil flache Mulde einarbeiten, die hin und wieder mit Schlamm aus der Schilfzone eines Teiches neu zu füllen ist). Zusätzlich wird auf die Schlickfläche fein zerriebenes Trockenfutter (z. B. Wasserflöhe, Bachflohkrebse, Insektenschrot) gestreut, auch zerdrückte Wasserschnecken, Fischfleisch und Fruchtstückchen werden gefressen.

Zucht: Versuche zur Vermehrung landbewohnender oder amphibisch lebender Krebse sind bisher kaum unternommen worden. Bei artgerechter Haltung entdeckt man gelegentlich im Wasserteil eine Unmenge von Larven (oft mehrere hundert Stück), die vom Weibchen hier abgesetzt wurden. Mit Ausnahme der Süßwasserkrabben schlüpfen aus den Eiern keine fertigen kleinen Krebse, sondern im Wasser frei schwebende

Deutscher (wissenschaftlicher) Name	Größe (mm)	Geographische Verbreitung, Biotop	Haltung	Bemerkungen
Asseln				
Mauerassel (*Oniscus asellus*)	15–18	h, an feuchten Stellen in Laubwäldern, auch Kellern, Gärten	Beh.-Typ II, V b, LF	ebenso zu halten z. B. Kellerassel (*Porcellio scaber*)
Rollassel (*Armadillidium vulgare*)	14–17	h, an trockeneren sonnigen Stellen, bes. mit Kalkuntergrund	wie oben	kann sich kugelförmig einrollen (Name!)
Landeinsiedlerkrebse und Krabben				
Landeinsiedler (*Coenobita*)	40–85	trop. Küstengebiete	Beh.-Typ V a, kleiner Wasserteil, T = 20–25 °C, LF	untereinander verträglich
Palmendieb (*Birgus latro*)	bis 320	Inseln des westl. Indopazifik	wie oben	wie oben, nur für sehr große Schauterrarien geeignet
Landkrabben (*Cardisoma, Gecarcinus*)	50–150	trop. Küstengebiete	wie oben	größere Expl. können wegen ihrer Kraft im Beh. beträchtlichen Schaden anrichten
Süßwasserkrabbe (*Potamon ibericum*)	20–38	Südeuropa, Kaukasus	Beh.-Typ V a, großer Wasserteil, LF	ebenso zu halten zahlreiche trop. Süßwasserkrabben
Rennkrabbe (*Pachygrapsus marmoratus*)	20–32	Felsküsten Südeuropas	wie oben	wirft beim Ergreifen leicht die Beine ab
Winkerkrabben (*Uca*)	12–35	trop. Küstengebiete	Beh.-Typ V a, Landteil m. Schlickfläche, LF, ○	gesellig lebend und mit interessantem Balzverhalten
Reiterkrabben (*Ocypode*)	40–110	wie oben	wie oben	zahlreiche Arten gesellig lebend

174

»Zoea«-Larven, die noch keine Ähnlichkeit mit den Elterntieren haben. Man kann versuchen, sie in hellstehenden, veralgten Schalen oder Aquarien zur Verwandlung zu bringen (keinen Sand einbringen, da Schmieralgen und Sauerstoffblasen die Entwicklung gefährden). Als Futter können Algen und *Artemia*-Nauplien dienen. Gelungene Aufzuchten zeigen, daß es durchaus möglich ist, auch Krebse im Terrarium zu züchten. Zweckmäßig für Arten der Gezeitenzone wäre vermutlich eine Ebbe-Flut-Anlage.

Schnecken

Landschnecken zählen nicht gerade zu den Tieren, denen als Bewohner eines Terrariums besonderes Interesse entgegengebracht wird, und es gibt auch nur wenige Liebhaber, die sich ernsthaft mit ihnen beschäftigen.  Die Ursache für dieses vivaristische Schattendasein liegt sicher darin begründet, daß Schnecken vielfach schon von vornherein als langweilig und uninteressant abgetan werden und damit für die Heimhaltung wenig geeignet erscheinen. Dauert es doch manchmal tatsächlich auch Stunden, bis sie sich zu einer Ortsveränderung entschließen! Unsachgemäße Pflege tut dann häufig noch ein übriges und läßt erste Haltungsversuche bald scheitern. Die Tiere sitzen schon nach kurzer Zeit unbeweglich an den Scheiben oder am Behälterdeckel und sterben gar nacheinander, bis ihr Pfleger schließlich das Interesse an ihnen verliert.

Dabei kann gerade die Beschäftigung mit Landschnecken eine schöne und willkommene Bereicherung unseres Hobbys bringen. Da gibt es wahre Riesen unter ihnen, die an Größe und Masse nur von wenigen anderen wirbellosen Terrarientieren übertroffen werden, und wir finden ausgesprochene Zwerge, die sich schon im kleinsten Behältnis pflegen lassen. Nicht wenige Arten erfreuen durch eine ansprechende Färbung oder Zeichnung ihrer Gehäuse, innerhalb ein und derselben Art mitunter in allen möglichen Kombinationen auftretend. Selbst die nicht sonderlich beliebten Nacktschnecken sind oft recht schön gefärbt. Wer sich dann dazu noch ein wenig näher mit Schnecken befaßt, wird bald feststellen müssen, daß sie keineswegs ein so stumpfes und langweiliges Leben führen, sondern manche Möglichkeit zu interessanter Beobachtung bieten. Ihre Verhaltensweisen freilich offenbaren sich uns nicht immer gleich auf den ersten Blick. Meist wird man einige Zeit in Ruhe vor dem Terrarium verweilen müssen, um ihre Lebensgewohnheiten kennenzulernen, und man darf sich auch nicht scheuen, einmal eine halbe Nacht daranzusetzen, wenn eine Paarung oder die Eiablage vor sich gehen.

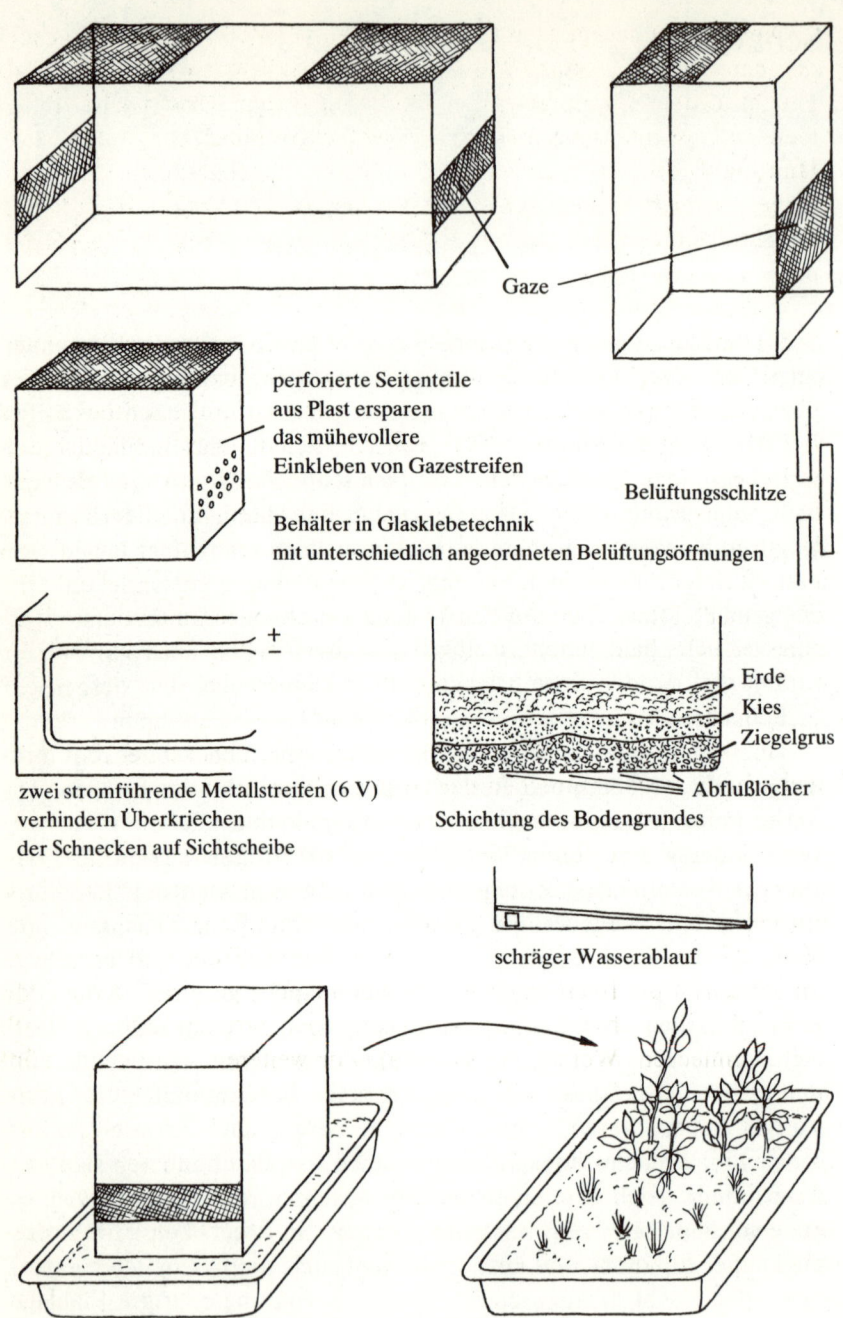

Gaze

perforierte Seitenteile
aus Plast ersparen
das mühevollere
Einkleben von Gazestreifen

Belüftungsschlitze

Behälter in Glasklebetechnik
mit unterschiedlich angeordneten Belüftungsöffnungen

+
−

zwei stromführende Metallstreifen (6 V)
verhindern Überkriechen
der Schnecken auf Sichtscheibe

Erde
Kies
Ziegelgrus

Abflußlöcher

Schichtung des Bodengrundes

schräger Wasserablauf

auswechselbarer Behälter, auf Fotoschale, Blumentopf o. ä. gesetzt

178

Die Haltung der meisten Landschnecken bereitet überdies kaum sonderliche Schwierigkeiten. Wenn wir ihren spezifischen Ansprüchen als Feuchtlufttiere nur einigermaßen Rechnung tragen, werden wir in ihnen recht interessante und dankbare Pflegeobjekte entdecken.

Haltung: Die ersten Überlegungen sollten der zweckmäßigen Unterbringung unserer Pfleglinge gelten. Wegen der generell notwendigen hohen Feuchtigkeit der Behälter sind dabei einige grundlegende Gesichtspunkte zu beachten.

Will man größere Arten längere Zeit halten, empfiehlt es sich, ein Schneckenterrarium einzurichten. Es sollte möglichst eine schräg eingesetzte bzw. durchlöcherte Grundplatte aufweisen, damit der Abfluß des überschüssigen Wassers jederzeit gewährleistet ist und ein Stocken des Bodensubstrates verhindert wird. Die Abdeckung muß ganz oder teilweise aus Gaze gefertigt sein und fest schließen (frisch eingefangene Schnecken haben vielfach das Bestreben, ihren Behälter wieder zu verlassen und entwickeln dabei geradezu unglaubliche Kräfte!). Um eine gute Belüftung der Behälter zu sichern, sollte noch eine zweite Gazefläche oder Perforation im unteren Teil der Seiten- oder Rückfront vorhanden sein (Möglichkeiten vgl. Abb. 31). Aquarien oder Gurkengläser haben immer den Nachteil, daß die Bodenschicht infolge mangelnder Frischluftzufuhr meist schnell durchnäßt ist.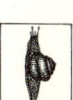

Die weitere Ausstattung eines Schneckenterrariums richtet sich nach den spezifischen Ansprüchen der zu pflegenden Arten.

Die meisten Landschnecken bevorzugen schattige, nicht allzu trokkene Standorte und können in einem feuchten Terrarium (Beh.-Typ V b) gehalten werden. Als Bodengrund empfiehlt sich lockere, kalkhaltige Erde, die der besseren Drainage wegen auf einer Lage Ziegelgrus oder Kies aufgebracht wird. Für große Arten sollte die Höhe der Erdschicht mindestens 8 bis 10 cm betragen, da sich manche gern tief in die Erde einwühlen oder ihre Eier in selbstgegrabenen Gruben ablegen (z. B. Achatschnecken, Weinbergschnecken). Zur weiteren Ausstattung können Moospolster, Rinden- und Wurzelstücke, hohlliegende Steine (gute Versteckmöglichkeiten!), in höheren Behältern auch verzweigte Äste dienen. Große Schwierigkeiten bereitet eine ausdauernde Bepflanzung, da die meisten in Frage kommenden Gewächse von den Schnecken angefressen werden. Gut bewährt haben sich z. B. Efeu *(Hedera)*, Gundermann *(Glechoma)*, Ochsenzunge *(Anchusa)*, Rainfarn *(Tanacetum)*, Wei-

Abb. 31   Spezielle Behälter zur Haltung von Schnecken

denröschen *(Epilobium)*, von den tropischen Vertretern Goldorange *(Aucuba)*, Wachsblume *(Hoya)* und Farne verschiedener Art, die von den Tieren nicht gleich vernichtet werden, soweit genügend anderes Futter vorhanden ist. Steinaufbauten, mit Moos bewachsene Baumstubben usw. können größeren Behältern eine recht dekorative Note verleihen.

Ausgesprochen nässeliebende Arten, zu denen z. B. die Bernsteinschnecken zählen, verlangen ein Sumpfterrarium (Beh.-Typ V a), das einen mehr oder weniger großen Wasserteil aufweisen kann. Mehr noch als beim feuchten Terrarium muß hier für eine gute Belüftung gesorgt werden, damit es keinesfalls zu einem Faulen des Bodengrundes kommt. Für eine Bepflanzung eignen sich z. B. Torfmoose *(Sphagnum)*, Pfennigkraut *(Lysimachia)*, Simsen *(Scirpus)* oder Zwergkalmus *(Acorus)*.

Kleinere Arten (Schließmundschnecken, Turmschnecken, Tönnchenschnecken u. a.) werden der besseren Beobachtung wegen vorteilhafter in Petrischalen, Industriegläsern oder Haushaltplastikdosen entsprechender Größe gehalten. In der Regel genügt es, die Behälter mit etwas Erde, Moos, vermodertem Laub oder locker aufgeschichteten Rindenstücken auszustatten. Für Schnecken, die mehr Trockenheit und Wärme lieben, sind harte, steife Gräser, Polster von *Sedum*-Arten oder Thymianbüschel zwischen Kalksteinen gut verwendbar.

Ebenso wichtig wie die Behälterwahl ist das Einhalten der für die Tiere unbedingt notwendigen Feuchtigkeit, ohne die sie bewegungslos an den Scheiben haften oder im Boden versteckt bleiben. Man sollte immer bedenken, daß Landschnecken ausgesprochene Feuchtlufttiere sind, die erst bei ihnen zusagender Witterung ihre volle Aktivität entfalten. Wohl jeder hat schon erlebt, daß es nach einem warmen Regen gerade an solchen Stellen von Schnecken wimmelt, wo bei längerer Trockenheit sonst nichts zu finden ist. Die erforderliche Feuchtigkeit der Behälter wird am zweckmäßigsten durch Sprühen mit lauwarmem Wasser aufrechterhalten, auch das Befeuchten eines Teiles des Bodengrundes kann dazu spürbar beitragen. Um häßliche graue Flecken an den Glaswänden zu vermeiden, ist möglichst kalkfreies Wasser (z. B. Regenwasser) zu verwenden. Über die Häufigkeit des Sprühens läßt sich keine Regel aufstellen, die Ansprüche der einzelnen Arten sind oft recht unterschiedlich und erfordern ein gewisses Fingerspitzengefühl. Starke Abweichungen können durch zeitweiliges Abdecken der Lüftungsöffnungen, z. B. mit Glasscheiben, auf relativ einfache Weise behoben werden (Gefahr der Luftverschlechterung beachten!).

Größere Schwierigkeiten bereitet vielfach die Pflege von Arten, die an

180

trockenwarmen Orten leben (z. B. Heideschnecken, Weiße Turmschnecke). Sie sitzen oft tage-, ja wochenlang festgeheftet an den Scheiben, auf Steinen oder Pflanzen und sind selbst durch Besprühen kaum zu einem Ortswechsel oder zur Nahrungsaufnahme zu bewegen. Hält man sie zu feucht, gehen sie gewöhnlich bald ein.

Sollte man einmal längere Zeit – etwa während des Urlaubs – keine Möglichkeit haben, sich um seine Schnecken zu kümmern, senkt man allmählich die Feuchtigkeit und stellt das Füttern ein. Viele Arten ziehen sich dann in das Gehäuse zurück und verschließen es mit einem dünnen Pergamentdeckel. Um die Tiere wieder aus ihrem »Trockenschlaf« zu erwecken, genügt es, erneut zu sprühen und die Temperatur zu erhöhen. Ein lauwarmes Bad tut die gleichen Dienste, doch ist zu beachten, daß schon etwas geschwächte Tiere im Wasser leicht ersticken können. Manche Arten (z. B. Achatschnecken) legen auch bei konstanten Temperatur- und Feuchtigkeitsverhältnissen Ruhepausen unterschiedlicher Dauer ein.

Eine weitere wichtige Pflegemaßnahme ist das ständige Sauberhalten der Behälter. Schnecken sind gegenüber unreiner Haltung recht empfindlich und fallen dann leicht Darmerkrankungen zum Opfer. Vor allem, wenn viele Tiere auf engem Raum zusammen gehalten werden, ist die Bodenschicht sehr rasch mit Schleim, Kot und Futterresten bedeckt, was alles zusammen bald in Zersetzung übergeht und eine feste, versäuerte Masse entstehen läßt. Peinlichste Sauberkeit durch möglichst tägliches Entfernen der Futterreste und Exkremente ist bei der Pflege von Landschnecken oberstes Gebot!

Man vermeide daher weitgehend eine Übersetzung der Behälter, eine allzu häufige Generalreinigung (mit der damit verbundenen Gefahr der Schädigung vorhandener Eigelege) wäre die Folge. Als Anhaltspunkte für den Raumbedarf von jeweils 3 bis 5 ausgewachsenen Tieren können gelten:

0,5 bis 1 dm³ Schließmundschnecken, Tönnchenschnecken, Bernsteinschnecken, Garten- Wegschnecke, Laubschnecken
5 dm³ Baumschnecken, Bänderschnecken, Heideschnecken, Braune Wegschnecke, Baumschnegel
10 dm³ Weinbergschnecke, Große Wegschnecke
20 dm³ Achatschnecken.

Der Standort für ein Schneckenterrarium sollte vor direktem Sonnenlicht geschützt sein. Wichtig ist, daß die Zufuhr frischer Luft stets gewährleistet ist (für heimische Arten auch Aufstellung auf Balkon oder im Garten zweckmäßig). Macht sich ein Beheizen der Behälter (vgl. Tab.) erforderlich, ist direkte Strahlungswärme zu vermeiden, da diese wie bei allen feuchthäutigen Tieren leicht zu Verbrennungserscheinungen führen könnte.

Fütterung: Die meisten Landschnecken sind ausgesprochene Pflanzenfresser, ihre Ernährung bereitet daher meist keine sonderlichen Schwierigkeiten. Man reicht ihnen je nach jahreszeitlichem Angebot frische Blätter von Salat, Spinat, Kohl, Löwenzahn, Schafgarbe, Brennessel usw. Sehr begehrt sind auch Früchte, Gurke, Kartoffel, Kohlrübe oder  Kürbis (alles aufgeschnitten und mit der Schnittfläche nach oben auf eine Glasplatte gelegt). Selbst Mehlkleister oder im Wasser eingeweichtes und wieder ausgedrücktes Weißbrot werden vielfach gern gefressen. Manche Arten (z. B. Heideschnecken) lehnen saftreiches Futter weitgehend ab und bevorzugen abgestorbene und modernde Pflanzenteile, andere (z. B. verschiedene Nacktschnecken, Schließmundschnecken) verlangen vor allem Algen, Flechten oder Pilze.

Häufig läßt sich auch beobachten, daß dieselbe Nahrung nicht immer gleich gern angenommen und die eine oder andere Futtersorte eine Zeitlang verschmäht wird (Achatschnecken u. a.); ein stets abwechslungsreiches Angebot ist daher dringend ratsam. Eine Reihe von Arten (z. B. zahlreiche Nacktschnecken) nehmen neben pflanzlicher auch tierische Nahrung, wie geschabtes Fleisch, tote Schnecken, zerdrückte Fliegen usw., zu sich. Zeitweilig bzw. ausschließlich räuberisch leben verschiedene Glanzschnecken und die Raubschnecken. Man füttert sie mit Jungtieren von leicht zu beschaffenden Gehäuse- oder Nacktschnecken, mit Enchyträen, zerschnittenen oder kleinen lebenden Regenwürmern. Kannibalismus ist bei diesen Schnecken nicht selten zu beobachten.

Ganz kleine Arten leben vielfach von den vegetabilischen Resten des Bodenmulms und brauchen bei entsprechender Ausstattung der Behälter kaum gefüttert zu werden.

Wichtig für eine natürliche Ernährung unserer Schnecken ist die regelmäßige Beigabe von Kalk, der für viele zum Aufbau ihrer Gehäuse unerläßlich ist. Beim Einrichten der Behälter sollte man daher darauf achten, daß kalkhaltige Erde bzw. Steine verwendet werden. Größere Arten erhalten in einer Schale zusätzlich noch etwas Vogelgrit, zerkleinerte Eierschalen, Sepiaschulpe, auch Rügenkreide oder ein handelsübliches Präparat (Calcipot), das auf das Futter gestreut wird. Bei Kalkmangel werden die Gehäuse sehr dünnschalig und zerbrechlich, und nicht selten benagen sich die Tiere ihre Schalen gegenseitig.

182

Das Tränken erfolgt am besten durch Sprühen mit temperiertem Wasser unmittelbar nach jeder Fütterung. Die an Wänden, Pflanzen usw. anhaftenden oder herabrinnenden Wassertröpfchen werden dabei gierig aufgeleckt (manche Nacktschnecken können sogar größere Wassermengen über die Körperoberfläche aufnehmen). Längere Zeit trocken gehaltenen Tieren muß vor der Fütterung Gelegenheit gegeben werden, genügend Flüssigkeit aufzunehmen. Erst dann sind sie wieder in der Lage, zu fressen.

Zucht: Landschnecken sind mit wenigen Ausnahmen Zwitter. Bei der Begattung befruchten sie sich in der Regel wechselseitig, d. h., jeder Partner kann sowohl Männchen als auch Weibchen sein. Manche Arten werden aber auch nur in der einen oder anderen Form aktiv (Weinbergschnecke u. a.). Die Hauptpaarungszeit liegt bei den meisten unserer heimischen Schnecken in den Monaten Mai bis August, bei vielen Nacktschnecken und einigen Arten, die trockene Standorte bewohnen, sogar erst im Herbst. Für einen Zuchtversuch eignen sich am besten Frischfänge, die zu entsprechender Zeit eingetragen werden. Will man Schnecken über Generationen hinweg vermehren, ist eine Überwinterung nahe dem Gefrierpunkt oftmals Voraussetzung, die Tiere wieder in Paarungsstimmung zu bringen.

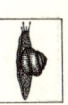

Die Eier werden in der Regel im Boden abgelegt, nicht selten in selbstgegrabenen Gruben, die anschließend wieder geschickt verschlossen werden. Manche Arten setzen sie bevorzugt in Moos (manche Nacktschnecken), in Spalten von morschem Holz (verschiedene Schließmundschnecken) oder an Stengeln der Futterpflanzen und an den Glaswänden (Bernsteinschnecken) ab. Die Behälter sind entsprechend den spezifischen Ansprüchen der einzelnen Arten sorgfältig auszustatten. Wichtig vor allem ist, stets für ausreichende Feuchtigkeit zu sorgen, da zu trocken gehaltene, d. h. wasserarme Schnecken, vielfach unfähig sind, sich zu begatten bzw. ihre Eier abzulegen.

Die geschlüpften Jungschnecken gleichen in ihrem Aussehen schon völlig den Elterntieren. Häufig verbleiben sie nach dem Auskriechen noch einige Tage in der Nesthöhle bzw. im Moos (z. B. Weinbergschnecke, Achatschnecke), wo sie zunächst die kalkhaltige Eierschale auffressen. Man kann die kleinen Schnecken von Anfang an wie die erwachsenen Tiere ernähren, doch sollten in den ersten Lebenswochen bevorzugt zartere Pflanzenteile geboten werden (Futterreste bei Wechsel sorgfältig auf noch ansitzende Jungtiere untersuchen!). Im Laufe ihrer Entwicklung werden die Umgänge der Gehäuse immer größer, und ihre

Zahl nimmt zu. Unterschiedliche Wachstumsleistungen bei gleichen Haltungsbedingungen sind nicht selten zu beobachten. Merkmale für das Erwachsenenstadium sind Wachstumsstillstand und die Ausbildung von Mundsaum oder Lippe in der Gehäusemündung.

Gesamtentwicklung bis zur Geschlechtsreife: Weinbergschnecke 2 bis 4 Jahre (Zeitigungsdauer der Eier 25 bis 30 Tage), Hain-Schnirkelschnecke 12 bis 18 Monate (Zeitigungsdauer der Eier 21 bis 28 Tage), beide bei Zimmertemperatur; Achatschnecke *Achatina fulica* 11 Monate (Zeitigungsdauer der Eier 65 bis 75 Tage) bei 25 bis 30 °C.

Haltung von Schnecken im Überblick

Deutscher (wissen-schaftlicher) Name	Größe (mm)*	Geographische Verbreitung, Biotop	Haltung	Bemerkungen
Weinbergschnecke (*Helix pomatia*)	35–40	h, Gebüsche, Hecken, lichte Wälder	Beh.-Typ V b	Alter in Gefangenschaft bis zu 10 Jahren
Bänderschnecken (*Cepaea*)	20–25	h, Gärten, Parks, lichte Wälder	Beh.-Typ II, V b	Farbe u. Bänderung der Gehäuse sehr variabel
Baumschnecke (*Arianta arbustorum*)	14–26	h, feuchte Wälder, Gebüsche	wie oben	höhere Feuchtigkeit als alle anderen Schnirkelschnecken beanspruchend
Heideschnecken (*Helicella*)	6–18	h, trockene, kurzrasige Hänge	Beh.-Typ II, V c	ebenso zu halten andere wärme- u. trokkenheitsliebende Arten, z. B. Weiße Turmschnecke (*Zebrina detrita*)
Schließmundschnecken (*Laciniaria, Clausilia* u. a.)	8–18	h, an Felsen, Mauern, Baumstümpfen	Beh.-Typ I, II	manche Arten, z. B. *L. biplicata*, lebendgebärend
Glanzschnecken (*Oxychilus*)	8–16	h, bes. an feuchten Stellen, unter Laub, Steinen	wie oben	manche Arten auch räuberisch lebend

Deutscher (wissenschaftlicher) Name	Größe (mm)*	Geographische Verbreitung, Biotop	Haltung	Bemerkungen
Bernsteinschnecken (*Succinea* u. a.)	12–22	h, am Ufer von Gewässern, feuchte Wiesen	Beh.-Typ II, V a	können sich wegen des hohen Wassergehaltes ihres Körpers nicht ganz in Schale zurückziehen
Sumpfschlammschnecke (*Lymnaea palustris*)	20–35	h, in Sümpfen u. stehenden Gewässern	wie oben m. Wasserteil	amphibisch lebend
Raubschnecke (*Daudebardia rufa*)	15–20	h, in Gebirgsgegenden an Quellen, unter Laub, Moos, Steinen	Beh.-Typ II, V b	ausgesprochen räuberische Lebensweise
Große Wegschnecke (*Arion rufus*)	100–150 (KL)	h, feuchte Wälder, Gebüsche, Hecken	Beh.-Typ V b	ebenso zu halten Egelschnecken (*Limax*)
Achatschnecken (*Achatina*)	160–220	Ostafrika, Madagaskar, in Asien u. Amerika eingeschleppt	Beh.-Typ V b T=24–28 °C	größte Landschnecken.
Trop. Baumschnecken (*Liguus, Polymita* u. a.)	30–70	Mittelamerika	wie oben, m. Stammabschn., Zweige	z. T. Nahrungsspezialisten, daher Ernährung oft schwierig

* Die Größenangaben beziehen sich, soweit nicht anders vermerkt, auf die Gehäuse. KL = Körperlänge

Weiterführende Literatur

Zeitschriften

Aquarienmagazin. Neue Monatshefte für Aquarien- und Vivarienkunde. Stuttgart, ab 1967

Aquarien Terrarien. Monatsschrift für Vivarienkunde und Zierfischzucht. Leipzig – Jena – Berlin, ab 1954

Die Aquarien- und Terrarienzeitschrift (DATZ). Stuttgart, ab 1948

elaphe. Arbeitsmaterial des ZFA Terraristik beim Kulturbund der DDR. Berlin, ab 1978

Entomologische Nachrichten und Berichte (vormals Entomologische Nachrichten, Entomologische Berichte), ab 1957

Entomologische Zeitschrift (vereinigt mit Entomologische Rundschau, Internationale Entomologische Zeitschrift und Entomologischer Anzeiger). Mit Beilage: Insektenbörse. Stuttgart, ab 1890

Bücher

Bellmann, H.: Spinnen: beobachten, bestimmen. Melsungen 1984

Bücherl, W.: Südamerikanische Vogelspinnen. Die Neue Brehm-Bücherei Bd. 302. Wittenberg 1962

Foelix, R.: Biologie der Spinnen. Stuttgart 1979

Friedrich, U., und W. Volland: Futtertierzucht. Lebendfutter für Vivarientiere. Stuttgart 1981

Friedrich, E.: Handbuch der Schmetterlingszucht. Europäische Arten. Stuttgart 1975

Frömming, E.: Biologie der mitteleuropäischen Landgastropoden. Berlin 1954

Gößwald, K.: Organisation und Leben der Ameisen. Stuttgart 1985

Grzimeks Tierleben: Band Insekten. Zürich 1969

Grzimeks Tierleben: Band Weichtiere, Stachelhäuter. Zürich 1970

Grzimeks Tierleben: Band Niedere Tiere. Zürich 1971

Heimer, St.: Wunderbare Welt der Spinnen. Leipzig – Jena – Berlin 1988

Jacobs, W., und M. Renner: Taschenlexikon zur Biologie der Insekten. Jena 1974

Jaeckel, S. H.: Praktikum der Weichtierkunde. Jena 1953

Kalmus, H.: Einfache Experimente mit Insekten. Basel 1950

Klaas, P.: Vogelspinnen im Terrarium. Essen 1988

Klausnitzer, B.: Hundert Tips für den Insektenfreund. Leipzig – Jena – Berlin 1980

Koch, M.: Wir bestimmen Schmetterlinge. Leipzig – Radebeul 1984

Müller, H.-J. (Hrsg.): Bestimmung wirbelloser Tiere im Gelände. Jena 1985

Otto, D.: Ameisen – Leben im Tierstaat. Reihe: Wir und die Natur. Leipzig – Jena – Berlin 1971

Pfleger, V.: Weichtiere. Prag 1984

Reichholf, J.: Mein Hobby: Schmetterlinge beobachten. München – Wien – Zürich 1984

Seifert, G.: Die Tausendfüßer (Diplopoda). Die Neue Brehm-Bücherei Band 273. Wittenberg 1961

Schmidt, G.: Spinnen. Alles Wissenswerte über Lebensweise, Sammeln, Haltung und Zucht. Lehrmeister-Bücherei. Minden 1980

Schmidt, G.: Vogelspinnen. Lebensweise, Bestimmungsschlüssel, Haltung und Zucht. Minden 1986

Schröder, H.: Faszination der Nähe. Leipzig 1985 (enthält viele praktische Tips zum Fotografieren wirbelloser Landtiere)

Stresemann, E.: Exkursionsfauna. Wirbellose I, Wirbellose II, 1. und 2. Halbband. Berlin 1957 bis 1969

Teschner, D.: Versuche mit Insekten. Heidelberg 1979

Urania-Tierreich: Band Insekten. Leipzig – Jena – Berlin 1968

Urania-Tierreich: Band Wirbellose Tiere 1. Leipzig – Jena – Berlin 1967

Urania-Tierreich: Band Wirbellose Tiere 2. Leipzig – Jena – Berlin 1969

Wilkens, P.: Niedere Tiere im tropischen Seewasseraquarium. Wuppertal 1973

Wyniger, R.: Insektenzucht. Methoden der Zucht und Haltung von Insekten und Milben im Laboratorium. Stuttgart 1974

Zahradnik, J.: Hautflügler. Prag 1985

Register der deutschen und wissenschaftlichen Tiernamen

Die halbfett gedruckten Seitenzahlen verweisen auf Bilder im Farbtafelteil. Unter Schutz stehende Arten sind mit ▲ gekennzeichnet.

189